YKK
ap
この先白鬚橋長寿命化工事中 航行注意

評話集

勘三郎の死

劇場群像と舞台回想

中村哲郎

中央公論新社

評話集　勘三郎の死——劇場群像と舞台回想

目次

Ⅰ　十八代目勘三郎

Ⅱ　劇場群像――追悼・追憶賦

Ⅲ　舞台回想

Ⅳ　書架散見

V　倫敦戯場漫歩

評話集

勘三郎の死

劇場群像と舞台回想

I　十八代目勘三郎

シアターコクーン公演の座談会での十八代目勘三郎　渋谷のコクーン稽古場で。2012（平成24）年５月31日（撮影・串田明緒）

勘三郎の死

去る平成二十四（二〇一二）年師走五日の未明、中村勘三郎が四箇月余の闘病むなしく、五十七歳で逝去した。その死の衝撃は、単なる芸能・文化の領域を超えて社会一般を揺るがし、世人挙げて故人の早い死を痛惜している。

わたし自身は、これまでに二度、こうした死の衝撃に遭遇した。ひとつは昭和四十（一九六五）年秋の十一代目市川團十郎の死であり、もう一つは同四十五年秋の三島由紀夫の死だが、わたしの当時の若さが、いつしか心の裡の傷を癒した。しかるに古稀に達した今、このたびの勘三郎の死は、間違いなく骨身に堪えるだろう。

十一代目團十郎の場合は、戦後歌舞伎の失地奪還の十字軍として、孤島の灯台に点された復古精神の煌煌たるともしびが、突如ハタと消えたかのような感慨に魘《おそ》われた。対するに四十七年後の勘三郎の場合は、生きた歌舞伎のために平成年代の約四半世紀、さながら汗血馬のごとく疾走し続けた選手が、不意に路上に斃《たお》れたのにも似た光景が思い浮かぶ。いずれも絶え間なく闘い、大いなる歌舞伎に殉じた、壮絶な未完の死である。

昭和期の十一代目團十郎や六代目歌右衛門の理想は、結局〝選ばれた歌舞伎〟にあった。古典は古典として在らしめ、それとは別の地点、おもに文芸的な視角から新作を造った。

ひるがえって平成の勘三郎の祈願は、文字通り衆人愛敬の〝みんなの歌舞伎〟だった。親しまれた従来の演目をうまくアレンジし直し、主要な場面を修整して歴史的ストックを活用、全体を新しい感覚で今日的に再生させたのが、いわゆるコクーン歌舞伎であり、また野田版・新作歌舞伎でもあった。

ちなみに書くと、現在もイタリアやスペインの各地には遺跡が夥《おびただ》しく散在し、学校やホテルの建設にはゼロから建物をつくらず、古代の円柱や廻廊を取り込んで、新たなニーズに合わせて再構成する作業をレスタウロと呼ぶらしいが、中村勘三郎の再創造歌舞伎の本質は、このレスタウロであったと言える。

このためか、彼は生涯、伝統と現代、古典と新作、芸術と娯楽という二元の道の微妙な接点、難しい狭間に立ちつづけた。けれども勘三郎がある限り、なお歌舞伎は今日に生きていて、現代への発言権を辛くも保持しているという実感を、われわれに与えた。あたかも半世紀以前、花柳章太郎がいる限り、女方が現代を描くことに何の不思議もなく、新派という演劇が危うくも生きている実感を、われわれが懐《いだ》いたのと、ほぼ同然の状況があった。

一方、勘三郎の〝みんなの歌舞伎〟の親和力は、それに合致する適切な劇場空間を探し求めた。その多年にわたる渇望の所産が、すなわち平成中村座の創建である。この仮設の移動可能なテント劇場、現代におけるフィクションとしての江戸劇場は、上演形態・興行方法・観客層の変容、海外公演や歌舞伎観の多様化など、現在および将来の歌舞伎に対して、甚大かつ革命的な影響をもたらした。これによって勘三郎は、寛永以来十八代を数える中村座の座主としては、けだし〝中興の祖〟ともなり、一種の予言者めいたカリスマ性すら帯びた。わたしが初開場の頃、彼を〝歌舞伎のムハンマド〟とユーモラスに阿諛《あゆ》したのは、こうした意味からだった。

勘三郎の仕事は、このほか現代劇・翻訳劇・ページェント・映画・テレビ・ショーの司会・書籍出版に至るまで、別けても勘九郎時代は多彩を極めた。流動する社会に適応して活躍できる、謂《い》われるところのマルチな人間としての才能を、彼はふんだんに隠し持っていた。生得の歌舞伎役者ではあったが、亡父・十七代目のごとき芸一筋、舞台一本の昔気質の俳優ではなく、実は企画者であり、演出家であり、事業家でもあって、まず何よりもアンビシャスな開拓者であった。晩年の楽屋には古書さえ置かれ、一面では読書人でもあったのだ。

舞台について触れると、子役の時分から天才的な熱気が感じられ、二十・三十歳台の青年期の古典には、凜然としてブリリヤントな純度の高い一級品の若い芸、豊かな肉感性と躍動感に富む魅力的な役々が、それこそ幾つもあった。先代譲りのオール・ラウンドの芸風だったが、中年頃から、どちらかと言えば時代物より世話物、荒事より和事、悲劇より喜劇の方が得手である体質が分明になった。近年では芸味に複雑さが増し、ようやく「沼津」の平作など若さが取れて、明らかに老熟への街道に一歩を踏み出していた。踊り手としては技術的にも親勝りで、これほど堪能させ、陶酔させ、しかも戦慄を覚える踊りはなく、邦舞界に名人ひとりとして無き今、日本の舞踊は畏敬すべき名手を失った。

勘三郎は運勢の絶頂、生命力の全開点で〝散華〟した。人生の木枯らしの深い風音を、まだ聴く夜半《よわ》がなかったとすれば、それなりに潔い見事な一生であったろう。彼は幼少年期から、家門と一族と弟子たち、劇場と世間と贔屓たち、さらに歌舞伎の過去・現在・未来という歴史そのもの、つまりは巨きな重い荷を背負って生きた。八面玲瓏の屈託のない笑顔に隠れて、勿論、そうした憂苦を周囲には見せなかった。若き日の彼は、スコールのような激しさと、そよかぜの如き優しさとが極端な形で同居していたが、年齢につれて次第に安定した。亡き土岐迪《ときみち》子《こ》女史の言によれば、彼には孤独感があり、大の淋しがりやで、それは終生あまり変わらなかったようだ。

勘三郎には、じつは頑健ならざる身体に鞭打ち、あえて怪奇な面を着けて奮い立ち、燃え上がる炎のごとく出陣した、かの蘭陵王長恭《らんりょうおうちょうきょう》の側面があったのではないか。ふだんの彼は育ちのいい温良な人柄で、泥と血糊に塗れた長町裏の団七や、実際に海浜の砂上を転がった野外劇の俊寛など、まったく嘘のようだった。世の中には誰にもアンチがいて、彼の日頃のサービスの愛敬を嫌って〝人たらし〟と呼ぶ向きもあったが、しいて弁護すれば、そうではない役者など無いであろう。

　ここで記憶の糸を手繰ると、昭和四十八（一九七三）年の初夏、紹介者があり、わたしは高橋睦郎・水野隆《りゅう》という芝居好きの二人の詩人と一緒に、はじめて勘九郎時代の勘三郎に会った。場所は東銀座にあった東急ホテルのカフェで、当時十八歳の彼は付き人を伴い、われわれの席まで来てくれた。少年臭が残り、ウェーターに「僕、バニラを頂く」と注文する声が、初々しく可愛かった。わたしが記録映画『勧進帳』で、六代目菊五郎の義経が呼び止めでギクリとし、半歩出た足が止まるくだりが、ちょうど盤上にピタリと一石を打ったごとく鮮明だ、という話をすると、彼は何度も強く頷いて共感した。その夏、国立小劇場の杉の子会公演での勘九郎初役の義経を見てから楽屋を訪れると、「この間のギクリ、今日はどうでした？」と訊かれた。

　それから三十九年間、ことしの七月二十六日の朝、手術の前日に最後の電話を貰うまで、わたしの生涯で、これほど長年月にわたって接触を持った俳優は、十八代目勘三郎ただ一人である。もっとも、歌舞伎というものに距離を置きたかった時期もあり、会わない数年も幾度かあったが、とこうするうち人を介して伝言がある、暫くすると短い手紙が来る、やがて電話を貰うといった段になると、最早わたしなどは落城だった。わたしのような飽き性で気難しい男を、最期まで放り出さず、ともかくもお互いに友誼を全うできたのは、もっぱら彼のユニークな人徳と、超一流の社交術のたまものと考えるほかはない。

思い出は数限りなくあって、何を書いて良いのか分からない位だ。勘九郎グループと郡上《ぐじょう》の盆踊りを見に行った小旅行、彼の車に同乗して『一本刀土俵入』の取手の宿場を見学した秋の半日などは、若い頃のことだけに、今も目先にちらつく。ずいぶん厳しい苦言を呈上した日もある。逆に、痛烈無比の一言を浴びた夜もあった、さはさりながら、自意識の塊のごとき俳優集団の中で、彼は、おおらかに胸襟を開く人だった。わたしは、と言うよりも、われわれは彼の『鏡獅子』や『髪結新三《かみゆいしんざ》』の舞台を確かに愛していたが、もしかしたら、それ以上に、彼の人間を愛していたのかもしれない。とりわけ元気一杯の悪戯《いたずら》小僧のような笑顔と、その無垢な幼児性を。

さて勘三郎襲名後、彼は更に繁多で、その存在感も一層大きくなり、殆ど会う機会もなかったが、四年ほど前に連絡があって、「時々、また会いましょう」ということになった。その際、わたしへの〝先生〟という呼び癖を辞退する旨、彼に申し入れたが、「それじゃア、中村座の中村さんだよ」と笑われた。

最初の発病から再起した後の舞台を、わたしは総《すべ》て見ている。平成中村座の試演会にも毎月通い、若手たちの懸命な力演に接して、この劇場に不思議な親愛感を抱いた。そのことを彼に伝えると大変喜んでくれたが、万事に以前より一皮剝《む》けた透明な人格を感じた。

わたしが彼と二人だけで最後にゆっくり話したのは、二月二十二日の午後、場所は新橋演舞場の幕間の彼の楽屋だった。親しい気持ちで話すとき、いつも彼がそうするように、その日も相手の横に腰を降ろした。用件は、黙阿弥・原作『天日坊』コクーン版と、数年先の中村座版『助六』上演の件だったが、それが済むと雑談になった。長男の新・勘九郎が自分とは異なる可能性を持つことや、部屋子と門弟たちが有望なことを、彼は嬉しそうに語った。そして、「今日は七緒八《なおや》（現在の中村勘太郎）の誕生日だ。いい日に来てくれた。楽しかった」と言った。

わたしが氷川きよしの『虹色のバイヨン』が好きで、明治座の公演を見た話をすると、彼は機嫌がよかったのか、その一節〽まつ毛にキラリと光った　光った流れ星　バイバイ　バイヨン　あの日のことを」を口ずさんだ。歌いおわると突然、思いも寄らない一言を呟いた。「先生は、人を裏切ったことが無いでしょう？　人品が良いから……」と。わたしは戸惑い、曖昧に頭《かぶり》を振るだけだった。

今も考える。あの問いは何だったのか、あれは芝居という裏表の世界を、猛然と突破して来たひとの哀しみでもあったのか、と。

平成の大俳優の霊前に合掌し、瞑目したい。

（二〇一二年十二月執筆）

まぼろしの還暦の『助六』

五十七歳で逝った中村勘三郎には、挑戦する演目や仕事が、まだ幾つも残されていた。その一つが、歌舞伎の大曲『助六』である。

襲名後しばらく会わなかった勘三郎丈から、直接に電話を貰ったのは平成二十（二〇〇八）年秋で、翌年正月、久しぶりに食事を共にした。用件は、丈が運営する平成中村座の今後の演目について、わたしの意見を訊きたいとのことだった。

そこで単刀直入に、あの江戸時代の芝居小屋に近い空間と雰囲気をもつ劇場で、いちばん見たいのは『助六』だと答えた。すると丈は、打てば響くように「その案が出ている。自分も同じ考えだ」と言い、一門の参謀総長たる好江夫人も、歌舞伎座の改築中に中村座で『助六』を出すことに賛成で、予定としては二十四年一月の上演が好都合だという。

わたしも『助六』が好きで、四十歳台には資料集めに熱中、研究書の執筆を企てた時期さえあるので、たとえば花川戸助六に追われて、白酒売新兵衛が見物席の土間の中へ隠れるところなど、中村座では昔の脚本どおりに出来る話をすると、丈の目が鋭く光り、
「面白い、それをやろう。中村座でないと意義がない。丁寧にやって三時間半、『助六』一本で行こう。そのときは監修を頼みます。中村座の中村さんだよ」
と、一気に言われてしまった。丈が十八歳の時から顔見知りになり、わたしも馬齢を重ねて古稀に近く、歌舞伎のためにも最後の御奉公をしたいと思った。

次の日から文献に当たる、わたしの助六学習が再開された。歌舞伎座が閉場するまでの約一年半、丈とは四回会って、大づかみな下相談をした。劇通の石橋健一郎氏や松本眞理子女史が加わって会食になった晩もあり、神楽坂の割烹「弥生」の集いには好江夫人も見えて、深更まで議論百出、助六談義の花が咲いた。

わたしが考えるに、十八世紀に生まれた助六劇は、さまざまな演出や作曲を競う現代劇で、十九世紀には半ば固定、半ば流動する准古典的な現代劇になった。二十世紀には完全に古典劇と化し、今日の大劇場でのそれは、伝統芸能としての華麗な一大ショーである。

中村座という小劇場空間の上演では、右の現代劇であった時代における、会話劇のヴィヴィッドな言葉の弾《はず》み、市井の風俗を写した芸態《げいたい》の楽しさ、遊里のリアルな生活実感などを再び導入し、言わば二十一世紀的な古典劇を造りたかった。そのため十九世紀の脚本の一冊を選び、参考に供すべく、丈の手元へ届けた。読書家の丈は直ぐに読んだらしく、次回に会った際、助

六の三浦屋揚巻との痴話喧嘩《ちわげんか》のせりふ「うぬはあの髭の意休《いきゅう》と寝たな」を、愛敬たっぷりの笑顔で巧みに言い回した。

助六劇の最大のショーは、何といっても〝水入り〟である。わたしは演者の健康を懸念、古風な水布《みずぬの》を使う代案を示したが、丈に「そういうのは嫌だ」と一蹴された。寒中の水入りを敢行した、亡父・十七代目への想いもあったのだろう。が、並《なら》び傾城《けいせい》を花道から出して、道中を見せる案には賛成してくれた。助六が登場するとき、花道で演じる所作を出端《では》というが、丈は自信有りげに「出端を見てくれ。早くやりたい」と、頗《すこぶ》る意欲盛んだった。

ところが、歌舞伎座が閉場した年の暮れ、丈は外遊先で発病、休演が続く事態が生じた。東日本大震災が起きた翌年三月末、丈から電話があり「まだ不安がある。助六は無理だ、御免ね」という優しい一言を聞いた。その後、松竹の安孫子《あびこ》正・専務（当時）に遇《あ》うと、「将来は分らないが、今は無理でしょう」とのことだった。

その秋、丈は中村座へ出演、再起の舞台は好調で、日常も洗われた人間性が深みを増していた。翌二十四年二月、新・勘九郎誕生で賑わう新橋演舞場の楽屋を訪ねると、「俺も三年後には還暦だよ。その時こそ『助六』をやる。よろしく」と言われた。これは愈々《いよいよ》体調回復だと、わたしも胸を撫で下ろした。

以後、中村座での三箇月の舞台が超充実、毎月が楽しみだった。打ち上げ後の六月、衝撃的な再度発病のニュースが届いた。七月二十六日即ち手術前日の朝、丈みずから電話があり、意外に元気な声で、来春の歌舞伎座開場時に『鏡獅子』が体力的に難しいこと告げた。わたしが聴いた、丈の最後の肉声だった。

手術後、入院が長引く気配に胸騒ぎを覚え、九月初め御見舞の短い手紙を書き、石坂マネージャーに託した。「鏡獅子や助六ができなくても、頑張って生きていて欲しい」と。

師走五日未明、丈は没した。数日して自宅を弔問すると、好江夫人が気丈にも「お手紙は、読んで聞かせました」と言って下さったが、もはや返す言葉もなく、すべてが幻に終わった——。十八代目勘三郎は今、天上の星になった。歌舞伎のいのちを燃やすべく、全速力で完走した尊い生涯であった。

（二〇一三年二月十一日執筆）

みずらの髪の似合う人

十七代目の勘三郎さんの素顔は、人生苦の深さによって複雑に屈折した陰影を帯び、情味と凄味と諧謔とを併せもち、振幅に富んだ人間としての面白さが無類だった。没後しばらくは旧・歌舞伎座の玄関を潜《くぐ》るたびに、何か主人の居ない家に来たような、奇妙な空虚感に襲われたものだ。

その五七日の朝、小日向《こひなた》のお宅へ焼香にうかがうと、勘九郎時代の十八代目は、産経新聞の社長の葬儀に参列するため外出中だったが、間もなく帰宅して御茶が供された。

同席された病身の母堂への、十八代目の細やかな労りには胸を搏《う》たれたが、辞去しようとすると「一寸《ちょっと》、待って」と言い、足早に二階へ上って行った。戻ってきて「これをあげます」と言われて頂いたのが、十七代目遺愛の一本のネクタイ、黒地に水玉模様の瀟洒《しょうしゃ》な逸品だった。大変に締めやすく、今も大切に所蔵している。

昭和後期、三十歳前後の十八代目は、まだ模索時代だった。名子役の時分から評価は高かったが、当時の沸騰する孝・玉人気を眼前にして、側近のマネージャーですら「羨ましい」と漏らすときもあり、御本人も「生きていてもつまらない」と、鬱屈する日があった。

しかし、日頃の勉強や準備は怠らず、昭和五十七（一九八二）年の夏、メトロポリタン歌舞伎公演の際には連日のように会って、一緒にブロードウェイのミュージカルや現代劇、オフ・ブロードウェイの前衛劇などを見歩いた。「俺も、今に必ず客をよんでみせる」と、一杯機嫌で豪語した夜を覚えている。

父の死後、ジャンプして奮闘を重ねた結果、コクーン歌舞伎から平成中村座へと風雲を巻き起こす二十一世紀の初めには、あっぱれ歌舞伎随一のドル箱、国民的大スタアの座を獲得し、我々を瞠目《どうもく》させた。けだし十八代目の一生は、父祖の名を辱《はずかし》めなかった。

社交好きで駆け引き上手、機略に勝れた熟慮の人でもあった。同時に、明るい愛敬とウイットに溢《あふ》れ、それが芝居世界の政治臭を薄めて中和した。根底には偉大なる童心、無垢の魂が隠されていた。彼の丸い顔、丸い肉体、丸い精神のいずれにも、いにしえのヤマトの若者たちが結った、みずらの髪が似合う永遠の童子性が潜み、それを誰しもが愛した。

十八代目は、いわゆる〝聴き巧者〟だった。彼こそ八つの耳の所有者で、歌舞伎を多元的に考えていた。さまざまな見方や意見をミキサーにかけて、彼独自のアイデアを加え、生きた夢のストゥーパを立ち上げた。平成中村座は、その最たる祈念塔である。晩年、同座での『助六』上演案が浮上し、わたしも相談に乗ったが、「出端を見てくれ。これからは調べるだけ調べて、古いものはやる」と意気込んでいただけに、実現を見ずに逝ったのは、自身も残念の一語に尽きるだろう。

十八代目の〝御用箪笥〟には、いつも多くの人材がストックされ、彼は、時と所に応じて引き出しては活かして用い、その才能を見捨てなかった。わたしは、彼が十八のとき顔見知りになり、手術する前日の朝に最後の電話を貰うまで、三十九年間もの交流だったが、一回り以上も年少の彼から、教えられることばかりであった。

それにしても、かつて故・永山武臣会長が「三島由紀夫さんの死は、余りにも若過ぎた」と、お会いした折り嘆かれたが、十八代目の死も、まったく早過ぎた。幸運にも、この畏敬する二人の天才児の知遇を浅くとも得た事実は、わたしの生涯の誇りだ。あれこれが走馬灯のように去来するが、遠い日の三島、近い日の勘三郎の思い出は今、老残・孤愁のわたしを癒して浄化する。

平成六（一九九四）年初夏、退院して家に帰ると、十八代目の肉声が留守電に吹き込まれていた。御見舞いの言葉だったが、その中に、「僕は、先生が好きだ」という一言があった。励ましにしても、こんな有り難い一言を告げてくれた優人は、わたしには天にも地にも彼一人しかいない。涙が滲んでくる。

（二〇一四年十月執筆）

一期一会に非ず

十八代目勘三郎の没後、早くも七年になる。

昭和後期から平成末年までの約四十年間、勘三郎は古典歌舞伎を継承する一方、現代歌舞伎の創造に邁進した現代人であり、今日を刻む時計の音速の中で生きた舞台俳優であった。そのことは間違いが無い。

しかし今、わたしの脳裏に結ばれる人間としての勘三郎像は、現代性よりも何か古代性を帯びていて、古代人のような懐かしい丸みを持っているのである。例えば、

倭《やまと》は　国のまほろば
たたなづく　青垣《あおかき》
山隠《やまごも》れる　倭しうるはし

という山野が広がる原で、人びとが燃える火を囲んで円陣を作り、車座となって痛飲、放歌高吟して歓乎の声を挙げる中で、ひとり埴輪《はにわ》のようなあどけない面差しの若者が、足拍子も面白く両の手を泳がせて舞い踊る想像図を、彼、勘三郎とその周囲に擬したとしても、わたしには左程の違和感がない。

彼は生来、人懐っこかったのだと思う。だから長ずるに及んでも、「現代の社会は孤立した人間の集合体に過《す》ぎなかった」「家の中にいる人間もまた切れ切れになってしまった」（夏目漱石『それから』）という社会観や人間意識には、有名な淋しがりやでも、あまり馴染まなかったのではないか。また、「自由と独立と己《おの》れとに充《み》ちた現代に生れた我々は、その犠牲としてみんなこの淋しみを味わわなくてはならない」（漱石『こころ』）ような孤独感とは、可なり距離があったろう。

十八代目勘三郎の生涯と、その業績とにテーマを見付けるなら、そこには〝近代からの解放〟が浮かぶ。勘三郎が創造した「コクーン歌舞伎」を支持する観衆、勘三郎が創設した「平成中村座」を愛する観客たちは、彼らの孤立を解放する〝連帯〟を求めていた。

昭和五十年代前半、二十歳台初めの勘九郎時代の彼が、ふと漏らした次のごとき軽い呟きを、わたしは何故か今も覚えている。

「日常すべて西洋式が良いが、風呂だけは日本式が好いね」と。——

この一言には、もしかしたら、彼の行く手を解く鍵が隠されていたのかも知れない。当時の一般の生活は、現在のように和洋が接近してミックスされず、まだ相違が認識できる状態を保っていた。そうした相違を、和辻哲郎は「西洋の風呂は事務的で、日本の風呂は享楽的だ」（『古寺巡礼』）と断定している。

事実、わたしが訪れたロンドンの十九世紀の知識人の旧居にある浴室は、寝室の背後の密閉された小空間に鉄製の浴槽が置かれ、運んだ湯を零《こぼ》さぬように保温、カーテンを引いて身体を洗うといった式の、それこそ事務的な、憂鬱になるような気分のものだった。

そう感じたのは少年時代、我が家の古い別荘にあった五右衛門風呂に飛び込んだ時の、ざッと零れ落ちる滝のような湯を浴びた快感が、どこかに残っていたからだろう。

この快感が解放感と一つになって、町々の公衆浴場たる銭湯や、各地温泉場の浴場文化に発展。山岳国の豊富な木材と良質の水資源、火山脈は温泉を噴出させ、日本列島は世界に冠たる享楽の浴場文化を生んだ。古代地中海周辺や近東一帯を除き、西欧はじめ諸地域では歴史的に見て、入浴は生活に留まった。

実は、この日本の浴場風景、江戸の湯屋・ふろ屋の混浴図と、同時期に爛熟した芝居小屋の場内パノラマとは、本質的に背中合わせの一体感を持っている。そこには解放と享楽と、人びとが連帯する別天地があった。

連帯は向こう三軒両隣り、相身互いの「族（うから）」があって成り立つ。太古、南西北東から雑多な族が渡来・移住して原日本人が生まれ、氏族が競合し協和して部族となり、やがて島民ほとんどが数珠玉のごとく繋がる、濃密度の家族国家が出来上がっていた。

我が亡き勘三郎こそは、ヤマト民族が生んだ〝高光る日の御子〟の一人だった。歌舞伎は幾つもの氏族が競り合って栄えて来た、部族社会の典型である。師匠・親族・弟子・番頭・付き人から、興行者や贔屓筋までが数珠繋ぎになって円を成している。この輪の中へ一度入ったら、直ぐには出られないだろう。

この円環の中心点で、勘三郎は乳母日傘《おんばひがさ》の宝の子として育てられた。父の十七代目勘三郎が長逝し、昭和から平成へ変わる頃、わたしは終演後に劇場の入り口で、中村屋事務所を預かるHさんに声を掛けられることがあった。彼女はテレビ界にも顔の利く、辣腕の老女として知られていた。「今日は若に会ってやっては下さらんのか。若が待ってますよ」と。——当時、彼は若と呼ばれていたのだ。

それ以前から、一族の数珠の輪を保つべく、まだ若い勘九郎青年に心配りが感じられる時があった。確か昭和五十年代の中頃、彼の結婚が近い時期だったが、閉場後に誘われて同乗し、文京区小日向にある私宅へ向かった。

車中、一座の若手の腕の立つ某優が傷害沙汰で、会社側がマスコミへの漏洩を抑えている状況を、彼から聴いた。かつて某優が名題昇進の折り、十七代目が劇中で口上を述べたのを思い出し、それを言うと、彼は「そうですよ。で先生、これから父に会ったら、そのことを話してくれませんか」と頼まれた。

その夜、十七代目との懇談中、その月の某優の役に関する話が出たので、ついでに劇中の口上の件を持ち出してみた。丈は「そうだったな……」と呟いて、頷くだけだった。

勘九郎ジュニアにしてみれば、自身が口上で引き立てた以前を思い返させ、父の某優に対する傷害沙汰への怒りを宥《なだ》めて、寛容な収拾を望んでいたのだろう。歌舞伎一族の御曹司なら、そうした配慮は珍しくなかろうが、勘九郎の場合、心配りの肌理《きめ》が細かく、人びとの胸の襞《ひだ》に触れて来るところがあった。

十七代目の死後暫くして、彼が楽屋の自室へ竹本の某太夫を呼び、語り口に駄目を出す光景にも接している。口三味線を入れながら、丁寧に語って聞かせ、相手が納得するまで懇切に説き明かしていた。太夫が引き下がると、「今売り出しの某なんかよりも、ずっと昔のチョボの臭いを持っているんだ」と、配下の芸人への身贔屓の一言を忘れなかった。

勘三郎は僅か三十二歳で、一族と一座を背負った。或る時期には、二十世帯もの生計の責任を持っていたらしい。戦後の栃錦や若乃花のごとき名力士は皆、一家眷属《けんぞく》を背負って奮闘する日本男児だったが、勘三郎も又、その一人だったのである。若い時分から、やはり彼は偉かったんだなァと、今更に驚く。

そうした彼に、近代的な個人主義や現代の孤立意識の気難しさと、向き合う時間は少なかったと思う。むしろ人びとを動員して解放し、彼と我とが連帯するところに、その人生の課題と歓喜とがあったのではないか。

ならば翻って、わたし自身は何者かと問われると、けだし勘三郎とは真逆の人間だとしか答えようが無い。わたしは彼のごとく、連鎖する円の中心に生まれたわけではないので、同族社会には親しまず、同族からの物心両面での長い逃亡史が、わたしの半生だったとも言えるかも知れない。逃亡を重ねた今、同族とは虚礼のみの、わたしは日本人という族《うから》からは遊離した、得体の知れない自由と孤独と不安の中で、結構さばさばと生きている。日本に住んでいても、三分の一くらいは外国人だと思う時もある。ひとりの人間の裡で、すでに日本という家族国家が崩れて、精神的な漂流が始まっているのである。

平成の中頃、勘三郎の十八代目襲名が近付いた時期だが、わたしは老母の介護の明け暮れで、彼とも親しく会うチャンスが無かった。そんな時、彼の或る短いコメントが雑誌で目に留まり、何故かひどく引き付けられた。

「一期一会、という言葉は好きになれないな。一生に一度だけなんて、つまらないよ……」と。

――

その花やかなラブ・アフェアを風刺する記事だったが、しかし同時に、そこには彼の人生観に近い何かも読み取れた。

この一期一会は、近世の茶道から生まれた言葉らしいが、ほとんど〝訣別〟の同義語として用いられる。それは集団よりも、多くが個人間の交渉に使われ、わたしをはじめ、この言葉を好む日本人が多かったのは、そこに孤立する個人意識の潔さを見たからだろう。

すなわち空想にせよ、これまでの旧日本人が、組織や派閥や同族という連鎖社会の頸木《くびき》から脱して、個人間の離別がキレイに成就できる、この抽象的な造語は一服の清涼剤だった。然しながら、わたしの実人生では、戦死した父を皮切りに、この言葉が不幸にも現実化して、幾つかの別れを重ねてきた。

勘三郎が「一期一会に非ず」だったのは、ひとつには彼が連鎖する円の中心にいて、その境界を拡大する本能を持っていたからだろう。一期一会の逆の言葉は一期末代だが、彼は、気心が通じれば終生付き合おうという、一期一代の心意気に富む〝稀者《まれもの》〟だった。

彼には稲妻のごとき炸裂や、綿密な深謀遠慮もあったが、天成その身体や心情が総じて丸く出来上がっていて、人びとが連鎖し、或いは連帯する願いのために、現世に生きているような和合力を有していた。言わば〝こころ遍《あまね》き人〟であり、その一生には本質的に他者との「別れ」が無かったのではないか。

役者の理想は〝衆人愛敬〟だから、皆そうではないかと、もしも異を立てる向きがあるなら、決してそうではないのである。六代目歌右衛門のような孤峰、二代目吉右衛門のごとき強い個体もある。また、三代目猿之助のような覇道の勇者も存在した。

わたしと勘三郎との三十九年間の交流は、こうした彼が発する円の放射光の広がりによって、実は、わたしの薄弱な個が、徐々に衛星と化した歴史だったのかもしれない。

振り返ると、彼が二十歳台、わたしが三十歳台の頃の折々の接触は、愉快に喋り他愛もなく騒いだ、幸福な思い出ばかりである。当時は十七代目が晩年ながら健在で、箱根へ勘九郎グループで泳ぎに出かけても、どこかへ繰り出してワリカンで痛飲しても、十七代目の慈父としての配慮が様々に感じられた。

俳優と批評家と言っても、どちらも駆け出しの若手だから責任が軽く、気質も合ったので拘泥《こだわ》りなく話せた。明敏な彼は、批評の意義や批評家の有用性を認めていたから、話題にも直ぐに橋が渡せた。若さとは無邪気なもので、彼の本名が哲明《のりあき》、わたしが哲郎、芸名が中村、わたしも中村だから、彼に「不思議だね。一生縁があるかも知れない」などと言われると、舞台が天才児、青菜に塩だった。

この二人の交流に、やや異なる要素が加わるのは、今になって考えると、やはり十七代目が没した後のことだったろう。

それまでの若い彼は、親鳥の羽根の下で将来を期して、おもに古典歌舞伎を習得すべく月日を重ねていたと言っていい。が、一家一門を背負い、一座を養い、他門と競い合って、全体のリーダーたる位置を窺うには、それだけでは充分でない。落伍する危険さえある。

現代という〝時〟を摑み、新しい鮮明な旗を掲げ、一般大衆と連帯する場で、今日に生きている活き活きとした歌舞伎を創ろう！

だが然し、それによって従来の観客層が失われ、自身の古典役者としての熟成をも阻《はば》む、危うい陥穽《かんせい》が前途に口を開けている。父の死後の数年間、これから如何に生くべきかという迷いが、彼の胸中に鬱していたと思う。

　ところが、それより少し前の時期の四十歳台の初め、わたしにも批評家としての迷いが生まれていた。歌舞伎を中心とする演劇批評家の場合、その一生を批評一本で押し通す例は、むしろ少ない。批評の傍ら小説や脚本を書き、学究活動を行ない、中には演出・アレンジ・制作などに転進するケースも多い。

十七代目勘三郎の霊前での追悼の集い
1988（昭和63）年５月12日夜、文京区小日向の勘三郎邸で。前列左より東儀弥彦、中村勘九郎（後の十八代目）、宮尾興男、石橋健一郎。後列左より草森紳一、著者、土岐迪子、リチャード・エマート、大沼信之

「批評家が書いた小説を読むこともあるが、あまり良いとは思わないな。批評家の小説は結局、駄目だね」（井伏鱒二・談）という言葉も聴いている。けれども、批評のみでは自己燃焼を遂げられない、寂しい物書きもいる。創作は批評家にとって、熟慮を要する変身であり、危険な淵瀬に飛び込む冒険なのである。

　何故なら、範疇にもよるが、自分の内面を追い詰めてこそ発酵する人間図絵、発火するドラマというものが存在するか

らだ。批評には、或る客観性を求められる機能が備わるが、そこには自分をさらけ出してこそ、甘美な果実を捥《も》ぎ取れる秘境があって、故に「創作は生命《いのち》を縮める」（井伏鱒二・談）のである。

批評家は、いわゆる〝身を汚す〟ことはタブーだが、創作者には勲章と化すケースも多く、両者の間には截然《せつぜん》とした一線が横たわっている。これを踏み越えて禁断の実を齧《かじ》った後、思うに任せぬ状況が生じ、再び批評メディアへ復帰するには、殊の外の心身のエネルギーと苦痛の時間を要するだろう。創作は時として、身の破滅の危機を孕《はら》んでいる。

わたしは四十歳台の中頃に数年を費やして、原稿用紙二百枚の戯曲を書き上げ、それを一冊の本にして発表した（歌舞伎戯曲『天壇の西太后』平成元〔一九八九〕年）。執筆までの精神的な経緯は、右に冗《くど》くも記した通りだが、発表後に起きた多くの事象については、ここでは長く複雑にもなるので控えたい。だが現在、この最初にして最後の創作戯曲は、わたしの稔り乏しき一生の中で、その成否を問わなければ、或る充足感をもって回想できる。

この時、三人の俳優から電話を貰った。一人は勿論、彼（まだ勘九郎時代の）勘三郎だった。褒め上手らしく開口一番、「大したものだよ」と、面食らうほどに激励してくれた。経元善という壮士の役の長台詞を、「ここは俺なら、こうやる」と、受話器の向こうで本意気で語って聞かせてくれたのは、作者として何とも嬉しかった。その台詞の切れる「太后、御《おん》身《み》は取り残された、憐れむべき老女でしかないッ！」という一句で息を吐き、「これは今の成駒屋の小父さん（六世歌右衛門）を指すにはピッタリだ」と、声高に嗤《わら》った。成駒屋が〝勘九郎人気〟に厳しかったのだ。

「世話物も書いて下さいよ」「世話物はちょっと……」「勉強すれば、必ず書けるよ」という遣り取りの後、彼いわく「これからは先生も俺たちと同じだ。先生も役者ですよ」と断言されて、その日の電話は終わった。

わたしは当時、この彼のラストの言葉の意味が分からなかった。が、折りに触れて人の言に接し、物の本を読むうちに、次第に理解できるようになった。そして、俳優や作家の本質的なものを、すでに彼が若くして認識していた事実に、微《かす》かな敬意を懐いた。

かつて三島由紀夫は、某誌の企画〝近代日本の一〇〇人〟選考の際、俳優が「主体的な意味での人格を持っているか疑問」として、これを対象から除外した。そのような考え方は、単に三島ばかりではない。例えば、サマセット・モームは、次のごとく述べている（『サミング・アップ』行方昭夫・訳）

これまで多数の役者と知り合った。付き合うのによい連中である。真似がうまいし、話上手だし、機転が利くというので、とても面白い。気前がいいし、親切だし、勇気もある。しかし私は彼らを人間だと見ることが出来なかった。彼らと親密な関係になれたためしがない。彼らは鍵に合う単語の見付からぬクロスワード・パズルのようだ。事実はこうなのだと思う。つまり、彼らの人格は演ずるいくつもの役柄から出来ているのであり、人格の基礎は無定形なものなのだ。それは柔らかな加工しやすいもので、どのような形にもはまるし、どのような色にも塗ることが出来る。

作家は、正直な人なら自分と役者の間にある種の類似があるのを認めざるを得ない。役者の性格は、作家と同じく、決してバランスが取れているとは言えない。役者は演ずるあらゆる人物の総和であり、作家は創作する登場人物の総和である。作家も役者も、少なくともそのときには感じていない感情を表現する。自分の一部は人生の外側に立ちつつ、創作本能を満足させるために人生を描く。見せかけは、作家、役者には真実であり、一般人は彼らの素材であると共に審判者であるが、彼らに騙されるカモでもある。見せかけが、作家、役者の真実なので、彼らは真実を見せかけだとみなす。

作家は、自らの内面的なテーマを追究する一方、多くの他者を造型し、事象を描かなければならないところに、俳優との質的な類似性が生ずる。いみじくも若い勘三郎が、「これからは先生も俺たちと同じだ。先生も役者だ」と、喝破した通りなのである。

しかもモームは、描かれた虚構が、作家や俳優には真実でも、彼らに騙された一般人や批評家には、必ずしもそうでないことをも暗示している。つまり、騙すのはヤクザ渡世であり、騙されるのはカタギの暮らしである。

「先生も役者だ」と言われても、根が批評家なのだ。創作家ではなく、つい審判者の目で事を見てしまう。「批評家の小説は結局、駄目だね」（井伏鱒二・談）という言葉は、一つ二つの作品の良否よりも、実は、そういう迷走状態への厳しい断罪の判決であったろう。

平成初頭の四〜五年間は、勘三郎にとって前途模索の準備時代だった。やがて「コクーン歌舞伎」が突破口となる現代カブキの発見、今日の劇作家との提携による新作の現代演劇化、などに突進する〝嵐の前〟の時期で、いろいろな願望が抱懐されていた。そして、すでに多彩なテレビ出演や旺盛な出版活動という、言わば一つの予備運動を開始していた。

従前通り古典も手がけ、それなりに活況を呈したが、甘い餌《えさ》が無くては客は呼べず、ともすれば辛い狂言は敬遠される。興行の演目の選定は、本人が「狂言を建てるのは難しいよ」と、その実状を知悉《ちしつ》していた。あらゆる条件に対応できる配慮が求められ、名案でも目配りや気配りを欠けば、忽ちのうちに蟻の穴から堤が崩れてしまうのだ。

わたしは当時、この劇界の複雑さを弁《わきま》える年齢だったが、劇場の月々の演目の配列を見ると、ともすれば批評家の頭で考えてしまう。或る時、勘三郎の楽屋で彼と対座して雑談中、ふと次の本音が口を衝いて出てしまった。相手の弱みに触れるのは、至難の業だ。

「演《だ》し物が、少し甘くなっていますね」

瞬時の沈黙があった。と、鋭く烈しい言葉が、大上段に一気に振り下ろされた。

「先生には、子供を持つ者たちの気持ちなんか解からないんだッ！」

一期一会の一言だった。一言は、わたしの胸を刺した。勘三郎という連鎖する円の中心者と、わたしという族《うから》からの孤独な逃亡者とが、真っ向から刺し違えた瞬間だった。

その日、わたしは黙って去った。もう言わない、もう行かない、と思った。俳優の楽屋へ行くのは元来、気が重くなるタチなのだ。これまで、彼だけが例外だった。

それ以前より体調を損ねていたので、暫く入院加療、勘三郎とのバトルの傷口も塞がる頃に帰宅すると、思いきや病状を問う彼自身の肉声が、何と留宅電に吹き込まれていた件は、数年前の別稿に書いたから略す。——すると間を置かず、幕内では劇通として顔が知られ、十七代目とも昵懇だった某氏から電話を貰った。用件が済むと、彼に「哲《のり》ちゃんが、宜しくと言っていましたよ。貴方も頑固だね、大人になりなさい」と、諭《さと》された。

第一回「コクーン歌舞伎」公演をはじめ、舞台は観たが、楽屋へは行かなかった。そのうち劇場のロビーで、勘三郎とは同い年の顔馴染みの某君に遇うと、「彼、もう中村さんは来ないよって、言ってますよ」と、案ずるように告げられた。わたしは、それで可《い》いと思った。雑誌の長期連載の準備が始まっていて、仕事に没頭すると、役者も舞台も無い。自分は芝居が好きなのかと、訝《いぶか》しくさえなる。

足掛け五年は会わなかった。勘三郎は奮闘時代に入り、賑やかな話題が渦巻いていたが、会いたいとは思わなかった。他の俳優たちに遭う機会も無かった。五十歳を過ぎたが、各地を旅して、本と仕事があれば良かった。

ところが……である。わたしも弱い。平成十（一九九八）年の初夏、八月の歌舞伎座の三部制興行の演目が発表され、その第二部に、

真山青果・作『江戸絵両国八景』四幕七場
荒川の佐吉　中村勘九郎
相模屋政五郎　島田正吾

とあった。これを目にした瞬間、わたしの胸は波立った。と言うのは、わたしとしても、また彼としても、これは思いを秘めた曰く付きの演目だったからである。

それより十五年前の昭和五十八（一九八三）年九月、歌舞伎座の夜の部の興行は、芽が吹いた若手役者の売り出しだった。二十三歳の中村児太郎（その後の九代目福助）の『お染の七役』が、演目として真っ先に決まったらしく、二十八歳の勘九郎は未定。制作の提案に気が乗らなかったようで、わたしへ本人から電話があり、「何か考えて下さいよ」と言われた。そこで一般的で分かりやすく華もあり、筋立ての確《しっか》りした新世話物が良いと思い、まだ花形では三代目市川猿之助（その後の二代目猿翁）しか演じていない、真山青果の『江戸絵両国八景（荒川の佐吉）』を選んだ。中村屋の番頭のIさんへ戦後版『真山青果全集』第五巻を届けると、打てば響くように翌朝、本人からの電話の声が飛び込んで来た。

「この本、よく持って来てくれた。これを演《や》りたいッ。俺は昨夜、佐吉が他人の盲目の子供を育てる気持ちに、胸が掻き毟《むし》られた。父も昔、この狂言を演りたかったそうだ。自分が相模屋政五郎に出てやる、九月の夜の部の演目は、二本だけでいいと言っています」

それは結構、ぜひ拝見したいと悦んでいたが、そうは問屋が卸ろさなかった。年輩組の俳優たちが割り込んで来て、若手の売り出しが何時ものミドリ（見取り狂言）の三演目になり、幕数の多い『荒川の佐吉』は、同じ作者の『血笑記』二幕に取り替えられたのである。

もちろん本人は切歯扼腕《せっしやくわん》、気が進まなかったが、さりとて歌舞伎座の演《だ》し物を自由にできる年齢ではなく、これを渋々受け入れた。九月の公演中、楽屋を訪ねると、なお佐吉の夢醒めやらず、この所はこうする、あそこはああすると、立ち上がって動きや形を見せてくれるほど、すでに佐吉は彼のものだった。

——十五年前の若き日、あの未発だった『荒川の佐吉』の実現！　しかも相模屋政五郎には、戦前の新国劇での初演を知る生き残りの闘将、卒寿を越えた島田正吾の客演という好企画。わたしの身体の何処かに、やはり埋み火が残っていた。結局、わたしたちが思い出を共有する過去が、二人の間の涸《か》れていた地下水路に、再び水を導いたのだろう。

わたしは早速、八月の歌舞伎座のチケットを、何時もは前売りで購入するのだが、この時は番頭のIさんに依頼した。万事を呑み込むIさんは微笑、やがてピカリと光る最上等席を三枚送ってくれた。（手帳には、一階り列21番、に列22番、に列30番のメモが残る）

八月四日、三部すべてを通して見物した。彼は、第一部で『棒しばり』を踊り、第二部で待望の『江戸絵両国八景』を演じた。

会心の出来だった。相模屋政五郎の説得に折れて、佐吉が手ずから育てた卯之吉を、身勝手な実母に返すことを承知する際の、切々たる心情の吐露に、わたしは涙が溢れた。見事だと思った。島田の相模屋政五郎の貫目もさすがだが、彼の佐吉という男の寂しい魂が、満場を圧した。十五年待って演じた甲斐がある、充実した男盛りの舞台であった。

第三部は、初役揃いの『先代萩』の通しで、わたしの一階に列30番の左隣りの席には、こは如何に、あの島田正吾氏の泰然たる姿があった。二部の役を済ませ、三部では平服で客席に着かれたのだ。名優と並んで舞台を見詰める、まことに稀有な体験だった。

帰宅して数日後、十五年間の念願成就と舞台の出来映えとを祝福する、彼に宛てた手紙を書いて投函した。そして、あの舞台と彼の佐吉を、もう一度見て置きたいと思った。

千秋楽より三日前の、第二部の席が手配できた。と、速達で一通の封書が届いた。差出人は、〝文京区小日向二ノ一ノ二　中村勘九郎〟である。封を切ると、便箋二枚に毛筆で十五行、可愛らしいまでに稚拙な文字が並んでいる。一見、直筆だと思った。

彼の二十歳台の中頃、「俺は、字が駄目なんだ」という一言を聴いている。母方の祖父の六代目尾上菊五郎が名代の悪筆で、遺伝したのか、あれほど踊りが巧いのに、手が無器用なのが不思議だった。十八代目襲名の直前、新たなサインに備え、楽屋で墨を磨《す》らせ習字をしていたのを覚えている。

この時の短い手紙を、次に書き写す。彼から貰った直筆の手紙は生涯に一通だけで、こればかりは一期一会のものになった。

中村さん　本当に　お久しぶり

貴方の進めてくれた「荒川の佐吉」
ついに実現

このあいだの手紙大変うれしく
　　　　　読ませて頂きました

「天日坊」の方は　まだ　お蔵ですが
いつか開きたいと思います（せがれか私）
その時は是非参加して下さい

それから貴方のつくった「西太后」

京屋か大和屋で演りましょう
私、どんな役でも出ますよ、又、どんな役を
やったらいいかなどなど話しましょう

まず、残暑厳しき折
お体を大切に

勘九郎

八月二十一日、歌舞伎座の『荒川の佐吉』の終演後、わたしは彼の楽屋を訪ねて、数年来のご無沙汰を詫びた。と、間を置かず、

「先生、ここへ又来て、いつでも何でも言って下さいよ。俺は、それが好いんだから」という言葉が返ってきた。——わたしは胸の裡に、温かい潤ってくるものを感じた。

「島田さんの相模屋政五郎とは、名案でしたね」

「制作は常識的な配役を言って来ましたから、俺が考えたんです。先生は先日、島田さんと並んで夜の部を見ていたね」

「そうなんです。たいへんなプレゼントで、有り難う」

「いや、偶然ですよ。——少し前にアクシデントがありましてね。兄貴（義兄の二代目澤村藤

十郎）が海外から帰ると、直ぐに倒れたんです。血圧が高かったから……」

彼の若き日にも母堂が発病、長い療養の日々があったことを、わたし達は知っている。今回は義兄か、彼も大変だなァ……と察した。第二部の仕度に掛かる時間が来たので、「先生も気を付けて。また来て下さいよ」の声を背にして、その日は部屋を出た。

さて、それからの彼の約十年間、すなわち五十の坂を越えるまでの年月は、まことに尋常ならざる激烈な時間だったと思う。

テレビの大河ドラマ出演、平成中村座の旗揚げ、十八代目襲名、全国巡演、海外進出、現代カブキと新作の連打上演と続く、全力回転の超多忙と身体酷使、堆積した精神の疲労が、彼の寿命を縮めたことは間違いが無い。

さながら暴風雨の海道を、遮二無二に疾駆する竜騎兵のようだった。芸能者も作家も、回り出した人気や仕事の歯車に飛び乗り、共にグルグルと廻らなければ血行が停止する、哀しい危険なヤクザの生理を有している。そして、臆病者のカタギの生理からは、この世の〝花〟は咲かないのである。

その時期の彼の姿を、わたしは斜め後ろから見ていたのかも知れない。と言っても、著書の刊行、家産の整理と新居の建築、肉親の看護などに明け暮れし、自身が安閑たる日々を送っていたわけでもない。自由人でも、飛躍のないカタギの生活があった。

彼からは亡父の十三回忌追善、自らの襲名、長男の結婚披露等々には必ず連絡があり、その折々に顔も合わせていたから、決して互いに〝遠い人〟ではなかった。唯、わたしは彼の帷幕《いばく》の中には居なかった、と言っていい。

平成中村座が開場する少し前、彼の呼び掛けで六本木で会食した夜があった。芝居聞き書きの名手として、一種の文化財的な存在だった土岐迪子《ときみちこ》が加わった。幕内での信頼が厚かった土岐女史とは、彼も子役の時分からの顔馴染みで、その頃、彼がアリゾナに構えた別荘を女史たちが訪問する、事前の打ち合わせに付き合わされたような集いになった。

平成二十（二〇〇八）年の夏、その土岐迪子が急逝した。秋に死が判明すると、勘三郎から逸早く電話を貰った。「土岐さんが死んだね……」と。その春には、草森紳一も亡くなっている。わたし達は昭和末年、よく集まっては喋り、その中心には、いつも勘九郎という若者がいた。幸福な時間だった。

それも切っ掛けになったのか、勘三郎の死までの四年間、わたしは彼と以前のように多く会うようになっていた。平成中村座の演目についての相談もあったが、時折り彼が、昔の思い出を差し挟むようになったことに気が付いた。

「皆んなで、郡上の盆踊りに行ったでしょう。甲府公演の夜は、馬鹿騒ぎした」

「中村さんは若い頃、怖いくらい強かった。あの態度は何だ、と思ったよ。来るときは来るが、来ないとなったら全く来ない。でも先生、父が死んだ時は毎日のように来て、心配して勇気づけてくれたから……」

その通りだ、と思った。この時分になると、彼の言うことは少しも気にならなくなり、むしろ有り難く感じた。彼にしても、例えば「平作は、ちょっと未だですね」といった演技評を口にしても、過ぎし日のごとき反発は無く、時には「そうなんだよね、分かっている」という一言が返ってきた。

二十歳台の彼は、いかにも六代目菊五郎の血脈を伝える麒麟児らしさがあり、寸鉄人を刺す鋭さを持っていた。正義漢で直情的だが、思慮の深さが感じられ、おおらかなプリンスでもあった。けれども、五十歳台の彼には、やはり人物としての変貌が明らかだった。

何よりも人々を包み込む柔軟さと、物腰の砕けた円転自在の対応、当意即妙の機転と心配り、まろやかな人好きのする笑いと童心、仄かな寂しさと情味には、すでに六代目菊五郎の男性的な傲然たる風圧は消えて、むしろ父方の先祖たちの庶民的な匂いと、そこには江戸役者の面影の片割れすらちらついた。

最初に述べた通り、勘三郎は「一期一会」という言葉を好まなかった。多くの人間たちは会《え》者定離《しゃじょうり》を楯に、この一句を祈りとして、人を去り、人に去られ、己れの胸の奥で他者を生きながら消している。御多分に漏れず、わたしも愚かにもサヨナラを繰り返した。が、勘三郎とは珍しく長い付き合いになったのは、ひとえに彼の天稟《てんぴん》たる人懐っこさの賜物だったろう。備わった人徳だったのである。

彼が、この一句を好まず、所謂〝こころ遍《あまね》き人〟であったのは、結局、人間と人間との連帯を求めていたからだと思う。その悲願の結晶が「平成中村座」という一代のプロパガンダであり、それは近代のエゴイズムを超克するための〝広場〟だった。彼の劇場に賭ける夢、人々との和合を願う熱情、人生への微笑と愛敬が、平成年代の天下を湧かせた。

わたしは今、思い出す。その死の三年前か、歌舞伎座近くのイタリア料理店で食事した夜、彼は欧州旅行談を聞かせてくれた。そこで、「ヨーロッパの都市には、いろいろな広場がある。中村座のテントを各広場に張って、年毎の夏に巡回公演するといい。貴方も歳だから、ジュニアたちの仕事ですね」と進言した。

すると彼は、「え、ジュニア?」とぽつんと言った切り、黙ったままだった。時間が来て店の外まで送りに出ると、数歩行ってから突然振り返り、「やっぱり面白いッ!」と叫ぶように答えてくれた。そして踵《きびす》を返すと、小雨の降る街を楽屋の方角へ駆け出して行った。彼は、紺のジーンズを穿いていた。——

勘三郎は何と言っても、いい役者だった。面白い、愉しい役者だった。しかも或る時代の、人の世の花だった。テニスンの詩句を引けば、「この世の花の君なれば」(『イン・メモリアム』)その無常迅速の死が、同時代人と後世を悲しませる。

(二〇一九年九月執筆)

ナミノは二人

芝居は、一人では出来ない。

どんな役者にも、あの人と芝居をしたいという対象があるらしく、それが一時期の相手であったり、生涯の目標であったりする。一般社会の仕事にも、似た現象はあるだろう。

十八代目勘三郎が共演した歌舞伎俳優について考えると、まず同じ世代では、十代目坂東三津五郎・九代目中村福助・三代目中村扇雀などが挙げられる。三津五郎は特に舞踊で、福助や扇雀は女房役として、勘三郎とコンビを組んだ。舞踊では勘三郎と三津五郎の技量は伯仲、文字通りの好敵手であった。

後続に目を向けると、七代目市川染五郎（現在の十代目松本幸四郎）・五代目尾上菊之助・十一代目市川海老蔵、いずれも二十歳前後の年齢差があり、共演者というよりは、勘三郎が役や型を教える立場にあった。彼は、染五郎の人柄が好きだったようだが、海老蔵の将来にも無視できないアルファがあった。

翻って先輩たちとの共演では、とりわけ十五代目片岡仁左衛門や五代目坂東玉三郎と組む機会が多く、この三人のトリオによる演目が、平成歌舞伎の呼び物の一つになった。彼ら三人の親同士が幼少期からの馴染みで、戦前の青年歌舞伎を経て戦後まで気心の知れた長い交流があり、それを引き継いだ形の彼ら三人にも、腹蔵なく話せる親しさがあった。

また、九代目松本幸四郎（現在の二代目松本白鸚《はくおう》）との共演も円滑だった。勘三郎本人から、「父の死後、高麗屋のお兄ちゃんが協力してくれた」という言葉を耳にしている。十二代目市川團十郎とも芸質は異なるが友好的で、互いに無難な共演者だったと見てよく、海老蔵時代の十二代目が、「哲《のり》の勘平は、非常にいい」と褒めたのを覚えている。

一方、三代目市川猿之助（現在の二代目市川猿翁）とは、父の十七代目勘三郎が在世中の昭和期には、ほとんど同座していない。その後、両者には〝現代歌舞伎の推進〟という一致点があり、猿之助が先行者のため、その公演に勘三郎が参加し、その演目に助演するケースが生まれた。が、両者は年齢の開きもあり、現代への認識に差異もあったから、二人が混和して一体化することは無かった。猿之助歌舞伎の出発点は『日本戯曲全集』であり、平成中村座のそれはテント演劇だった。

岳父の七代目中村芝翫をはじめ、二代目中村又五郎・三代目河原崎権十郎・五代目中村富十郎のような父親世代の年輩俳優に対して、勘三郎の接遇や心配りは抜かりが無かった。彼らの補導出演によって、その若き日の古典演目への信頼度が増した。勘三郎は、祖父の六代目菊五郎譲りのオールド・キラーだった。

では彼にとって、と言うよりも、互いに強く或る意識や距離感を秘めた俳優はあったのか。説くまでもなく歌舞伎は、わが部族社会のサンプルで、幾つかの氏族集団の競合によって成り立つ。数世紀かけて堆積した、不気味な地層のような家系図が物を言う世界だ。

そこで某ガイド・ブック掲載の〝歌舞伎俳優家系図〟を見ると、勘三郎の父の十七代目勘三郎は、初代中村吉右衛門の異母弟であり、播磨屋として養育されたが、独立して中村屋を築いた。ために中村屋が氏族集団として膨張しても、なお播磨屋は本家の格で、その当主が現在の二代目吉右衛門である。二代目と十八代目勘三郎とは、系図上では従兄弟に当たり、血縁でも繋がっていて、どちらも本姓は波野で、斯界でナミノは二人だけだった。

十七代目勘三郎は一方、六代目尾上菊五郎の長女と結婚して、十八代目が生まれた。六代目菊五郎は、女婿の兄の初代吉右衛門より僅か一つ年上で、久保田万太郎に「仲のよきわるき砧のふたりかな」という句もある通り、両優は対立しても離れられない宿命のライバルだった。火花を散らす数々の名舞台が、大正から昭和前期の日本演劇史を飾った。

十七代目勘三郎は、年少で実父の三代目中村歌六に死別したので、親子ほど年齢差のある兄の初代吉右衛門の影響下に成長した。やがて第三の父とも言うべき六代目菊五郎の影響が加わり、彼は菊・吉両優の狭間《はざま》で自己の芸を造り、それを拡張して行ったのである。

六代目菊五郎の音羽屋一門を集団指導で継承したのは、長男で養子の七代目尾上梅幸だった。その実子の七代目菊五郎が、現在の音羽屋の当主で、菊五郎劇団の統括者である。

十八代目勘三郎にとって、十一歳年長の二代目吉右衛門は父方の従兄弟だが、十三歳年長の七代目菊五郎もまた、系図上では母方の従兄弟である。但し、菊五郎の本姓は寺嶋で、血縁の糸は無い。が、この二人の年長の従兄弟との関係が、我が勘三郎の歌舞伎俳優としての前途に立ちはだかる壁であり、彼の生涯を解く一つの鍵だったと、わたしは考える。

と言うのも、播磨屋から見ても、音羽屋から見ても、中村屋は分家筋で、川なら派生した支流である。中村勘三郎は、中村屋という円の中心だが、歌舞伎部族という大きな円の中心ではない。十七代目の没後、彼が「俺のところは小部屋なんだよ」と、ふと漏らした一言を忘れない。なればこそ、彼は奮起奮闘して、父の遺業を拡大しなければならなかった。中村座再興の悲願も、そこから生まれた。

十七代目は女婿として、十八代目は血脈を引く外孫として、どちらも六代目菊五郎からの影響は甚大だった。十八代目は祖父の顔を知らなかったが、父母や祖母や周囲が、折りある毎に在りし日を語った。だが、十七代目は中年まで、十八代目は少年期、揃って吉右衛門劇団に属して活躍し、成長もしたので、六代目傘下の菊五郎劇団との間には敷居があった。父子共に、六代目の芸の或る部分を継承したが、根っこは播磨屋の土壌から生えた。

そのため、十八代目と七代目菊五郎との同座は、当初は殆ど無かった。勘三郎が若手と呼ばれる頃になって、菊五郎との共演が始まったが、やや年齢の差があり、役どころが重なるので、一つの演目を両者で分担した例は少ない。『仮名手本忠臣蔵』を例に引くと、いずれも判官役者であり、勘平役者だったのだ。

昭和五十六（一九八一）年十二月、国立劇場で『菅原伝授手習鑑』の第二部が上演され、花形たちが「車引」と「賀の祝」を競演した。松王丸が海老蔵（後の十二代目團十郎）で梅王丸が勘九郎（後の十八代目勘三郎）、そして桜丸を菊五郎（七代目）が勤めた。

菊五郎の桜丸は、年加減から言っても見頃の花で、衆目一致の適役だった。この時点で、彼の松王や梅王を見たいファンは、まず無かった。が、六代目菊五郎が演じた梅王の、赫奕《かくやく》たる荒事芸の素晴らしさが脳裏に浮かぶ愛好者には、二十六歳の孫の勘九郎の初役に期待する向きも多かった。そこが当時の、菊五郎と勘九郎との相違点でもあった。

ところが、この時、本人が梅王を引き受けるのを嫌がった。「荒事は向かない。自分のニンは桜丸だ」と、渋って拘泥《こだ》わる。十七代目が聞き兼ねて、「私はね、この子を立役として育てたい。だから、いずれ桜丸をするにしても、梅王もやって置かないといけないよ」と、優しく諭《さと》す。息子は「梅王をすれば、恥をかく」と返す。わたしが傍に居たので、「若いうちに恥をかけ、と言いますね」と口を挟むと、十七代目が「そうだ、中村さんの言う通りだよ」と、相槌を打ってくれた。

結局、諸方から納められて梅王に挑戦、案ずより産むが易しで、先輩の松王や桜丸と並んで、さまで見劣りのしない舞台を見せた。数年後、再び「車引」の梅王を歌舞伎座でも演じたから、不評ではなかったのである。

けれども、桜丸という本役が廻って来たのは、彼が四十歳近くになってからだ。この種の系統の役々では、何と言っても年長の菊五郎が先行し、『忠臣蔵』通しの判官と勘平も、菊五郎は歌舞伎座で、彼は或る時期まで新橋演舞場での上演だった。やっと平成も十年代になって、勘九郎の判官、菊五郎の勘平という分担が歌舞伎座で成立する。そこまで彼の勢力が伸びたのだ。もしも勘三郎として長命すれば、また違う『忠臣蔵』があった筈だ。

勘九郎が、菊五郎の父の梅幸から古典の役を少なからず教わり、菊五郎の息子の菊之助が後年、勘三郎主宰の平成中村座へ出演するような形での、両家の交流はあった。しかし、勘三郎と菊五郎との持ち役が重複するので、二人の共演は少なかったし、それを望む観客も必ずしも数多くはなかったように思われる。

勘三郎が四十歳台の中頃、「菊五郎の兄さんは、俺たちから見て、最も遠いところに居るんだ」と、何気なく言ったのを思い出す。この一言は、菊五郎が平成歌舞伎の最右翼にある事実と、同時に六代目菊五郎の二人の孫の間柄についても、示唆していたと思う。

さて、勘三郎を真ん中に、左に菊五郎を配し、右に吉右衛門を置いた、この〝3K・カブキ一族物語〟を書き進めると、勘三郎と二代目吉右衛門とは血縁関係があり、波野《ナミノ》という同姓でもあり、ほぼ肉親に近い感情を互いに有していた。が、二人の共演を常に世人が渇望していたにも拘わらず、僅か一幕の短い『鈴ヶ森』で夢と消えた越し方の顛末については、今なお或る物悲しさが残っている。

まだ二十歳台前半の勘九郎時代、彼の口から吉右衛門について最初に発せられたのは、「播磨屋のお兄ちゃんが、いちばん巧いんだ。父も、そう言っている」という言葉だった。その後も暫くは、これが「いちばん巧い人」という代名詞となって、彼が吉右衛門のことを、わたしに話す場合に用いられていた。

いわゆる幕内の評価と、部外の見巧者のそれとは、可なり異なる。が、吉右衛門に限っては、内外共に珍しく一致した。その頃、雑誌『演劇界』主筆の利倉幸一氏は、若い吉右衛門がお気に入りで、「将来の歌舞伎俳優中、演技者としての資質が最も優れている」と断言され、耳にした吉右衛門の神田の古書店で劇書を探す日常にも触れ、相好を崩した。

十七代目勘三郎や利倉氏が、揃って折り紙を付けた吉右衛門の技量だから、十一歳も年少の勘九郎が、信頼と親愛の念を懐いても不思議ではない。こういう事があった。昭和五十年代の中頃、彼と中村児太郎（後の九代目福助）を囲んで、高橋睦郎や熊倉功夫、宮尾與男《よしお》やリチャード・エマート、それに故人の松田修や小泉喜美子といった各分野の演劇愛好者たちが、時折り談笑する集いがあった。

そのお茶の水・山の上ホテルでの新年会の折り、勘九郎の勧めで、社交家とも思えない吉右衛門がゲストとして出席、夕食会が盛り上がった。吉右衛門は自身で車を運転して来たが、散会後、勘九郎と児太郎とわたしで、駐車場まで見送りに出た。思い返すと、それほど当時、彼らは近しい仲だった。

勘九郎は結婚後、続けて二人の男の子に恵まれた。楽屋でお祝いを述べると、「こちらは男の子ばかりで、播磨屋のお兄ちゃんのところは女の子ばかり。こちらから向こうへ今に一人をやって、こちらへ向こうから一人を貰えばいいんだ」と、笑いながら冗談めかして言われた。ユーモアにせよ、歌舞伎という部族社会に生まれると若くても、ああいうことを考えるのかと、後で些かの感慨を持った。

そんな勘九郎だったから、諸般に詳しい藤間正子《せいこ》夫人（初代吉右衛門の一人娘で、二代目吉右衛門の生母）などとも近距離にあり、「哲《のり》ちゃん、あれじゃア速いわよ」と、よく台詞回しのテンポについて指摘されたらしい。一方、彼の生母は六代目菊五郎の長女だから、両名優の娘から駄目《ダメ》が聴ける幸運があった。

昭和五十九（一九八四）年十二月、わたしは京都・南座の顔見世興行を見物すべく西下、併せて同座に出演中の吉右衛門・勘九郎・澤村藤十郎の三優と会った。

三優は少し前にテレビ番組に揃って出演、四国の琴平《ことひら》に復元された天保期の芝居小屋を訪れて、殊のほか刺激・啓発され、生きた劇場としての特別上演を希望したところ、文化庁はじめ各方面の理解があり、来年六月の第一回公演が内定した。わたしは八年前、現地での建物の落成式に演劇学会員として参列したので、その日のことを勘九郎に語ると吉右衛門に伝わり、

京都での集い　1984（昭和59）年12月9日夜、南座の近くで。左より著者、京都のご贔屓、中村吉右衛門、中村勘九郎（当時）、澤村藤十郎

「中村さんの話も聴きたいから」と、京都で四人で会う手順になったのだ。

　南座の終演後、皆で車一台で移動した東山辺での夕食会は、播磨屋の招待だった。この時、彼は四十歳。比叡下ろしの吹く寒い夜だったが、和気藹々と掘り炬燵を囲んだ。三優は、やがて開幕する〝こんぴら歌舞伎〟への夢と期待を、熱っぽく語ってくれた。

　吉右衛門は言う。「あの小屋でやってみれば、今日では解からなくなっている演技の型や段取りの、本来の意味がはっきりすると思う。それによって、あの小屋に適する人と、適さない人とに別れるかも知れないよ」

　勘九郎は言う。「舞台と客席との距離が、近くて凄い。お客の反応がダイレクトで、もっと生き生きとしたものになると思う」

　そして、二代目澤村藤十郎も言う。「金丸座のような小屋が、他の土地にも幾つかあるらしいんです。そうなると面白くなります」

金丸座についての会話が一通り済んで、茶・菓子が出る頃、最近の歌舞伎界の話になった。ここで吉右衛門が漏らした言葉を、わたしは今もって忘れない。「叔父さん（十七代目勘三郎）は、あと十年は生きないよ。俺が子供の時分に見た、叔父さんの『鏡山』のお初の好さは、何とも言えない。今の内に、よく訊いて置けよ」と、勘九郎に言ったのだ。

その後、第一回の金丸座公演までの半年間、わたしは吉右衛門と多少の接触を持った。上演予定の演目の資料調べに、早稲田の演劇博物館へ共に足を運んだり、大阪・中座での演目の予備的な公演を見に行ったりした。萬之助と呼ばれた学生時分から言葉を交わす時はあったが、親しく会うチャンスは無かったので、この時になって遅蒔きながら、わたしの〝吉右衛門像〟は幾らか書き直された。

彼は、ひと口に評すと、役者と言うよりも、文学者としての陰影を帯びている。内心を被う殻が堅く、自閉して己れを深く問う時間があり、ために外部からの接触が難しくなる場合も無いとは言えない。綻《ほころ》ぶ素顔は至近距離にしか見せないから、誰にも親しみ易いという人ではない。奥底が幽にして複雑なので、受け入れられるには月日を要する。このように観察すると、血縁の同族とは言え、年下の勘九郎の開放性とは異なる遺伝子が強く、いや寧《むし》ろ対照的な性格の人間なのである。

昭和六十（一九八五）年六月末、第一回〝こんぴら歌舞伎〟は成功し、社会的な反響も大きかった。が、勘九郎は同月、十二代目團十郎襲名興行に出演し、残念にも参加できなかった。

　翌六十一年四月末の第二回公演には、勘九郎の参加が実現し、吉右衛門と共演した。演目は『極附幡随長兵衛《きわめつきばんずいちょうべえ》』で、長兵衛が吉右衛門、水野十郎左衛門が勘九郎。それ以前にも『鳴神』や「車引」での共演はあったが、男と男の対決という局面での配役は最初で、ようやく勘九郎も三十歳、吉右衛門を向こうに回したのだ。この時、彼の楽屋を訪ねたが、吉右衛門が相手だとボルテージも上がるらしく元気一杯、金丸座の太鼓の打ち込みが始まると、「ドンドコドンドコさあ来て下さいよ」と、頗る上機嫌。舞台の水野も、水際立った殺気が素晴らしかった。

　琴平からの帰路の車中、吉と勘、両優の舞台を思い出しながら、金丸座という江戸時代の劇場に対して、二人の間には、若干のアプローチの相違があることに気が付いた。すなわち、吉右衛門は劇場にも増して、そこで可能になる歌舞伎本来の演技や演出、その在るべき古くて新たな姿を求めているのだろう。

　だが、勘九郎の蓄積は、まだ吉右衛門の演技書の階梯には届いていないが、彼は、この前時代の劇場と今日の観客との間に生まれた新しい関係に、熱い視線を向けている。では一体、新しい関係とは何かを解きほどくために、ここで次の文章を引用しよう。

娯楽は都会人にとっては個々がたのしむことのように考えているけれども、村にあっては自らが個々でないことを意識し、村人として大ぜいと共にあることを意識するにあるのであって、これあるが故にひとり異郷にあっても孤独も感じないで働き得たのである。
（宮本常一『家郷《かきょう》の訓《おしえ》』）

今日の観客が〝こんぴら歌舞伎〟を見物することは、都会の劇場の一人一人の椅子の個人主義から、平たい土間の数人詰めの〝桝《マス》社会〟へと帰村する営為だった。どちらを可とするかは人次第だが、若い勘九郎は、昔の土間と桝による村の連帯力に、これからの観客を解放する自由さと、孤立意識を和らげる享楽を感じ、新しい可能性を夢見たのである。

ひとつには、父の十七代目が彼に語った、関東大震災以前の少年期の回想。東京の劇場のほとんどに、江戸伝来の桝と土間の風景が展開した芝居国の賑わい。二つには、彼自身がハイティーンの頃に処女体験した、テント演劇なる前衛世界の熱狂。それに今回の金丸座体験がオーバーラップし、やがて三つ児の魂百までを立証するかのように、一代のモニュメント〝平成中村座〟を立ち上げる。「歌舞伎の現代的な解放と、観衆との連帯」は、彼の生涯のテーマと化すのである。

では、吉右衛門はどうかと問われると、彼は社会の英才であり、文化人であり、勘九郎のごとき無邪気な自然児ではない。その内面の核には近代的な知性があって、やはり観客には或るレベルの個々の椅子を求めたろう。彼にとって、金丸座の〝こんぴら歌舞伎〟は一種の回帰実験であり、彼の理知は、それが拡大する可能性を考えなかったに違いない。「歌舞伎の現代における古典としての確立と、その新たな追求と深化」という命題が、すでに彼の手に与えられていたのである。

公演後しばらくして、勘九郎と二人で話す時間があった。すると、意外な言葉が出た。

「播磨屋のお兄ちゃんは、全部を自分だけのものにしようとする……」

かつての日、吉右衛門への親愛を幾度か耳にしただけに、この一言には少し驚いた。

「俺はお兄ちゃんとは、十一歳しか違わないんだよ」と、続ける。十一歳も違えば、まず同格に扱われないのが斯界である。それを「十一歳しか」と考えるのは、彼の力が伸びて来ている。勘九郎も成長した、と思った。

そして彼は、「役者は、脚本なんて書かない方がいい。役者は役者でいいんだッ」と言い放った。吉右衛門が最近、松貫四《まつかんし》というペン・ネームを用いて、みずから脚本の改訂に手を染めることを指していた。

吉右衛門の強い自我や自意識については、当時の幕内の関係者の多くが指摘した。雑輩・雑事を纏《まと》め上げていく芝居社会では、いわゆる清濁併せて呑み込み、世才に秀でた者たちがリードする。自己執着が屈折すると、傑出した演技者は生まれても、この非文学的な世界では異端に等しい存在となる。早くから吉右衛門は、自他への絶望と諦観を秘めていたのではないか。

そして、そういう吉右衛門の姿を横目で睨《にら》みながら、勘九郎は自分の新たな円環を拡大して行ったのだと思う。

その内、或る方面から風評が伝わった。十七代目勘三郎が、座中が円滑に取り運ばないので、頑迷な吉右衛門を呼んで、親しく訓戒したという。「二代目、そんなことじゃァ、駄目だぞ」と。吉右衛門は黙って頭を下げ、叔父さんの忠言を聴いていたそうだ。風景が眼前に浮かび、わたしは甚だ胸を搏たれた。

と言うのも、晩年の十七代目は気になると、わたしのような部外者にも、親切に忠告してくれる人だった。「中村さん、引っ込み思案はいけないよ。出るときは出ないといけませんよ」と。痛苦と悲哀の実人生を経た人だけに、凄味と情味と察しのよさを持っていた。

昭和六十三（一九八八）年四月、その十七代目が長逝する。三年前の京都の夜の、吉右衛門の予言は適中した。直ぐには見えなかったが、やはり動揺と変化が生じた。

ひとつは三代目中村歌六（一八四九―一九一九）を共通の始祖とする、播磨屋・萬屋・中村屋という氏族集団の最年長者、つまり〝氏《うじ》の長者《ちょうじゃ》〟たる十七代目の死によって、次代の実力者が浮かぶまで、この集団は移行期に入った。すでに萬屋系の一部は、全盛期の三代目猿之助と活動を共にしていたから、残るは本家格の播摩屋と分家筋の中村屋の紐帯《ちゅうたい》だが、これも十七代目の死で、紐《ひも》の結び目が緩《ゆる》む。ナミノという二つの家の距離が開く。

二つには、古典とりわけ義太夫狂言を第一とする、大歌舞伎の中核が弱体化した。六代目中村歌右衛門は十七代目と組んで、中核としての「中村会」の公演を行い、現代歌舞伎の隆盛に抗して、古典の流失と低俗化を防ごうとしたが、十七代目の死で片肺を失った。

そこで間を置かず平成改元の前後、歌右衛門は「中村吉右衛門劇団」再建を提議する。初代吉右衛門没後の約三十年前、歌右衛門が別看板を要求したのが端緒となり、同劇団は長く形骸化していたが、歌舞伎の現状と将来を危惧して、彼自身が再建に乗り出す。が、歌右衛門はじめ成駒屋一門の参加は見込めたものの、まだ四十歳台中頃の吉右衛門の声望では多分、その他の顔の確たる参加が想定できなかったのだろう、当時の歌右衛門の権勢を以てしても、この企ては水泡に帰した。

戦後は劇壇史が書き残されていないので、本件の詳細な事情は明らかでない。たとえば幸四郎や勘九郎は、どちらも父親が旧吉右衛門劇団の支柱だったから、参加を期待されても不思議ではなかった。けれども〝客演〟は歓迎しても、もはや独行・独歩していたから、傘下に直属するのは出来ない相談だった。

斯くして、歌舞伎は中核の定まらないまま、平成の乱立・混戦の漂流期に入る。今日的な広域化や速度化が進行すると共に、内実の薄い見た目本位の軽量化した舞台が出現する。

平成初頭から、やがて勘九郎が十八代目勘三郎を襲名し、続いて業半ばの壮年死に至るまでの二十四年間、勘九郎と吉右衛門との共演、両者の顔合わせは、さながら暁の星粒を数えるように少ない。勘三郎襲名後の七年間にも、僅かに一回である。さまざまな要因が考えられるが、わたしなりに分析してみよう。

先ず、両者は先輩と、やや後輩という関係にあった。勘三郎として長命すれば、互角の地位と配役によって、互角の競演が実現したのは想像に難くない。平成十四（二〇〇二）年十月の歌舞伎座、『忠臣蔵』通しの大序と三段目は、吉の師直、勘の若狭之助という配役だったが、世間のシアター・ゴーアーの中には、三段目では吉の師直に勘の判官の対決、四段目では勘の判官に吉の由良之助の対面を見たいと望む人々が、すでに相当数あった。

ところが両者は互いに、月毎に組んで芝居が出来るような、気安く馴れた神経や心情を、相手に対して持っていなかった。二人のナミノには同じ血が流れ、子供の頃から気心は知れていたが、相和す分子と背き合う分子とが交錯し、それが或る異化作用を促進し、舞台の火となって燃えるのだ。平成五（一九九三）年九月の歌舞伎座、岡本綺堂・作『室町御所』では、吉が池田丹後、勘が足利義輝《よしてる》を演じた。わたしの昔の劇評を引こう。「第三場では、義輝と丹後の立廻りが、息が合って素晴らしい。ここは近来の見ものだ」と。

年下の勘九郎が〝お兄ちゃん〟に対して燃えると、受けて立つ吉右衛門も〝哲《のり》〟に対して燃える。会えば必ず燃えるからこそ、二人には距離が生まれたのだと、わたしは思う。

次に挙げられるのは、両者の路線の対立、もしくは交差しない平行状況だった。勘三郎は、死の数年前に変化の兆しが見えたが、前にも述べたごとく、平成年代を通して現代歌舞伎の推進者であり、花降り注がれる旗手でもあった。今日的な新作や演出という舞台活動だけでなく、現代の風俗や流行の先端に身を投じる苛烈さが、歌舞伎それ自体の古典化を阻んだ。この時期の彼には、古典もまた現代だった。平成中盤には人気が過熱した。

吉右衛門は一貫不惑、古典の探究者であり、その精神的な求道者でもあった。平成には機が熟して「秀山祭」公演を続行し、先人の遺産の継承と確立とに献身する。同時に、多くの古典演目の復活を試み、その作業の中で歌舞伎の今日を模索した。勘三郎が、コクーン歌舞伎や平成中村座で試みた『夏祭（『夏祭浪花鑑《なにわかがみ》』）』『法界坊』などの極端なショー化、現代演劇との破壊的な共同演出は、彼が受け入れるものでは到底なかったろう。昭和の名優たちが姿を消した後、菊五郎と並んで斯界の柱石となる。

そして終わりは、彼らの感情問題である。その行き違いや衝突については、わたしは勘三郎と会わない時期もあり、吉右衛門とはパーティー会場で挨拶を交わす程度だったから、経緯や内情を詳しくは語れない。風聞や憶説を選択して伝えると、特に平成十年代は、どうもしっくりと行かなかったようだ。

平成十二（二〇〇〇）年一月の歌舞伎座、久しぶりの共演は『松浦の太鼓』で、吉の松浦鎮《しげ》信《のぶ》、勘の大高源吾だった。主役の吉が、勘の一寸した仕草《しぐさ》が気になり、「お前、そんな女を抱くような手つきをして……」と、冗談のような駄目を出した。と、この一言に勘がカチンと来て、気色ばんだ。普通、この程度の駄目なら、「そうですね」と笑って受け入れるところだが、吉の言葉だからこそ勘は気になり、燃え上がる。背後には播磨屋から出て独立した、家の歴史の哀しさがあった。

平成十七年三月から三箇月間、十八代目勘三郎襲名興行が歌舞伎座で催され、連日超満員の大盛況となった。勘三郎は齢五十、まさに全盛時代である。ほとんど全員の歌舞伎俳優が大興行に参加したが、親戚筆頭の吉右衛門ひとりが出演しなかった。当初、吉右衛門自身は加わる心づもりだったようだが、提案された配役が引き受けられなかったらしい。その一役とは、十七代目と十八代目の父子揃っての当たり狂言『髪結新三』の、主要な脇役のひとつ弥太五郎源七であった。

明治の初演の時の源七は、三代目中村仲蔵という脇役の名人が勤めたので、これは必ずしも看板役者の役ではなかった。大正期の六代目菊五郎の新三には、好敵手の初代吉右衛門が源七を演じて新鮮な当たり芸となり、以後、十七代目勘三郎の新三では、八代目幸四郎（後の初代白鸚）や二代目尾上松緑のような看板役者が源七を付き合った。昭和五十年代の末、初代尾上辰之助の新三で、吉右衛門自身も源七を演じ、抜群の巧さを見せた。

源七は、夕靄の川辺に佇むような老残の俠客で、人生の闇を見詰める侘しい影があり、吉右衛門のような掘り下げの深い俳優には適役だと、期待する観客も多くいた。然しながら彼自身が、この役を嫌っていたのである。

ひとつには本来、看板役者の役でないという理由があったろう。二つには、この役が背負っているマイナーな因子への、自己嫌悪にも等しい拒否反応があったのではないか。何しろ新三に〝遣り込められて〟引き下がる、情けない惨めな役なのである。三つには、これが好評で持ち役になった場合、対勘三郎との劇界における力関係の〝潮目〟が、変わってしまうのを危惧したのかも知れない。この種の駆け引きは、俳優としての本能に近い。斯くして、吉右衛門の返答はノンだった。

仄聞によれば、勘三郎自身が吉右衛門の楽屋を訪ね、協力を要請したという。が、吉は「役が嫌いだ」の一点張りで首を縦《たて》に振らず、ために勘は「それなら、出てくれなくてもいい」の一言を残して、部屋を去った。この話を耳にした時、二十数年前の京都での夕食会の光景が蘇り、何とかならないかと思った。けれども勘としては、断りの一言を口にした以上、別の役を持ち出すことは出来なかった。

――わたしは、学生時分から劇場通いが学校だったので、吉右衛門の祖母の初代の未亡人にも、ロビーでご挨拶する機会があった。万太郎の句に「秋扇帯にをさめて未亡人」と詠まれた通りの、シャキリとした賢夫人であった。吉右衛門の母堂の藤間正子さんにも、舞台の思い出を幾度か伺った。勘三郎の祖母の六代目菊五郎の未亡人は、初代吉右衛門の未亡人と共に、吉井勇のアンソロジーにも登場する大正期の名妓だが、老後も可愛さが零《こぼ》れる方だった。その長女で勘三郎の生母も、頭脳明晰の人として知られた。いずれも夫思い息子思い、そして孫思いの旧日本の良妻賢母の典型のような女性たちであった。ナミノ両家の重なる縁《えにし》を想像すると、これらの中でお一人でも存命なら、吉右衛門ひとりが不参加のごとき事態は避けられたのではないかと、その当時、窃《ひそ》かに心の痛むときもあった。

だが、この世には春と秋があり、人々は皆、年を取る。平成二十年代になると、変化の兆しが見えた。二十一（二〇〇九）年一月二十八日の昼、銀座の並木通りの三笠会館で、楽屋聞き書きの名手として知られた、ライターの土岐迪子を偲ぶ会が催された。黄水仙の花を届けた坂東玉三郎や関西系を除き、殆どの歌舞伎俳優が参会した集いで、多くのスピーチがあった。わたしも会の後半に追悼の言葉を述べたが、その頃には会場の人影も少なくなっていた。と、気が付くと、わたしの直ぐ右手に吉右衛門夫妻が立ち、やや離れた左手に勘三郎が立ったまま、耳を傾けてくれている。土岐さんの生涯と業績について語ったので長くなったが、どちらも帰らずに最後まで聴いてくれた。これは故人への供養になったと思い、わたしは嬉しかった。そして両者の間に、何か雪解けのような空気を感じた。

雪解けは、あった。その年の十月二十八日の夜、勘三郎の長男の二代目勘太郎の結婚披露宴に招かれ、ホテル・オークラの会場に着席すると、遠方に吉右衛門夫妻の姿が見えた。宴の終了後、金屏風を背にして新郎・新婦と家族たちが並び、参会者が挨拶して退出する親睦セレモニーは長蛇の列で、やっと勘三郎に会えたが、酔っていて満面笑顔の上機嫌。「貴方の二十九年前の婚礼にも呼ばれ、今夜は二代で二回目」と言うと、透かさず「三回目も頼みます！」と、切り返されてしまった。

翌二十二年一月二十七日の夜、勘三郎の呼び掛けで、小人数の新年会があった。戦後の第四次・歌舞伎座の閉場が近付いていた。その歌舞伎座の裏手にある酒亭へ、寒い晩だったが、文筆家の関容子、劇作家の松永尚三、研究家の石橋健一郎たちと共に集まった。正月興行の楽《ラク》の翌日で、勘三郎は和服で寛《くつろ》いでいて、酒量も上がった。新春の浅草公会堂の『袖萩祭文』での、勘太郎が演ずる安倍貞任《あべのさだとう》が「寒気立つほど良い」と、わたしが激賞すると破顔一笑、「実はね、あれは播磨屋の兄さんに教わったんだ」と言い、「まァ、聴いてよ」と、その経緯を話してくれた。こうした時、胸襟を開き、さっぱりと全てを語ってくれる彼の正直さが、わたしは何時も好きだった。愛していたと言ってもいい。

「去年の秋の披露宴の時、終わってから屏風の前に並んでいたら、もう播磨屋の兄さん夫婦は帰ったと思っていると、わさわざ列に入って会いに来てくれた。俺も酔っていて、思わず『兄さん、雅行《まさゆき》（勘太郎の本名）に教えてやってくれませんか』と、頼んだところ、兄さんも『うん』と頷いた。それで正月の浅草の貞任があるから、勘太郎に万端の準備をさせて、兄さんの青山のお宅へ伺わせた。兄さんが、すっかり教えてくれましたよ」

傍にいた一人が、すでに事情を知っていて、「播磨屋さんも、勘太郎さんの呑み込みが早いので、すっかり気に入ったらしいです」と言い添えた。勘三郎も、目を細めた。

「これから雅行は、播磨屋の兄さんに何でも教わるといいんだ。兄さんに教わるのが、一番いいんですよ」

わたしは、目頭が潤んだ。胸の裡では、涙の小雨が降り出していた。明治の昔、九代目團十郎が五代目菊五郎の息子の少年・六代目に踊りを教え、ために團・菊の仲が好転したというエピソードが思い出された。伝統演劇の世界には、家や型が残っており、それをまた伝えて行かなければならないから、現代演劇の世界に見られない人生の縮図が生まれる。持つべきは親であり、子でもあるのだ。

同年四月三十日の「歌舞伎座閉場式」には、立役の看板役者八名が四組に別れて、舞踊『都風流』を踊った。勘三郎は吉右衛門と組んだので、「お兄ちゃんと踊るんだ」と、嬉しそうに周囲に告げたという。わたしは久しぶりに二人の連れ舞を見て、昭和五十年代の中頃、若かりし吉の関兵衛、勘の可憐な小町で踊った『関の扉』が浮かんだ。そして、あれほど吉に反発していた勘が、こんなに吉に寄り添うのは、これから古典をやり直そうと考えているのかな、とも思った。それなら今後が楽しみだと、老いの夢が膨らんだのである。

第五次・歌舞伎座の新築工事が始まった。この年の勘三郎には、相変わらず現代演劇への参加公演もあったが、何やら精力の浪費を感じさせる舞台だった。と、十二月に突然、外遊先での発病と帰国後の入院が報道され、続いて病名と休演が公表された。〝特発性両側性感音難聴〟すなわち耳の疾患だった。

翌二十三（二〇一一）年には、しばらく休演が続いた。三月に東日本大震災が発生し、月末の二十九日の午後、わたしは勘三郎本人から電話を貰った。やや声が掠《かす》れている感じがした。「病院を変えてから、少し良くなった。でも、まだ本当じゃァない。やりたいものも出来なくなった。御免ね」と言われた。七月末の二日間、再起への小手調べに、まつもと市民芸術館で『身替座禅』を踊ったので、見に行ったが、やはり本調子ではなかった。

八月七日、わたしは吉右衛門丈ご夫妻をお招きして、丸の内で夕食を共にした。かつての対談を新著に掲載したことへの、ささやかな謝意を表すためだった。最初から勘三郎の病気休演についての話になり、松本での舞台を見てきた件を伝えると、丈は嘆息して、

「こんなことになるなんて、思ってもみませんでした。新しい歌舞伎座が出来たら、年按配からしても、彼が牽引車になって、引き回して行くと考えていた。こんなことになるとは……」

と、語った。わたしが「働き過ぎですよ。気の毒です」と言うと、丈は黙っていたが、やや置いてから、「でもね、子供二人を仕上げましたからね」と、遠くを見るような目をした。この一言は記憶に残った。

近く行われる中村歌昇の三代目又五郎襲名に話題が移ると、丈は、「三代目歌六の流れにある者たちは皆、芝居のやり方が同じなんです」と言う。わたしが「不思議ですね。勘三郎さんも、そうですか」と問うと、「彼だって……」と答えて、丈は微笑した。食事が終わる頃、丈は、ちょっとユーモラスな話をしてくれた。

「初代の血を引く播磨屋の者は、男も女も背が高い。のっぽで痩《や》せている。ところが六代目の方は逆に、背が低くて、少し肥っている。彼が、そうでしょう」と言って笑った。

秋、勘三郎は復活した。しかも十一月から翌二十四（二〇一二）年五月まで、連続七箇月も舞台に立ち、これが奇しくも残燭の輝きとなった。その間、十二月の勘太郎の『関の扉』の舞台稽古には、吉右衛門が平成中村座へ足を運び、立ち合ったと聴く。二月の新橋演舞場の六代

目勘九郎襲名興行には、吉右衛門が出演して、勘三郎との万人待望の『鈴ヶ森』は、終わり初物の顔合わせであった。

六月に再び発病、七月末に入院・手術、闘病四箇月余り、十二月五日の夜半、十八代目勘三郎は没した。享年五十七。死の枕辺を、吉右衛門初め親戚・縁者が見舞ったという。

勘三郎の死は、自らの古典の芸の円熟を奪ったのみではない。吉右衛門との両者晩年の連合による、大歌舞伎の中核の形成という、ひとつの演劇の理想をも奪った。その理想の中には、いわゆる芝居の醍醐味を満喫できる豊かな舞台があり、持続する選ばれた良き観客の育成という課題もあった。欧州の劇場の風景に照らしても、舞台は客席のレベルによって支えられ、同時に舞台のレベルが客席を作るという、相互関係が大切になる。それこそが、何よりも演劇文化の稔りを証明する。

平成の歌舞伎は、浮華・乱噪《らんそう》の観衆動員には成功したが、シアター・ゴーアーの層の育成を怠った。見世物に熱中して、演劇の果実を軽んじた。同じイキ、同じ血脈の吉と勘の両優連合は、貴重な処方箋であったのだ。

勘三郎の死は即、吉右衛門の損失だった。戦後有数の演技者としての彼は、ひとり深山幽谷を思わせる境地を築いた。が、花実兼備の舞台、知情意の揃った豊熟の世界を創るためには、どうしても勘三郎が必要だった。芝居は、一人では出来ない。

彼らは、六代目菊五郎と初代吉右衛門という絶好の碁敵、その吉右衛門と十七代目勘三郎というナミノ異母兄弟、この二重にダブる歴史の影を背負っていた。歌舞伎という土壌の上で、間違いもなく吉右衛門は「兄」であり、勘三郎は「弟」であったのだと、わたしは思い続けている。

葬儀の日の、吉右衛門の黙して瞑目する姿が、いま甦る。彼の胸奥を及ばず乍《なが》ら忖度して、ヘッセの詩『兄弟なる死』を掲げ、この稿のペンを擱きたい。――

私のところにもおまえはいつかやって来る。
おまえは私を忘れない。
それで悩みも終りだ。
それで鎖も切れるのだ。

まだおまえは縁遠く離れているように見える。
愛する兄弟なる死よ。
冷たい星として、おまえは
私の苦しみの上にかかっている。

だが、おまえはいつか近づいて

炎に包まれるだろう——
おいで、いとしいものよ、私はここにいる。
私を抱いておくれ、私はおまえのものだ。

高橋健二・訳

（二〇一九年十一月執筆）

汝《なれ》は旅人

勘三郎さんは、平成二十二（二〇一〇）年十二月、外遊先の南米コロンビアで発病、旅行を中断し、帰国の途につきました。まさに旅に病んで、夢は枯れ野を駆け巡ったのです。

東京で入院・加療、小康を得た翌年三月の末、ご本人から電話があり、「コロンビアで転んじゃった」と、洒落を言われました。当意即妙のウィットは、父方の祖父の三代目歌六譲りだったようで、歌六はペストの流行が下火になった明治時代、蜀山人の清元『北州』の文句を替えて、〽何時《いっ》しか花も散りペストン、トン」と口三味線で語り、大いに受けたそうです。

発病する少し前の十月、わたしは西下し、大阪城・西の丸庭園に設置された平成中村座の公演を見物。「秋に会って、また『助六』の相談をしよう」との、春からの約束もありました。ところが、側近のIさんが入り口まで見えて、「このところ疲れていますので、いずれ東京で。『助六』の話は、制作に言ってあります」という伝言を届けた。勘三郎さんは、その頃から疲労していたのです。
そんな悪いコンディションで、しかも寒い師走に、遥々とパナマ運河の近くまで飛んで行ったのは、何か訳でもあったのでしょうか。彼の無類の旅好きと、旅を恋う心のほかに、さしたる理由が見つかりません。連月の楽屋と稽古場の息詰まる日々から解放され、心身をリフレッシュできるのは旅でした。勘三郎さんから旅行談を聴くのは楽しい時間で、さながら一緒に旅しているような気分になったものです。

海のあなたの遥けき国へ
いつも夢路の波枕、
波の枕のなくなくぞ、
こがれ憧れわたるかな、
海のあなたの遥けき国へ。

上田敏訳詩集『海潮音』

昭和後期の名優・三代目市川左團次は、若い時分にマドロスを夢見て、巡業先で荷を下ろすと波止場へ駆けて行き、出船・入船の景色を眺めるのを好んだと謂《い》われます。
勘三郎さんの若手時代には、〝海のあなた〟は手が届く所になっていましたが、彼の父の十七代目勘三郎などは、戦争が終わり五十歳台になって海外公演に加わり、初めて欧米の地を踏んだので、きっと驚きも強かったのでしょう。やがて一人息子の小学校高学年の勘九郎坊やを伴って、短期間のヨーロッパ巡遊に出かけています。

恐らく胸中に、「役者は何事も体験だ。早い内に、外国を見せてやろう」という親心が潜んでいたのかもしれません。十七代目の十三回忌のパーティーの席上、追憶の辞を述べた松竹会長・永山武臣氏は、「勘九郎はいい役者だが、何と言っても、お父さんの十七代目が偉かったんです」と喝破しました。十七代目は、単なる〝役者らしい役者〟の域を超えた頭脳の回転と、先を見通す明敏さを持っていたと思います。

勘三郎さんは少年時代、十七代目の配慮で、歌右衛門グループのアフリカ旅行に参加しています。青春期には単独で、南太平洋のボラボラ島まで遠征、紀行を誌面に残しています。また、ギリシアの古代劇場を訪れたようです。

わたしが勘三郎さんに初めて会ったのは、昭和四十八（一九七三）年五月、まだ彼はハイティーンの若者でした。同五十二年八月の日生劇場・公演『若きハイデルベルヒ』で、彼がカール・ハインリッヒを演じた頃から、時折り会って話すようになりましたが、当時はイタリアが大のお気に入りで、イタリア人の開放的な享楽性、天衣無縫な偽善者ぶりを甚《いた》く面白がっていましたっけ。

その後も暇を盗んでは旅に出たらしく、旅の話をするのも、旅の話を訊くのも好きでしたね。

わたしが元気な時分、下北半島の恐山に行って来たと言うと、「面白かった？」と悪戯っぽく笑い、目が光ったのを覚えています。彼は晩年、死海の塩水湖に浮かび、モロッコのバザールまで探訪していますから、世界の主要な各地を、長くない生涯に殆ど歩いたのではないでしょうか。

若い頃から勘三郎さんには、自分の周囲に垣根をめぐらすと言ったところが、あまり無かった。ですから外国へ出ても、街々や人々の中へ、すっと入って行けるフランクネスを持っていました。昭和五十七（一九八二）年の夏、最初のメトロポリタン・オペラハウスでの歌舞伎公演の際には、彼とニューヨークの劇場街を見歩きました。中村屋ファンの在留邦人の女性が市内見物に案内してくれた日、ゲイ・パレードの異装者たちの一群に出合い、彼が臆する色もなく、悪びれもせず、平然と行進を眺めていたのが印象に残っています。

ニューヨークのゲイ・パレードの日　1982（昭和57）年6月27日。左より著者、現地在住のレイコ・サカガミ、中村勘九郎（当時27歳）

勘三郎さんは、歌舞伎累代の役者の家に生まれ、父祖の技芸をリレーして、一家眷属を背負っていく、自覚と責任感を強く持っていました。同時に、弱年から彼我の劇場や舞台を数多く観ていたので、伝統とか文化財とか言う以前に、歌舞伎は生きた演劇であり、単なる特殊芸能者の域を超えた、広く社会に適合する俳優で在りたいという、揺るがぬ信念の所有者でした。俳優だからこそ、歌舞伎を演ずる時は歌舞伎らしく、現代劇を演ずる時は現代劇らしく見えることを願ったのです。

しかも彼には、自分が生きる歌舞伎の世界を客観視するに等しい目が、どこかに隠されていた。中年以後の勘三郎さんの素顔は、あたかも正月の鏡餅のように円満な人間味が豊かで、硬軟自在の社交術にも磨きが掛かり、或る方面からは〃妥協の天才〃とさえ陰口が囁かれたくらいです。その勘三郎さんが急逝した直後、海部俊樹・元首相がテレビ・インタビューに答えた、「彼には正義感がありましたよ」という一言に、わたしは共感を覚えました。彼の正義感は、自分の世界を客観視する、その目からも生まれたのでしょう。

「この社会にはパクルといって、人のものを横取りする悪い癖がある。芸を盗んで、工夫して自分化するのは良いが、そっくりそのままパクって、平気でいるのは良くないよ」

彼が漏らしたこの言葉を、今も記憶しています。いわゆる芝居悪所の本質とも言える、こうした〃虚偽〃の裏表を、彼は、自らをも含めて見据えていたのかもしれません。

正義感と言えば、もう一つエピソードを書きましょう。勘三郎さんは晩年、清水大希《だいき》なる一般家庭出身の少年子役の将来を嘱望、とりわけ踊りの素質を認め、二代目中村鶴松《つるまつ》を名乗らせ、部屋子として手塩に掛けました。某月某日、わたしに向かって突然、彼は言った。「俺は鶴松に、いまに必ず歌舞伎座で『道成寺』を踊らせますからね」と。わたしは驚き、咄嗟に「貴方、本当に、そう思っていますか」と訊き返した。すると、彼はキッと真顔になり、「先生、俺は本当に、そう思っているんだよッ」と断言して、机上の拳《こぶし》を握り締めたのです。歌舞伎社会の身分制度の根強さを考える時、この彼の一言が思い浮かび、わたしは目頭が熱くなります。

盛時の勘三郎さんには、垣根を越える自由な目と、発想に検討を加える思慮と、気合いの籠もった実行力と、この三拍子揃う素晴らしさがありました。父親譲りのカンの良さは、言わずもがな。

彼は俳優である以上、現代劇も演ずるのは当然だと考えていたようです。祖父の六代目菊五郎が、山本有三・岸田国士・久保田万太郎などの戯曲作品を上演した例も脳裏にあったのでしょう、平成年代に『ニンゲン御破産』や『表に出ろいっ！』といった現代劇を手掛けています。が、彼の新たな挑戦の中でも、これらは徒労の不発弾でした。むしろ十七代目の死の直後に演じた『オセロー』のイヤーゴーが、どす黒いばかりの異彩を放っていただけに、その後に本格的な翻訳戯曲との取り組みが見られなかったのは、極めて残念です。

この自身の挑戦とは逆に、現代演劇の俳優たちを歌舞伎へ導入する実験を、彼は試みました。歌舞伎俳優と新派・新劇の俳優との共演は、すでに戦前から行われていましたが、古典歌舞伎での共演は無かったと言っていい。さすがの勘三郎さんも、義太夫狂言や舞踊劇での共演には踏み切れませんでしたが、リアルな純世話物では幾人かを登用しました。笹野高史こそは、平成中村座が生んだ名脇役でしょう。勘三郎さんは還暦に『助六』を上演する筈でしたが、笹野の〝淡路屋〟に通人の一役を振る、非凡な案も用意していたのです。

彼は子供の時分から、両親や周囲に六代目の思い出を聴かされ、長じては芸談集や戸板康二の『六代目菊五郎』を熟読、わが祖父に対する敬慕とプライドは、余人の計り知れない何かがありました。ところが晩年になって、こう言ったのです。「六代目は、大変な差別主義者だった」と。わたしは些か驚きましたが、この一言に彼の人間としての成熟と、時代や社会の変貌を感じました。

昭和初頭の歌舞伎俳優の総数は約六百名。エリートの六代目が、小芝居や旅稼ぎの役者たちを蔑視した状況が、そこには存在した。平成改元頃の総数は二百名台に低下し、身分制は健在でも、蔑視していては歌舞伎自体が成り立たない。やがて外国人労働者の流入が顕著になり、大相撲が多国籍化し、日本全島にグローバル化の波が押し寄せる現実を、彼は鋭く認識していました。勘三郎さんの実像は、世間一般がイメージするような、いわゆる役者馬鹿や芸阿呆ではありませんでした。

平成の初めの頃、東儀弥彦というご老人が居られた。日本橋の商家の生まれ、大震災前から各座を見続けた見巧者で、岡本綺堂の晩年の弟子の一人。「勘九郎ちゃん、勘九郎ちゃん」と言っては楽屋へ顔を出し、月毎の舞台評や昔話をするのを、勘三郎さんも喜んで聴いていた。或る日、東儀老が「唄も浄瑠璃も駄目になった。腰元の行儀も駄目。もう歌舞伎はお仕舞い」

と嘆くと、彼は「でも東儀さん、それでも俺たちは、やって行かなくてはならないんだッ」と、少し気色ばんで言い放ちました。わたしは酷《ひど》く胸を搏たれた。

勘三郎さんは若くして海外公演に参加し、早くから各地各所を歩くのが好きでしたから、歌舞伎愛は熱くても、それが世界演劇の一つだという比較的クールな認識を持っていたと思います。〝世界に誇るべき〟とか〝世界に一つしか無い〟とか、国粋的なお決まりの宣伝文句を、彼の口から聴いたことはありません。以前の世代とは姿勢が違っていました。

先輩の三代目猿之助（現在の二代目猿翁）や九代目幸四郎（同じく二代目白鸚）なども、すでに昭和後期の時点で、歌舞伎が世界演劇の一つだという自覚を持っていたでしょう。しかし、勘三郎さんより十数歳も年長の彼らは、世界への梯子《はしご》を掛ける作業に、戦後派でも或る種の屈曲が伴った。その屈曲を猿之助の場合は、頭脳と勉強と意欲で克服して行ったのです。彼の生涯の創造は、意志と理念の所産です。勘三郎さんの時代になると、世界の向こうへ平坦な橋が架かっていた。彼は、感覚と意識と反射で、それを受け入れた。挑戦の多くが、方向性や熱情に優れていました。

戦後の海外公演について考えてみても、六代目歌右衛門の権威主義の時代には、代表的な演目の『忠臣蔵』『勧進帳』『娘道成寺』ほかをセットにした、喩《たと》えれば高級な虎屋の羊羹一箱を、あちらの方々へ進呈して、世界の公認を求めたのです。三代目猿之助の上昇志向の時代は、かの地の人々が飛び付きそうな『千本桜』の宙乗りスペクタクルを、言わば贅沢な長崎カステラ一本にして、輸出促進と啓蒙を図りました。そして、勘三郎さんの内需拡大型の時代には、彼我の歌舞伎観が接近しましたから、歌舞伎の素顔のような『法界坊』〝勘三郎煎餅〟を、ニューヨーク人に英語入りでご賞味願って、演劇としての普遍化、娯楽としての広域化を促進したわけです。

閑話休題。さて、勘三郎さんが海外を旅して、新鮮な事象に遭遇するたびに思い巡らしたのは、やはり歌舞伎の将来における展開と、これからの可能性とであったでしょう。彼の旅は休息でもあったが、同時にまた、飽く無き未来への巡礼でもあったのです。

勘三郎さんと外国の話をしていて気が付いたのは、あまり劇場の固有名詞を口にしなかったことです。「バービカンは好い」とか、「オデオン座へ出たい」とかいう言葉が、ほとんど出なかった。それよりも、例えば「紫禁城内の暢音閣の戯台は、『連獅子』にピッタリだ」とか、「アクロポリスの丘の麓《ふもと》にある、ローマ期創建のイロド・アティコスの音楽堂で、『合邦庵室《がっぽう》』を上演しては」とかの話題になると、「面白い。素敵だッ」と両眼が輝くのです。空想や連想が、既存の劇場空間を突き抜けて、蒼天の野外の遺跡にまで飛んで行く。猿之助歌舞伎の時代にも無い、そこには自由さと開放性がありました。

日本でも大正末からページェントが試みられましたが、勘三郎さんほど野外で芸を見せた役者は、戦後では他に例がありません。いわく硫黄島「三島村歌舞伎」の『俊寛』。いわく厳島神社「奉納公演」の『連獅子』。いわく岡山・後楽園「かがり火歌舞伎」の『鏡獅子』。そして、九十九里浜「21世紀黎明歌舞伎」の『連獅子』。この時は、氷雨と寒風に見舞われる中で踊り、毛を振ったそうです。やがて、平成中村座のテントをリンカーン・センターの空き地に張った彼は、もしも存命なら、きっとヴェネチアのサン・マルコ広場にもテントを旅させたに違いありません。

平成中村座が初開場した頃、勘三郎さんはインタビューに答えて言っています。「出雲の阿国の歌舞伎踊りの発祥が、京の四条河原であった歴史を忘れてはいけない」と。まさに、その言や良し。この時、彼は芸人ひとり裸一貫、荒野に立つ気概と祈りを秘めていたのです。人生の絶頂、天晴《あっぱ》れでしたよ。

可能性への旅の一つの結実が、勘三郎さん三十九歳にスタートしたコクーン歌舞伎です。現代演劇の演出家・串田和美との連携によって成立、以後の十八年間に七種の歌舞伎演目が上演されました。そこでは、猿之助のスーパー歌舞伎にあった歴史意識や文学性は薄れ、クローズ・アップされたのは、大胆な歌舞伎演出の自由化と、作品の今日的な再生でした。即ち、古典歌舞伎をコクーン化したのです。

今にして回顧すると、コクーン化とはイコール現代化であり、或る種のスペクタクル化でしたが、その機軸には、かのアントナン・アルトーの『残酷の演劇』（一九三二―三三）辺りが隠されていた気がします。それは烈しい演劇思想であると同時に、〝傾《かぶ》く〟歌舞伎思想にも等しい演劇の理論化でした。

人間の悪の闇に蠢《うごめ》く、根源的なバイタリティーに刮目し、その生を超越した状態や詩的な時間に、演劇の生命と精華を認め、その真価を発揮し、拡大化を願った演劇理論です。心理よりも感情や情熱が、言葉よりもアクションやスペクタクルが、脚本よりも演出が先行する方策は、戯曲を重視する近代劇へのアンチテーゼであると共に、歌舞伎のごとき俳優中心の虚構美の演劇には好都合の理論であり、演劇の超近代化や前衛化を促進した、刺激的で毒の強い〝聖典〟でもありました。

コクーン歌舞伎が上演した七演目は、このような「残酷の演劇」でした。激情的でダイナミック、色彩の氾濫や効果優先。舞台には雷鳴が轟き、白刃を交える剣戟音が響き、客席にまで豪雨と泥水が飛び散って、場内は鮮血で染まりました。悪趣味も極致の惨劇を、観客たちは息を呑んで歓び迎えたのです。

七演目の中では、黙阿弥の『三人吉三《さんにんきちさ》』が、従来の演出のバージョンアップとスペクタクル化に成功し、鮮美な江戸のデザインを呈示しています。その他では、平成中村座で大当たりした串田・演出の『法界坊』が、ひと口に言うと〝江戸歌舞伎現代劇〟で、今日にアッピールする歌舞伎のあらゆるテクニックが駆使され、当意即妙のアドリブ、飛び出すブラック・ユーモア、融通無碍《むげ》の身体の動きによってヴィヴィッドに展開し、客席を縦横自在に引っ張って行くエネルギーには、好悪を超えた驚くべき力量と才能を納得させせました。

これらと並んで、新歌舞伎脚本を現代戯曲に書き替え、その歌舞伎座上演がヒットした『野

田版 研辰《とぎたつ》の討たれ』の併せて三作が、勘三郎さんの現代歌舞伎への可能性を示し得た、代表的な創造であったと考えられます。それだけに、この三つには彼自身の善と悪、さらには卑小な人間としての自画像すら、浮き彫りにされていたのではないでしょうか。

こうした一群の舞台には、最大限の現代色と技法が導入され、ラップやギター音楽が斬新な成果を挙げています。ことに終局で、書き割りの江戸の町々の大道具を飛ばした瞬間、渋谷の街路や隅田川の防波堤の実風景が出現するアイデアには、観客は意表を衝かれて常に騒然としました。『桜姫・南米版』では、張り出した付け舞台に大きなダブル・ベッド一台のみが置かれ、ゴンザレスとヒロインとの濡れ場がおもむろに進行する設定は、さながら演者個人の〝永遠のエロスの狩人〟たる裸身を晒《さら》すかの如く、ために場内は騒然たる雰囲気に包まれたのです。それは文字通り、ひとつのセンセーショナルな光景でしたね。

振り返ると、勘三郎さん自身が人気稼業の芸能者として、進んでセンセーショナリズムに手を染め、好んで事を作ろうとする気質があったように思います。と言うのは、わたしが二つの〝嵐〟の時間を目撃したからです。

平成十八（二〇〇六）年三月、渋谷のＰＡＲＣＯ劇場・公演『決闘！高田馬場』の千秋楽の日のカーテン・コールに、近隣のコクーン劇場に出演中の勘三郎さんが『四谷怪談』与茂七の扮装のままで駆け付け、若手一座の応援の手拍子に飛び入りで加わると満場騒然。場内の狂喜・狂騒が収まらないまま終演、観客が街頭へ流れるや空気が伝染、暫し群集の無秩序状態が生じて警官出動の、愛すべき火付けの張本人は〝彼〟に他ならないのです。お蔭で渋谷駅までの帰路、時間が掛かった！

もう一つは、平成二十一（二〇〇九）年八月の歌舞伎座興行。折しも国会解散、衆議院選挙の真っ最中で、自民危うしの機運が濃厚でした。勘三郎さんが、確か軽い付き合い役の噺家で舞台上手から登場、アドリブで「政権交代！　政権交代！」と、手にした団扇を振ると、忽ち全階等しく手拍子の噪音《そうおん》と化し、旧・歌舞伎座の終末観と相俟って、放心かつ開放の、一種の〝無政府状況〟が出現した。

勘三郎さん本人はアナーキストでもなければ、決してアナーキズムの信奉者でもない。が、彼のごとき衆人愛敬のモンスター、現代のカブキ者が燐寸《マッチ》を擦《す》ると、演劇場裏は熱狂を呼び、アナーキーなものを誘発する。つまり、演劇と熱狂とアナーキーとは連動し、危険な三位一体を生むのです。勘三郎さんの天才性には、そうした昂奮と陶酔の危ない渦中にさえ、身を投じる体質が潜んでいたと思う。そうでなければ、歌舞伎俳優なる〝仮面〟を捨てて、テレビ『紅白歌合戦』白組司会にまで、体当たりする必要は無かったでしょう。

ところで、肉身に激発を秘めていましたが、勘三郎さんが成長期を過ごした十七代目の邸宅は、穏和な雅趣に富んだ家でした。文京区小日向の坂上に在り、数寄屋普請で知られた吉田五十八《いそや》の設計で、ゆったりとした和洋折衷の広やかな空間を持っていました。幾度か訪ねましたが、接客用のコーナーに、岸田劉生の遺作が一枚掛けられていて、十七代目が並んで坐っている十八代目を指して、「此奴《こいつ》に残してやるものは、この画一枚だけなんです」と、笑顔で言われたのを覚えています。

そうした閑雅な環境に育った勘三郎さんが、やがて旅を重ね、中年になって営んだ別荘は、軽井沢でもなければハワイでもなく、何とアメリカ合衆国の西部アリゾナの地でした。

この別荘を訪れてはいませんが、米国人の日本文学研究家の旧友がアリゾナ州立大学の教授だった時、同地に立ち寄ってフェニックス近郊を案内されました。乾燥した砂漠地帯の茫漠たる平原の向こうを示して、教授が「あの辺に、勘九郎さん（当時）の別荘があるんですよ」と教えてくれました。当地在住のアメリカ人たちが訪日の際は、彼の楽屋へ親しく顔を出すという話も聴いたのです。

友人のライターの土岐迪子は生前、この別荘を訪ねています。帰って来た時、次のような痛烈な一言を吐いて、わたしを驚かせました。「ハッキリ言いますがね、あの人の別荘の趣味の悪さには呆れたわ」と。土岐さんは、わたし以上に小日向の邸宅を知っていました。昭和の名優たちの家や別荘の殆どを知っていたでしょう。彼女自身も、ずいぶん佳い暮らしをした人なのです。その旅も贅沢でした。

勘三郎さんのアリゾナの別荘には、恐らく一つのバーバリズムが存在したのでしょう。或る種の生活の野蛮化です。と言っても、ドライブし、ゴルフをし、泳ぎ、焚き火をし、アウトドアで肉を焼き、仲間たちを集めてワイワイと騒ぎ、やって来た後輩たちに稽古をつけること位しか想像できませんが、それは彼にとって野性を養うワイルドな日々だった。

何となれば、硫黄島の海辺の泥に塗《まみ》れて船を追いかけ、九十九里浜の寒風の中で踊り抜き、また渋谷の若者たちを相手に舞台を走り廻る、現代という戦場へ飛び込んでいくウォーミング・アップの場所、そこは彼の今日への〝宇宙ステーション〟だったのです。

斯くして、勘三郎さんは平成時代の演劇・文化に風雲を呼び起こし、大衆社会の寵児の座さえ獲得した。けれども、人間の禍福は糾《あざな》える縄のごとく、幸は即不幸、一生は以尺報尺なりという定理から、彼もまた逃れることが出来ませんでした。

知命の坂を越えた頃、彼の前途に立ちはだかったのは、歌舞伎の古典という絶壁でした。幼少より誰にもまして三弦・鳴り物・踊りを仕込まれ、名優たちの薫陶を受けて、日頃も「古典をやっている時の方が、身体の調子は良いんだ」と洩らす彼が、その聳える絶壁を知らないわけはありませんでした。が、歌舞伎の現代性を追求する只管《ひたすら》なる日々が、絶壁への心的な距離を遠くする因果律があった。

舞踊『鏡獅子』は、誰が観ても立派な舞台で、続く『娘道成寺』にも踊りの魅惑が溢れていました。世話物『髪結新三』『筆屋幸兵衛』『め組の喧嘩』辺りまで、大方の異存は無かったでしょう。が、時代物や義太夫狂言の大曲となると、殊に年長の識者たちの眼は光って来ます。『盛綱陣屋』の盛綱の量感、『勧進帳』の富樫の格調、それぞれの不足や不満を指摘する向きがありました。

襲名前年の六月の歌舞伎座で、幾度目かの「寺子屋」の武部源蔵を勤めています。故・如月《きさらぎ》青子《せいこ》女史は、当時の古典劇評の権威でしたが、この時、わたしを勘九郎贔屓と見てか、次のような一言を囁きました。「五十の声を聞くと言うのに、あの源蔵の出《で》では、考えてしまうわね」と。源蔵の花道の登場は、鬱屈した気分の持続が難しいものとされ、客席から一つでも手が来たりすると、事を壊《こわ》すのです。彼の派手な人気が、その身の花を消せなかった。さすがに如月さんの指摘は辛辣で厳しかったが、この怖い目を受け止めて乗り越えて行かなければ、歌舞伎役者としての大成は無い。それは彼も充分に解っていました。

さて、五十歳台の半ばになる頃、勘三郎さんの言葉には変化が現われた。「俺がコクーン歌舞伎でやるものは、もう無いよ。これからは若い者たちで可《い》いんだ」と。彼は自らの現代性の追求に、疲れていたのでしょうか。

そして、「やるとすれば、片はずしをやりたい。山（『妹背山婦女庭訓《いもせやまおんなていきん》』三段目の「山の段」）を一つやってみたい」とも言いました。伯父の三代目中村時蔵の玉手御前の録画を取り寄せ、じっと見つめていた日があります。「これからは調べて、よく調べて芝居をしたい」と漏らし、わたしにも『助六』についてトコトン調べて欲しいと言ったのです。勘三郎さんの人生航路に、微妙な別の光が射し始め、その帆影が見え隠れしていました。

わたしが彼と最後に会ったのは、平成二十四（二〇一二）年五月三十一日の昼、場所は渋谷シアターコクーンの稽古場でした。コクーン歌舞伎の次回公演のパンフレット掲載のための座談会があり、出席者は彼と串田和美とわたし、それにオブザーバーとして関容子が加わった、言わば内輪のメンバーでした。

収録後、しばらく閑談の時間になり、そこで彼から、ふっと次のような言葉が出た。「昨日は俺の誕生日で、集まってワイワイやったんだよ。考えたらコクーンも中村座も、俺が居なくても、この若い連中で何とかやって行くだろう、と思ったね」と。わたしは瞬間、こんなことを今、どうして言うのかと思った。

「幾つになったの」と、串田さん。「五十七だよ」と、勘三郎さん。「じゃア、七十まで間があるわね」と、関さん。「串田さんも関さんも僕も、皆んな七十台だから」と、わたし。すると彼は、ゆっくりとメンバーを見回し、「本当だ。これなら七十になるのも、怖くは無いね」と言って笑った。そして帰宅すべく、階下へ降りて行ったのです。――

勘三郎さんの旅は、もう終わろうとしていました。

されどなれは旅人
旅人よ
樹かげにいこへ
こはこれなれが國ならず
旅人よ

なべてのことをよそに見て
つめたき石にもいこへかし
まことになれが故郷《ふるさと》はなほかなたに遠し
はるかなるその村ざとにかへりつくまでは

三好達治『故郷の花』
（二〇二〇年一月執筆）

特別鼎談『天日坊』が誕生する〝奇蹟〟

串田和美
中村勘三郎
中村哲郎

コクーン歌舞伎も十八年――

串田　平成六（一九九四）年にこのコクーン歌舞伎が始まって、もう十八年になるわけだけど、改めてコクーンでやってきたことについて考えたら、勘三郎さんの存在がいかに大きかったか、に気づかされた気がするんだよね。

勘三郎　いやいや。もしかしたら、この『天日坊』も俺がやってたかもしれなかったものね。この芝居はずいぶん昔、中村先生が、こんな面白い黙阿弥の作品がある、ってすすめてくれて。

中村　もう二十四、五年前ですよ。とにかく原作は長いですからね。上演するのに二日間かかるという……。

勘三郎　残酷なことに、役者に年齢はないと言ってもやっぱりあるからね。あの主人公をいまの俺がやるのは、難しいよね。だから、結果的にはよかったんですよ。

串田　そりゃ歌舞伎はたとえば七十歳の俳優が少年を演じてもいい、というのがあって、芸を見せるにはそれでいい、魔法を見せるみたいにね（笑）。でも演劇は魔法だけじゃないでしょう……みたいなことがある。決してそれを否定してるわけじゃなくて、勘九郎さんの襲名の歌舞伎を見たりしてほかにもいろいろ見て、十八年前に歌舞伎をのぞいて面白いなぁと興奮して以来、やっぱり自分は歌舞伎の人間じゃないなぁ、とつくづく思った。それで勘三郎さんは、やっぱり歌舞伎の人だな、と思う。だからいろんなことが違うんだな。でも先に言っちゃうと、その違う人間が組んでるってことが、奇蹟的なことなんだけど、すごい面白いことなんだな、と思う。

中村　そりゃそうですね。

串田　でも、その違いをちゃんと意識しないといけないな、と思ってね。前はこうだったと言われると、前やってるようには絶対にしない、というふうに生まれ育った人間だから僕はね。いいんだよ、意味が違うんだから、って言われて喧嘩したりして、そういう違いが面白かった。だから僕はずっと歌舞伎通《つう》にはなるまいと思うんだ。素人が親戚でもないのに「神谷町が」って言ったり（笑）。お客さんはそうやって楽しんでもいいけど、僕はなるまい、と思った。

勘三郎　昔は歌舞伎に演出家がいなかったから、それぞれが自分で工夫してたでしょ。初代の中村仲蔵が『忠臣蔵』の定九郎の工夫をしてその型が残ったりするんだけど、そういうことがあったわけですよ。でも、今あんまりないんだよ、歌舞伎では。だからコクーンで演出家が違った見方をしてくれるのは有り難いよね。

串田　でもたとえば衣裳のことでも、歌舞伎の人たちと打ち合わせしてると会話がとまっちゃうことがあるからさ。

勘三郎　そりゃもう『野田版 研辰の討たれ』のときだって、迷彩服なんてありません、って言うから、迷彩服なんかで驚くな、迷彩服で渋谷の町歩いたって誰も驚かないけど『暫《しばらく》』の衣裳で歩いたらみんなびっくりするだろうって（笑）。それが歌舞伎じゃないの、って。

串田　お客さんに初めて見る絵、という感じで見てもらいたくて、衣裳もアメフトのプロテクター着た上に掻巻《かいまき》みたいのを羽織って首がうんともぐるようにしよう、とか俺が言うからね。

原作から導き出された
「俺は誰だあっ！」というテーマ

勘三郎　劇評家の眼からすると、コクーン歌舞伎も最初のころとずいぶん変わったでしょう。

中村　変わったと思いますね。

勘三郎　変わらざるを得ないよね。去年、嬉しかったけどショックだったのは、僕が病気で出られなかった『盟《かみかけて》三五大切《さんごたいせつ》』が、今までのコクーン歌舞伎で最高だ、って（笑）。

中村　それは私じゃありませんよ（笑）。

勘三郎　それはそれでいいんだよ。つまり串田監督のずっとやりたかったことがここでポーンと出た、ってことだから。今回の『天日坊』も台本読んだときは正直言って俺出なくてよかったと思った。でも若い彼らは案外それを越えてくるような気がしてね。二、三訊いてみたら、面白いですよ、って言ってたから。宮藤（官九郎）君のあの弾けるような感じには、ちょっとね、昔の定番のほうだったら、まだ俺でもいけるかもしれないけど。「マジかよ!?」みたいなせりふをどうやって言おうかと思うものね（笑）。

中村　今度の『天日坊』は、これまでのコクーン歌舞伎とは少し違いますね。『東海道四谷怪談』でも『夏祭浪花鑑』でも『桜姫』でも歌舞伎でやってきたもので、お客の眼にあるものを、コクーン歌舞伎ではこうだ、というふうに上演してきた。しかし『天日坊』は脚本しか残ってませんからね。錦絵ぐらいしかありませんから。

串田　でも僕にとっては結局同じことなんですね。ただまぁ、少しは元のを見てるから、『三人吉三』なんか、泥棒があんなに立派に、みんなに尊敬されるみたいな衣裳で出てきちゃ違うだろう、と思ったりできるからね。

中村　串田さんの場合、歌舞伎座の『夏祭』はこうだから、コクーンではこうやってやろう、というお考えがあるわけでしょ。

串田　そうですね。いろいろ疑問を持つわけですよ。罪人が釈放されて髭を剃る住吉の外れにある床屋ののれんが、なんであんなに派手ででっかいのか、とかね。

中村　『天日坊』のチラシを見てさすがだなと思ったのは、「俺は誰だあっ！」というキャッチコピーですね。読みようによればたしかに原作にそれがある。このテーマを導き出したところがさすがでしたね。

串田　もう、みなし児というのはずっと俺は誰なんだと思ってるだろうからね。親を知らないんだし。宮藤君の脚本には原作の印象、匂いみたいなものがみごとに再現されてますね。ところどころメチャクチャなんだけど、そうそうこんな感じがした、ってものがあったね。

勘三郎　あ、そう。それはすごいね。

串田　法策が雪の日にお三婆を殺す場面なんて、もし雪降ってないで太陽がまぶしかったらお婆さん殺さなかったかもしれない。そう考えると、ここをどう面白く演出するかという意欲がわいてくるんだよね。

中村　古い台本を読んで今の人たちがイメージとかイリュージョンを持つでしょう。それがこれまでの歌舞伎演出では表現できない場合がありますからね。串田さんがそれをどうやって見せてくれるかですね。雪がシンシンと降っていて周りに誰も知る人がいない、ということで殺人が起こるんだから、たしかに雪は重要な要素ですね。

シアターコクーンにトランペットが鳴り響く――

串田　僕はあそこでまったく何の理由もなく、パァーっとトランペットが鳴る音が聞こえたのね。殺そうとする前に。

勘三郎　それは『四谷怪談』の北番のときにも実験したように、斬新な音楽というものはやっぱり必要ですよ。下座《げざ》音楽ばかりじゃなくね。

串田　いや、これも僕は歌舞伎から教わったことでね。ここだというときにベーンと三味線が鳴って、何でここに？　ってびっくりして鳥肌が立ったりするからね。

勘三郎　それは名人が名人を知る、ってことでね、竹本の三味線で「空二《からに》」というのがあるんですよ。二の糸を開放弦にしてトーンと弾くのね。それを文楽三味線の名人、（十代目竹澤）弥七お師匠さんに、予期しないときにトーンと渾身の力で入れられたら、うちの親父（先代勘三郎）の足が止まっちゃったんだって。だからそこで毎日必ず空二を入れるというのとは違うんだけどね。

串田　なるほど、間合《まあ》いだね。

勘三郎　六代目菊五郎も言ってるけど、下座音楽が多すぎる、って。なぜそれがいけないかというと、役者がそれに乗っちゃって、せりふが長くなる。『四谷怪談』の北番では下座音楽を取ったために、あの時間内で「三角屋敷」まで行けたという利点があった。これがコクーン歌舞伎が作ったもの、と言えるんじゃないかな、と思いますね。

中村　『天日坊』の中にも、たしかにギターやトランペットを使いたくなるような場面がありそうですね。

勘三郎　昔の歌舞伎役者がもしその時代にギターがあったら、面白がって使いますよ。だって昔のお能の人が『土蜘』見て怒って帰っちゃったんだからね。鼓打って静かに謡われるところを、賑やかな三味線で囃し立てるんだから怒るよ、それは（笑）。松羽目にしたって本当は板なのに布にしちゃったり、それくらい歌舞伎ってのはパクリのすごさなんだよね。だからどんどん（串田）監督にやってもらいたいのよ。

中村　本当にこれは楽しみになってきました。とにかく原作の黙阿弥がまだ河竹新七だったころの三十九歳の若者が書いた処女作なんですから、これはね。

串田　え、三十九？　宮藤君のほうが上なんだよ（笑）。

勘三郎　アハハハ。じゃあもっと自由に元気にやっていいわけだ。よろしくおねがいしますよ。

（二〇一二年五月三十一日収録）

（構成・関容子）

Ⅱ　劇場群像

追悼・追憶賦

刊行された追悼の書

『永山武臣・泰子夫妻　対談集』（平成30年・2018年、遺族・関係者有志）

『混沌と抗戦——三島由紀夫と日本、そして世界』（平成28年・2016年、水声社）

『四世中村雀右衛門追悼集　花がたみ』（平成26年・2014年、中村雀右衛門後援会）

『草森紳一が、いた。』（平成22年・2010年、草森紳一回想集を作る会）

七世中村芝翫　幸福な生涯

中村芝翫《しかん》が、八十三歳で亡くなった。歌舞伎女方の筆頭で、歌舞伎座の首席俳優でもあった。東日本大震災に見舞われた今年、正月には中村富十郎、十月には芝翫という、正統的な歌舞伎演技の保持者として最高峰の名優二人を相次いで失った。謹んで冥福を祈りたい。

筆者は前名の福助時代から半世紀以上、芝翫の舞台を見てきたが、戦後の歌舞伎史において、彼が四十歳前後で迎えた俳優としての奇蹟のような開花は、観客を瞠目させる事件であった。

それまでの昭和二十〜三十年代、彼は決して目立つ存在ではなかった。映画やテレビの助けも借りず、歌舞伎一筋に歩んで、古典的な基礎を黙々と蓄積した。だが当時、師であった六代目尾上菊五郎は、芸界の識者に「彼は今は地味だが、そのうちきっと光ってきまさァ」と囁いていたという。

名人の予言は的中した。芝翫の開花と、その後十数年間に及ぶ、とみに充実した舞台を実見できたのは、筆者の観劇生活においても浄福の一つだ。『鳴神』の絶間姫《たえま》、『鏡山旧錦絵《かがみやまこきょうのにしきえ》』のお初、『妹背山婦女庭訓』の雛鳥と橘姫。密度と格調、気迫と芸品は、まさに無類だった。

芝翫を芝翫たらしめたものは、女性を演じても男声を基調とするセリフ回しの安定感と、イメージをくっきりと喚起する動きの鮮やかさにあった。

舞踊の『鏡獅子』『道成寺』『藤娘』『保名《やすな》』などの技術の高みと冴《さ》えには、一瞬、客席にどよめきが生じ、満場感嘆の光景が何度か出現した。

芝翫の舞踊は、緻密な分析と的確な応用によって構築されていた。かつて、愛弟子《まな》の一人である中村芝喜松《しきまつ》（現在の中村梅花）は「師匠の踊りには明確な理論があるのです」と筆者に語った。こう肘《ひじ》を張れば袖はそう動き、そう膝《ひざ》を折れば裾はこう流れる。その舞踊の造形美は、合理的な認識の所産だった。

彼には一方で、『伽羅先代萩《めいぼく》』の飯炊《ままた》きの場を長いと感じる、現代的な感覚もあった。新作歌舞伎『柳影澤蛍火』のおさめ、『戦国の人々』の徳姫には陰影がにじんだ。

昭和後期の歌舞伎界で、芝翫は名だたる先輩たちに伍して、『先代萩』沖の井や『仮名手本忠臣蔵』お石、『菅原伝授手習鑑《かがみ》』戸浪といった二番手女方のポジションを立派に確保、傑作も多かった。平成に至り、先輩たちが衰え、姿を消していく中で、芝翫は六十歳を超えた頃からようやく『妹背山』定高《さだか》や『忠臣蔵』戸無瀬、『摂州合邦辻《せっしゅうがっぽうがつじ》』玉手御前といった、いわゆる立女方《たておやま》の役、また「道明寺」の覚寿のような老け役も務めるようになった。

そこには細部をリアルに拡大した演技や、舞踊では技術を超えた風味、情感への志向がうかがわれた。筆者が見た最後の舞台は、八月の新橋演舞場での舞踊『夏 魂《たま》まつり』で、一家親族に囲まれた舞台姿は若々しく、馥郁《ふくいく》たるムードに満たされていた。

幼少時に父や祖父を失い、壮年までの辛労は一通りではなかったはずだが、優れた指導者、慈母、良妻、子孫など、周囲に恵まれ、歌舞伎の王道を歩んだ彼の生涯は、文字通り幸福であった。唯一、我が家にも等しい歌舞伎座の新築・再開場を見ずに逝ったことが、残念でならない。


（二〇一一年十月執筆）

四世中村雀右衛門

歌舞伎美のバイヨン

四世中村雀右衛門《じゃくえもん》は、新たな女方の古典美を造型し、その生き方をも切り拓いた、それまでにないタイプの歌舞伎俳優であった。

丈の九十一年の生涯について考えるとき、その幼少年期、および青年期の年譜に記録された二つの事象が、それ以後の人生にもたらされた激しい変化や深い影響の、主たる起因となっていることに気付く。

ひとつは丈の子役時代の輝かしい芸歴で、昭和初頭の名優たちを相手に、主要な多くの役役を勤めて〝天才子役〟の呼び声が高く、ファンたちは後援会を結成し、特別公演すら企画される寵児であり、麒麟児でもあった。

この少年が君臨する〝小さな歌舞伎王国〟の記憶が、その後の丈の生きていく日日の折節に、誇りと自信と勇気に転じて、丈を強く鞭打ったと思われる。六年にわたる従軍生活、復員後の立役から女方への大転換、映画界での四年間の活動、関西歌舞伎への移籍、東京復帰後の不遇など、波瀾に満ちた歳月を乗り越え、傍流出身の不利、空白の時間への負い目、私生活の貧苦等に耐えながら、ついに女方一筋・歌舞伎一本の道を貫き極めた胸底には、遥か昔の小王国の光が、丈の男の操となって点滅していたのではなかろうか。

二つには第二次大戦による南方への出征、次いで長期かつ広域の転戦から敗戦まで、すなわち丈の重い戦争体験である。当時の若手俳優の中で、これほど多年月、しかも遠隔の戦場にあった者は他にない。わたしは昭和末年、亡父の戦没地ニューギニアを厚生省（当時）・慰霊団の一員として訪れたが、改めて現地の気候・風土・食料等の過酷な環境を痛感した。この熱帯の密林と洋上の島島へ、七十余年以前、兵士として送られた幾千幾万という日本の若者の一人として、丸刈り頭の丈がいた。

もしも大戦争が無ければ、あのマイナスがプラスに一変した、千仞《せんじん》の谷へ飛び込むが如き、女方への転生は起こらなかったに違いない。また、一帰還兵として、祖国と歌舞伎に対して〝外なる眼〟をもって語る、丈のアプレ・ゲールの発言は生まれなかったろう。

丈の部隊は転戦の途次、かのアンコール・ワットに立ち寄っている。灼熱の太陽の下、壮大な遺跡群の真ん中に聳える、宇宙の中心たるバイヨン寺院の美しい高い塔を、若者たちは仰ぎ見た。丈の虚構への意志、歌舞伎美の華を咲かせる情念は、この時すでに萌芽していたのかも知れない。丈は晩年、歌舞伎の女方というものに関して、次のように述べる。

歌舞伎の女形は、女優や実際の女とはまったく違う、異界の住人です。舞台の上だけで咲く、実際にはどこにもいない「あだ花」、幻想のなかの花なのです。だから、あれほど美しく、妖しい色気を備えているのではないでしょうか。

（『私事』岩波書店、二〇〇五年）

この言葉と、バイヨン寺院の美しい高い塔とは、双曲線を描いて結ばれる。そして、このような認識に到達した女方の俳優は、それまでの演劇史上には見出せないだろう。

元禄の芳沢あやめは生身の女を写そうとし、明治・大正の喜多村緑郎《きたむらろくろう》や河合武雄は、往時の女性の実相を伝えた。戦後の花柳章太郎も銀座の夜の蝶となり、七世梅幸の日頃の下町言葉には、魚屋宗五郎の女房お浜に通じる何かがあった。六世歌右衛門さえも渋谷の旧宅の座敷には几帳を立て、さながら淀君や八重垣姫が暮らしているかのようだった。

然るに、四世雀右衛門の日常はオートバイを飛ばし、ジムに通って自己の男性を解き放ち、舞台の虚構の毒を抜く作業に化した。先輩の女方たちの舞台と日常は、言わば不即不離の関係にあったが、丈の場合は時代の推移もあり、両者間の隔たりが開いた。わたしが実見した、梅幸や歌右衛門の稽古場での有りようは自然体であり、ふだんの延長でもあった。二人とも女方としての生きた実存感を持ち、この道の最後の人たちであったのだろう。

一方、丈は読み合わせから声調も姿態も変わり、俄然、虚の世界へと飛躍する。その彫心《ちょうしん》鏤骨《るこつ》、作為と人工の極致感は、女方としては文字通り〝新しい人〟だった。しかも老年に及んで、そうした完璧な虚構美の奥に、なお女心の誠を息づかせたところに、名女方として列聖される所以があったのである。

わたしが初めて丈に会ったのは、昭和四十一（一九六六）年七月末の某夜、場所は当時の丈が住む赤坂・福吉町のマンションだった。丈は四十五歳、わたしは二十三歳。雑誌の仕事でインタビューしたが、話が弾《はず》み、丈が「何か食べましょう」と言い、二人でラーメンを啜って語り合った。わたしが若気の至りで、正統派の女方たちには出来ない、第三の道の冒険をすすめると、丈はきっぱりと「女方の道は一つです。わたしは六十になっても七十になっても、赤姫のできる女方になりたい。そのために今、女房にも苦労をかけているんです」と断言した。現在、このページを読み返すと、まさに初一念を貫き通した丈の立派な一生に、襟を正して脱帽せざるを得ない。

もう一つ、忘れられない思い出がある。平成になって、丈が『東文章《あずまぶんしょう》』の桜姫を最後に演じた公演について、わたしは大変きつい批評を書いた。翌月、某会館で某パーティーがあって参会すると、何と丈も来ていて出合ったので、数言を費やして礼儀を尽くした。すると一瞬、丈は口を尖《とが》らせ、顎《あご》を突き出し、こちらを睨《にら》んだ。わたしは困惑し退散した。

約一年後、また某パーティーがあり、会場の廊下を歩いていると、背後から呼び止める声がする。振り返ると丈が居て、「中村さァん、しばらく」と言いながら、袴《はかま》の襞《ひだ》をつまんで小走りに駆け寄って来て、にっこりと笑った――。

丈は、まことに可愛い人だった。永遠の若者であった、と考えている。

（二〇一三年一月十五日執筆）

河竹登志夫　その葬送

ことし（平成二十五〔二〇一三〕年）の五月六日、河竹登志夫先生が八十八歳で長逝された。好天の日であった。

新・歌舞伎座の開場式の二日目、三月二十八日の顔寄せ手打ち式の席上、四月興行の演目を読み上げるお姿に接したのが最後になったが、それから一箇月余り、新劇場の門出を見届けるようにして旅立たれたわけである。今次の歌舞伎座に併設された屋上庭園のために、曽祖父・黙阿弥の旧居にあった灯籠を寄託されるなど、為すべきは為して逝かれた感が深い。

この五月六日は、奇しくも十五代目市村羽左衛門の祥月命日だった。五十年以上も昔、戸山の文学部の講堂で、毎週「演劇概論・河竹俊雄」のお講義を伺ったが、三十歳台後半の先生は英気颯爽、アリストテレスの『詩学』やレッシングの演劇論等について、分かりやすく明達に説き明かされた。時どき歌舞伎にも言及され、ご自身が歌舞伎に親しんだのは戦前の〝菊・

『西洋人の歌舞伎発見』出版記念会でスピーチをする河竹登志夫（当時57歳）　昭和57（1982）年5月31日、六本木の国際文化会館で

吉・羽・幸〃の時代で、「中でも、大橘《おおたちばな》と言われた十五代目羽左衛門の声、調子、姿……」と、羽左衛門の舞台を回想された一刻が、今も脳裏によみがえる。

五月十日、青山斎場での御葬儀も、さわやかな晴天に恵まれた。率直に書くと、わたしだけでなく、あまたの会葬者にとって、これほど拘泥《こだわり》なく、躊躇《ためらい》なく、柔らかな気持ちで自然に足を運んだ、何か目出度いような、幸福な葬式もなかった。たとえば、やはり芸術や文学は一国一城の難しい世界で、次のようなことも一例としてある。

わたしが二十二、三歳の夏、井伏鱒二・飯田龍太両先生の川釣りのお供をして、日暮れてから笛吹河畔の居酒屋で一杯頂いている折りも折り、店内のラジオのニュースで谷崎潤一郎の死と、その葬儀の予定が放送されるのが耳に入った。すると一瞬、井伏先生が箸を置き、なぜか「俺は、行かない」と、きっぱり断言されたのを記憶している。だが、登志夫先生の晩年は、そのお人柄やお立場やお仕事も、異を挟む者がない、円満具足の達成感に充たされていた。

会葬の列が切れると、やがて祭壇から御棺が移動し、残った人たちにお別れと供花が許された。わたしが先達の死に顔を拝したのは、昭和四十二（一九六七）年二月に逝去された三宅周太郎先生が最初で、京都の近郊の桂の寺院での葬儀に、東京から小雪が舞うなかを駆け付けたが、すでに葬儀は済んでいた。鶴江夫人が、まだ本堂に安置されたままの御棺の蓋を開けて下さったが、加古川の旧家のご出身だけに、黒紋付の立派なお仕度であったことを覚えている。

平成五（一九九三）年七月に永眠された井伏先生の際は、荻窪の教会での葬儀の終了後、すべての参列者に故人と対面する寸刻が与えられた。高校一年の時、戦死した父親代わりだった母方の祖父が亡くなり、泪が止めどなく流れたが、井伏先生の死に顔に接した瞬間、ちょうど齢五十だったが、同じように涙が滝のごとく噴き零れて困った。

それから二十年を経た現在、わたし自身も死を直視する年代に達している。多数の人たちが登志夫先生の御遺骸を見守り、静謐《せいひつ》で厳粛な時間が過ぎていく。死というものを、かほど平静に無心に受け入れている新たな自分が、いささか訝しかった。そして、わたしの見届けた先達の死に顔が、このお三人のみであるのを、事実として不思議に思った。

澄んだ空気の明るい寂しさの裡に、遠ざかる霊柩車をお見送りした。と、かつて確か和角《わずみ》仁《ひとし》氏の囁《ささや》いた一言が浮かんだ。「祝賀会や記念会のスピーチをお願いするのは、登志夫先生に限るんだ。マイクを握ると、明るいものがパーッと拡がる」と。わたしの二度の出版の集いにも、いずれも先生に引き受けて頂いた。あの軽やかな独特の笑顔、親切で的確な過不足がないお話、ちょっぴりほろ苦いユーモアの風味……。

故・藤山愛一郎元外相ではないが、登志夫先生も生まれながらに絹のハンカチを手にして居られた。名家のプリンスとして、繁俊博士の御曹司として、後年は芝居道の司家として、また歌舞伎の外交顧問として、言わば〝晴れ男〟の使命や宿命を背負って居られた。しかも、先生は歯を食いしばっても、人びとの期待に背くようなケースが一度として無かった。これは大変なことだった、とおもう。

わたしは帰路、昭和四十二（一九六七）年十一月中旬、同じ青山斎場で営まれた繁俊先生の御葬儀が、おのずと思い返された。先生の生地・信州の山間の気候にも似た、晩秋の乾燥した肌寒い日で、会葬者には戸板康二氏の姿もあり、外套を召していた印象が残っている。

若い頃、わたしには二回、最晩年の繁俊先生の謦咳《けいがい》に接する貴重な機会があった。最初は先生逝去の二年ほど前、〝河竹繁俊博士喜寿記念〟『日本演劇研究書目解題』刊行の集まりが、早稲田の演劇博物館近くの学内で催された折り、病身の先生が珍しくお出ましになる由を聴き、井伏先生にお願いして紹介状を書いて戴き、当夜ほんの数分間お目にかかることが出来た。そのときの模様は以前に書いたので略筆するが、井伏先生の御蔭で、繁俊先生は片隅のどこかに、わたしという若者を見知り置いて下さったのだ、と考えている。

と言うのは、二回目にお会いした際、わたしにとって予期しないハプニングが待っていた。昭和四十一年十月、国立劇場・制作室の上司である加賀山直三氏に同行し、氏が補綴した開場公演の台本を、監修者たる繁俊先生の内覧に供すべく、世田谷区成城のお宅へ参上した。みつ夫人に案内され、玄関から真っすぐ先に伸びた廊下の突き当たり、その左側にある六畳ほどの和室に通された。

書見用の坐り机が置かれ、先生は洋服姿のままで毛布をかけ、畳の上に横になって居られた。体調が勝れず、かなり衰えた御様子だった。であり乍ら、加賀山氏へのお尋ねは丹念で、けっして形だけのものではなかった。

半時ちかくが過ぎ、加賀山氏が一礼して、辞去すべく襖《ふすま》の外へ出られた。わたしも一礼し、後に続こうとしたとき、思いがけず背後から「中村さん、一寸待って」と、横臥する先生のお声が掛かった。ハッとして向き直ると、先生は「中村さん、功を焦ってはいけませんよ」と、ただ一言のみ仰有った。わたしは再び一礼して退出したが、何か背中を鉄扇でビシッと打ち込まれたような気がした。

繁俊先生のお言葉と、その日のことは今も忘れない。若い時分を振り返れば、失敗と挫折の連鎖だが、とりわけ劇場勤務の頃は軌道が外れていた。稽古場での休憩時、八代目三津五郎氏に「君は、『石切』（『石切梶原』）の俣野《またの》だね」と冷やかされる始末で、とんだ荒若衆の敵役だった。そうした風評が、いつの間にか繁俊先生のお耳にも達していたらしい。それにしても、あの衰弱した老先生が、わたしのために仰有って下さった一言が無ければ、自分の青春は破滅していたかも知れない。人生に影響を与えた言葉は幾つかあるが、その最たる一つだったと思う。先生ご自身にも『牛歩七十年』といぅ書名の随筆集があり、井伏先生も口癖のごとく、「〝急がば回れ、お先にどうぞ〟だよ」と言われた。いずれも容易ではない、重い時間を積み重ねた達人であった。

昭和五十年代前半の或る日、井伏先生の荻窪のお宅へ伺うと、「君が来たら、真っ先に言おうと思っていたが、河竹ジュニアが『季刊芸術』に連載中の『作者の家』は、大変にいいものだ。あれを読むといい。ああいうものを書かなくてはいけない」と、先生には珍しく声を強めて激賞された。そして、市村繁俊青年が明治の末、師の逍遥の仲介により、黙阿弥の家へ養子入籍した件についても、「やはり逍遥さんという人が、偉い人だったんだね」と、考え込むように呟《つぶや》かれた。……

わたしも嬉しくなり早速、これら右の言葉のすべてを葉書に記して、登志夫先生にお伝えしたが、なぜか今日まで此の事を筆にする切っ掛けが訪れなかった。過日の御葬儀の控え室で、河竹良子夫人にお悔やみを申し上げると、「あの折りは中村さんに知らせていただき、とても喜んで居りました。元気づけられた、と言って。主人も井伏さんを好きでしたからね」という御挨拶を頂戴し、恐縮した。

古びた手帳を見ると、昭和五十五（一九八〇）年十月八日の晩、井伏先生と登志夫先生はお会いになっている。場所は大久保の酒亭「くろがね」で、同席者は日本文学研究家のアンソニー・リーマン、評論家の草森紳一、わたしの三人。いろいろと話が弾み、何でも戦前、井伏先生が吉田幸三郎氏などと一緒に歌舞伎座を見物した際、「お宅の御先代に、すっかりご馳走になった」という回顧談もあった。

登志夫先生は刊行直後の『作者の家』をご持参になり、井伏先生のサインを求められた。女将が運んだ硯箱の墨を、わたしが磨った記憶がある。井伏先生は見返しに、「父子二代親しむ」の一行と、お名前を揮毫された。

帰途、井伏先生の車にリーマン氏とわたしが陪乗したが、先生は「河竹さんは、感じのいい人だね」と寸感を漏らされた。が、三十三年後の現在、何も彼も往事渺々《びょうびょう》と霞む中で、この「父子二代親しむ」の一行は、わたし自身にも当て嵌《は》まるように想われて来た。

登志夫先生の思い出は、ほかにも沢山ある。平成八（一九九六）年十一月、国際歌舞伎研究集会のコーヒー・ブレイクの時間に、神山彰氏やわたしなどに話して下さった、帝劇在籍時代の繁俊先生の片影も、興味深いものがあった。懐かしいのは、メトロポリタン歌劇場で最初の歌舞伎公演があった昭和五十七（一九八二）年夏、一団が宿泊するメイフラワー・ホテルを取材のため訪れると、先生と故・永山会長がロビーで談笑中だったが、当時わたしは精力的な年齢でもあり、先生に「あッ、台風が来た！」と揶揄《やゆ》され、照れて手も足も出なかった。

考えるに、登志夫先生くらい実は、鋭利で辛辣な要素を、ふんだんに蔵する方もなかったろう。ロマンチシストとしての分子も、どこかにお持ちだった。然るに、抑制と鬱屈と沈潜の日々によって、一種軽快で洒脱な温かなヴェールが掛けられ、黙阿弥以来の芝居世界の理性の砦として、ついに生来の何かを露《あらわ》にされなかった。

『比較演劇学』三篇と『作者の家』の二大著作、さらに『日本のハムレット』のごとき名著をはじめ多量のお仕事には、深夜の苦闘と陶冶の歳月が潜むのは、贅言を要しない。

繁俊先生と登志夫先生、二代の御冥福をお祈りしたい。

（二〇一三年・秋彼岸執筆）

ジェームズ・ブランドン　ハワイの歌舞伎

米国における歌舞伎研究の主峰、実演運動家としても第一人者のジェームズ・ブランドン氏が、多年の居住地ホノルルで昨年、二〇一五（平成二十七）年の九月十九日、八十八年の生涯を閉じた。

近々七、八年の間に、文学のエドワード・サイデンステッカー、映画のドナルド・リチー、そして演劇のブランドンと、日本文化に長日月にわたって親炙《しんしゃ》した、戦後アメリカの枢要なメンバーが踵《きびす》を接して姿を消した。

ブランドン夫妻とはクリスマス・カードの交換を続け、数年前に絶えたのが気になっていたが、欧州よりの長旅から帰国した晩秋、翻訳家のマーク・大島明氏によって訃報が伝えられ、わたしも交流四十年以上、あれこれの思い出が去来し、数日は止むことがなかった。

昭和三十年代後半の東京オリンピック以前、東横ホールの歌舞伎公演の際のロビーなどで、よく見かける外国人の若い紳士があった。きちんとネクタイを締めた外交官時代のブランドン氏で、学生服のわたしとも言葉を交わす、寸刻があったのを記憶している。

昭和五十一（一九七六）年の秋、わたしは国際交流基金の委託で、北米の諸大学での日本研究の状況の視察と、記録映画『熊谷陣屋』（主演・初代吉右衛門）紹介のため、三箇月余り各地を巡歴した。最初の訪問場所のハワイ大学で、再会したのが演劇部の主任教授に転身した、すでに四十歳台も末の氏だった。

このとき氏は、附属施設たるケネディ劇場の舞台や客席、稽古場や衣装・小道具の制作室等を案内され、地下にある教授の部屋で、学生を中心とする英語による歌舞伎公演の収録ビデオを、幾つか見せてくださった。

十八番物の『鳴神』『助六』『勧進帳』の三本は、予想を上回る本格的な上演だった。州政府や大学関係の支援もあり、邦楽嗜好の日系人が多いハワイの立地条件の有利さに加え、先任のアーンスト教授以来の公演実績、さらにはブランドン氏自身の東京生活での蓄積が、明らかに物を言っていた。

刮目したのは、一九七四年の『桜姫東文章』試演の時の舞台写真で、情緒を抑えたドラマ優位の乾いたタッチによる、演劇史の視点からも研究された美術や扮装が甚《いた》く刺激的だった。氏は、六七年に国立劇場の通し上演を見て、原作の翻訳と英語上演を企図したよしで、この作品の欧米での〝発見者〟である。右の試演も、わが玉三郎をはじめとする〝桜姫旋風〟以前の話だ。

ハワイでの氏は、大使館勤務の頃とは違い、一種自由人の相貌が濃かった。マノア山腹のロッジ風の家に住み、広々としたキャンパスの陽光を満喫して居られた。夫妻にワイキキの鮨店「ふるさと」で御馳走になったが、島々の食材が新鮮だった。空も海も青く、風が爽やかで、わたし達にも希望があった。

雑誌「劇場芸術」の相談会　1990（平成２）年12月29日、水道橋「かつ吉」で。左より著者、マーク大島、立木定彦、宮尾慈朗、リチャード・エマート、ジェームズ・ブランドン

この再会以後、氏とは会う機会が多かった。来日中は、おもに鳥居坂の国際文化会館に宿泊され、偶然の好運で、わたしの出版の会へも二度とも出席して頂いている。

氏は、中年の時分には有吉佐和子、晩年には坂田藤十郎とも交際があったようだが、作家の受賞式や襲名披露パーティーのような場では、なぜか姿を見た覚えがない。

もっとも昭和五十年代の半ば、故人の松田修、現存の熊倉功夫・大沼信之・宮尾與男・石橋健一郎といったサムライたちに、花形の勘九郎・児太郎グループが合流しての郡上への小旅行には、氏も参加して盆踊りの輪に入り、浴衣掛けで黙々飄然として興じた。

　平成初頭、照明家の立木定彦が呼びかけた雑誌「劇場芸術」の相談会で、たしか師走の寒夜、水道橋の「かつ吉」へ集まった顔触れの中に、能楽研究のリチャード・エマートや、ゲストとして氏が連なっていた。適切なアドバイスを与え、穏やかに座中をまとめる公正なバランス感覚を、氏は持っていたと思う。

　平成八（一九九六）年十一月、東京国立文化財研究所・主催で、最初の国際歌舞伎研究集会が江戸東京博物館で開かれたが、その冒頭の基調講演は氏がつとめた。その頃、東京の劇場で会うと、「昔の舞台に比べれば、やはり物足りないです」と、苦笑しつつ言った。

　米軍による占領下の歌舞伎統制を検証し、いわゆる〝バワーズ神話〟を修正したのは、氏の後代への義務であったのかも知れない。

　晩年の労作 ***"Kabuki's forgotten war: 1931-1945*** （歌舞伎の忘れられた戦争　１９３１―１９４５）**"**（二〇〇九年）は、かつて溺死した愛息の霊に捧げた、壮年期の力作 ***"Kabuki: five classic plays*** （歌舞伎・五つの古典劇）**"**（一九七五年）と双璧を成す、氏の代表的な大著である。前世紀後半の或る時期、歴史のドナルド・シャイヴリー、音楽のウィリアム・マルム、戯曲や演出のブランドンというトリオが、北米の歌舞伎研究を新開拓した事実を、識者は銘記して置きたい。

　わたしが特筆したいのは、氏が舞台演出家としての資質をも豊かに蔵していたことだ。自己宣伝をしない人だったし、それは学者としての声望に包まれていたが、ケネディ劇場で上演された喜劇『京都への道《ザ・ロード・トゥ・キョウト》』(膝栗毛物の劇化)や、十九世紀オペラのカブキ化『ミカド』などを一見すれば、直ちに解かった。

歌舞伎伝来の職人技術を精査して、磨かれたハイ・センスで鮮やかに今日化し、明るい知的な笑いとほろ苦いエスプリ、甘美なリズムと快適なスピードが交錯する舞台は、実際、後続たるコクーン歌舞伎の泥臭さや灰汁《あく》の強さ、現代歌舞伎の騒々しさや態《わざ》とらしさが、うそ寒くも淋しくもなる、きわめて上等な演出だった。わたしが褒めちぎるたびに、氏は何時も、「いや、恥ずかしいですよ」と、言葉少なくはにかんだが——。

大島氏から拝借した、八〇年代収録のハワイ大学『忠臣蔵』通し上演のビデオを見ると、ブランドン演出のアカデミックな風格を感じる。先代中村又五郎ほかの協力、レイコ・ブランドン夫人の内助もあり、台本のカットや演技の省略には、われわれも教えられる点がある。最近テレビ放映された、評判のポートランド州立大学の『忠臣蔵』を対置すれば、けだし片方は〝火星人の『忠臣蔵』〟だろう。

さて、平成八年暮れの旅かと記憶するが、亡き土岐迪子に誘われ、同行してホノルルへ飛んだ。かの地には当時、尾上九朗右衛門やサイデンステッカーが老後の生活を送り、もちろんブランドン夫妻も健在だった。

彼らの住居を訪ね、運河沿いのカフェで喫茶・談笑し、海浜のホテルで会食したり、学生たちの舞台を見たりした数日は、まことに楽しかった。人びとの話にも罪が無かった。

わたしは過去に、その方面の本を二冊書いたせいか、これまで欧米の関係者に少なからず遭遇したが、長年の間ずっと交誼を保ったのは、サイデンステッカーとブランドンの二先達である。サイデン先生は素朴さと烈しさ、ブランドン先生はフランクネスと親切を身上とされたが、いずれも虚名を追わず、利得を求めず、道を愛する床しさがあった。

後者は、さっくりとした淡白な気質で、飽きの来ない君子の交わりを続ける賢人でありながら、時たま洩らすユーモラスな言葉の裡に、味のある温かな〝批評〟が隠されていた。「帽子を被ると、トルーマン・カポーティに似ているね」と、言われたのは嬉しかったが、後日に考えたりもしたのである。

それにしても、あの時、あの島に集った人々は、もう誰も居なくなった。わたしがハワイを訪れる日も、最早ないだろう。

ブランドン氏逝く

夏の風　記憶の中の　遠き島

（二〇一六年五月執筆）

藤田　洋　歌舞伎雑誌の行く方

揚巻の國はいづこぞ雛の聲　万太郎

藤田洋氏が、去る二〇一八（平成三十）年九月二十八日、八十四歳で亡くなった。翌月の五日、桐ヶ谷斎場での通夜に参列したが、各方面よりの供華が段をなす盛儀だった。

藤田氏は、戦前からの観劇歴七十五年以上、批評家としての執筆歴六十五年以上という記録保持者で、近年の演劇世界では分野を超えて、指折りの長老の一人に数えられていた。

その幼少より実見した広範囲かつ無数の舞台と劇場、知見した夥しい劇界事象、接触し交流した幅広い部厚な人脈等において、まさに氏そのものが、文字通り戦後の演劇事典にも等しい存在だったと言える。

著作としては、先ず『演劇年表』（昭和四十四年、平成四年）、『明治座評判記』（昭和六十三年）、『続明治座評判記』（平成十八年）などの編年記ものに、多年の編集者生活の特質が生かされ、戦後演劇史の基礎資料として有益である。

『芝居の痕跡』（平成十六年）、『評論　演劇放浪記』（平成二十三年）のような雑評・評話・エッセイ集を読むと、氏のジャーナリストとしての生理が浮き彫りにされる。

新聞・雑誌に長く掲載された藤田劇評は、現実の風向きに沿って、その時期の公約数に逆らわない、気配りが利いた、口当たりの滑らかな穏当なものだった。

そういう棘《とげ》を目立たせない、世間という土俵の中で、氏のごとき立場を持つひとが、もしも数言を挟みたい時があれば、むろん苦渋とチェックを余儀なくされたろう。

日本演劇の中心には歌舞伎があり、その消長や変容が、全体の将来にも影響するという演劇観は、すでに必ずしも新たな視点ではなかった。が、歌舞伎の前進こそ、氏は常に望んでいた。その意味では、けっして保守派ではなかったのである。

老年になってからの小文には、経験が層を成す確かな見識が窺え、洞察に富んだ箇所が少なくない。安心の持てる、間違いのない書き手だった。

そのほか『鴈治郎の歳月』（昭和四十七年）、『歌舞伎ハンドブック』（平成六年）、『遍歴・女優山田五十鈴』（平成十年）など、主なる編・著書は三十数冊になる。一生の仕事として、けだし不足の無い分量である。

第二国立劇場の演劇芸術監督、日本演劇協会の理事をはじめ、多くの役職を歴任し、受賞・

褒章・綬章と重なり、家庭にも恵まれ、演劇人としても社会人としても、ほとんど瞑すべき一生であったと思われる。

誰人の目にも、一見そのように映る。氏自身も晩年、そのような略伝を諒としていた節もある。けれども、生涯の成否や幸・不幸は、棺を蓋《おお》いて後も容易に推し量れない。

藤田さんは……と、後輩の親しみを籠めて呼び直すと、藤田さんの生き甲斐は何と言っても舞台を観ること、その評を書くことにあったと思う。そして、それに匹敵する愛情と熱量を傾けたのは、歌舞伎を中心とする「演劇界」という雑誌の二十数年間にわたる編集と、その出版社としての経営だったろう。

藤田さんには真向きの仕事で、ビジネスの感覚もあり、最適任者であった。彼を当初は協力者として、後には後継者として選んだのは、戦後の三十数年間、同誌を主宰した利倉幸一氏である。

利倉さんは敗戦の傷跡が残る頃、先任の久保田万太郎からの指名で社業を再建、当時は社会的なワイドが縮小していた歌舞伎雑誌の発行を、師とする武者小路実篤流の理想主義に関西流のソロバンを掛け合わせ、見事に軌道に乗せた。

利倉さんは戦前、雑誌「演芸画報」の若い寄稿者で、大正頃の同誌の活況も少年の目で知っていた。戦後発行された歌舞伎雑誌の関係者たちの脳裏には、往時に栄えた「画報」のイメージが共有されていたのである。

興行資本が競い合い、群優が割拠し、演劇ファンが蝟集《いしゅう》し、雑誌が分立して、鉄道の駅の売店でも買えた、一九一〇・二〇年代の盛時の「画報」。それは〝戯場国《けじょうこく》〟の有り様を、見ては楽しみ味わい、読んでは学び考え、一冊を閉じて評価するという三位一体の、百家争鳴にして百花繚乱の大娯楽雑誌であった。

利倉さんの「演劇界」は、こうした「画報」の流れを承《う》けていたが、戦後の新しい知性と文化的な感性、それに教室や職場でも読める教養主義を導入した。戦前まで残っていた花柳界色とは、はっきりと距離を置いたわけである。

藤田さんが編集部入りすると、テレビ時代の現実性と前進志向、人気を度外視しない商略が加わり、発行部数は増大した。とは言え、利倉・藤田の二氏いずれもジャーナリストとしての資質が濃く、歌舞伎に関する論争・論議が多かった時期だけに、歌舞伎の現状と将来についての問題意識は、その編集に少なからず投影された。

歌舞伎を主とする演劇雑誌の運営が、かなり難しいものであることは、すでに戦前から私語されていたようだ。興行方面と持ちつ持たれつの互助関係を維持しながら、ジャーナリズムの一角を占める信用度、社会的な自立が求められるからである。昭和以降、歌舞伎の興行が一本化すると、このバランスを保つことが微妙になっていく。

利倉さんの清濁併せ呑む雅量、ゴシック活字のような神経、健全な社会常識は、劇場世界の面妖さによって足を掬《すく》われる日が、戦後の長年月ついに無かった。

藤田さんが社長に就任した頃は、ちょうど劇壇の新旧勢力の交替が近づいた時期だった。彼はベテランの劇場人でもあったが、その一本気の熱意や保守派ではない部分が、この流動期に際会して裏目に出てしまった点がある。

戦前には、松翁や青々園や錦花などによって、優れて面白い劇壇史が書かれたが、どうしたわけか戦後は、さっぱりと姿を消した。千谷道雄氏の『幸四郎三国志』くらいである。もしも将来、良き執筆者によって昭和後期の劇壇史が書かれた場合、藤田さんの社長退任前後の動静は、避けて通れない数ページになるだろう。

昭和六十（一九八五）年秋の利倉さんの八十歳での死、その直後の藤田さんの五十二歳での退社によって、はからずも明治以来の「演芸画報」の系統と伝統、その百家争鳴の生命《いのち》は終息したと断じていい。花柳章太郎の死によって新派劇が変質したように、その後の歌舞伎雑誌は、現代管理社会のセレブな啓蒙・情報誌へと移行していく――。

筆者は、利倉さんによって執筆陣への道を拓かれたが、藤田さんにも何かとお世話になった。拙著の二冊までが、藤田さん編集で連載がスタートしたことを考えると、恩人のひとりである。

今、その人の思い出は尽きず、その人の死には、様々なものが去来する。

（二〇一八年十月執筆）

堂本正樹　饒舌と無邪気

去る九月二十三日の朝、堂本正樹氏が八十五歳で長逝された。
療養生活十五年の長きに及び、その間に二度、鎌倉のご自宅と病院を見舞った。車椅子での応対だったが、頭脳は明晰、活躍中の後輩たちへの羨望の念さえ仄見《ほのみ》え、強い生命力に安堵したのを覚えている。

かつて戸板康二先生は、堂本氏が中年の頃、「彼は、大変なアンファン・テリブルだ」と仰有った。位置によって認識の僅差はあるが、氏が稀有の異才であった事実は、誰しもが認めるところだろう。それどころか能楽から現代演劇まで、批評・研究・劇作・演出とエンジン全開の、マルチな天才性を有し、不可測な霊感すら秘めた人だったと思う。

わたしが氏の風貌に接したのは十八歳の時、昭和三十六（一九六一）年五月、早稲田大学・小野記念講堂での日本演劇学会主催〝歌舞伎の危機〟シンポジウムの聴講者としてだった。河竹繁俊博士はじめ長老歴々が居並ぶ中で、白シャツに淡紅色のマンボズボンという出で立ちで、座談会に登場した氏は二十七歳。「原作重視で若い芸を創造せよ」と説く、英気颯爽の弁舌は鮮烈だった。直ちに著書『古典劇との対決』（昭和三十四年）を買った。

初めて言葉を交わしたのは四年後の春、かたばみ座公演の日の都市センターホールのロビーである。会ってみると気さくなチョクな人柄で、数日で旧知のごとく、年少を慈しんでくれた。

早稲田大学・歌舞伎研究会主催のシンポジウム 1988（昭和63）年11月6日。左より著者、松本伸子、堂本正樹（当時55歳）

その溢れる過剰な才能、垂涎の蔵書と恐怖的な読書量、鋭い分析と推理、特異な人物解釈、火のような早口の饒舌を眼前にして、圧倒される思いがした。氏を好きだった郡司正勝先生に、「彼と会って別れた後は、寂しくなるんです」と話すと、「焼かれてしまうんだね。ほどほどにしなさい」と言われた。

わたしの劇場勤務時代、染五郎青年（現在の白鸚丈）を囲んで、三人で食事する夜が一回あった。堂本氏は興に乗って坐ったまま、「十種《じゅしゅ》香《こう》」のサワリを演《や》ってみせ、染高麗は微笑んでいたが、その臆面のなさにハラハラした。

当時は三島由紀夫氏の名声赫々《かくかく》たる頃で、許し合った旧友の堂本氏も羽振りがよく、二・三十歳台での活躍は花やかだった。氏の顔パスで、観世寿夫の名人芸や寺山修司の前衛劇を見せてもらったが、そのことだけでも恩人である。

三島氏の自決後、堂本氏の落ち込みは見るに忍びなく、薬害にも苦しんだ。ほぼ十年のスランプを克服し、五十歳台から能楽という古典に回帰して、学究や復曲に打ち込んでいった姿に、氏の真価と救いがあったろう。

わたしにも、氏の影響と闘った一時期が存在する。奇書『男色演劇史』初刊の跋文《ばつぶん》を求められ、自分なりに客観的に書いて三島氏に褒められたが、肝心のご本人が気に入らない。「これだけ書けばいいでしょう」と、ズケリと言われた。暫くして再刊、跋文を削除されたが一遍の連絡もなく、遇った折りに不平を言うと、「敵を討ったんだ。これでさっぱりした。君と会わないのも寂しいから、仲直りしよう」と、けろりと握手を求めてくる無邪気さには、何とも呆れた。憎めない人だった。

氏の生涯には不運な側面もあったが、評論「雪なれや万太郎」「女方一念一人芸論」「かりの翅の輝き」などの魂の絶唱は、必ずや選ばれた若人に読み継がれていくだろう。

堂本さん、いずれ天空の魔界で逢おう。

（二〇一九年十月執筆）

堂本正樹　異能にして異才、そして異客

堂本さんは、能から現代演劇まで、全方位攻略の異能者。批評・学究・演出・劇作と、精力放散の異才。筋と純度を尊ぶ、これまでの我が文化風土の中では、異客の哀しみがあった。が、今にして考えれば、やはり能から生まれ、能に帰って死んだ感が深い。

昭和四十年代の初め、堂本さんに誘われて拝見したのが、当時の梅若六郎師の独吟『雲林院』。風姿と声調に酩酊した。感想を漏らすと彼は悦び、観世寿夫師の『俊寛』ほか幾つかの舞台を、顔パスで見せてくれた。「能評では、僕より主流だ」という故人の長尾一雄氏と三人で、渋谷の観世能楽堂から歌舞伎座の一幕見へと、ハシゴした思い出もある。

わたしは学生時分、謡のお稽古もしたが、先生から「長唄のようですね」と言われて撤退。すでに歌舞伎の水が染み込んでいたのか、今もって能に対して他人行儀なのは、半世紀前の水先案内人の堂本さんに、申し訳無い。

彼が少にして、如何なる切っ掛けで能を愛したかは、聞きそびれた。白洲正子女史から〝マキ〟と呼ばれ、可愛がられたという直話は耳にしている。恐らく本当だろう。

敗戦後の礫土《れきど》の銀座で、三島由紀夫と出会った。歌舞伎通の三島青年は、早熟な堂本少年の能楽通に、目を見張ったらしい。能に関しては、自分が影響を及ぼしたと、後年の彼の口振りだった。恐らく本当だろう。映画『憂國』の共同演出は、その社会的証左で、まさしく『男《おとこ》券盟立願《むすびちかいのりゅうがん》』だったのである。

三島由紀夫が輝いていた頃、堂本さんは人前でも三島氏に狎《な》れるところがあった。三島さんは堂本さんが居ない席では、「それは堂本の与太《ヨタ》だ」と、はっきり断言された。どちらが本当かは、今では分からない。

三島氏自刃の年の七月初め、新宿の中村屋で、堂本さんの戯曲集『菊と刀』の出版記念会があった。著者が選んだ三十人ばかりの集まりで、世話人を勤めたから、この夜のことは記憶している。祝辞は、三島さん唯お一人。

「堂本さんは、彼の毒舌があってこそ有用な人間だ。毒舌の底にある、幼児のように無垢なものが、私は好きだ」というスピーチだった。彼の毒を消し、彼の業《ごう》を救済する、素晴らしい友愛の言葉だったのである。

堂本さんは、例えばコクトーのように乾いたエスプリと、刃物のような神経を持っていたから、曖昧《あいまい》で鈍重なものは受け付けなかった。「僕は能を見る眼で、歌舞伎を見ていた気がする」と、わたしに語った日があるが、歌右衛門の情念の靄《もや》のごとき『鐘の岬』にさえ、キリリンシャンとした気合いを要求した。
それと或る方向の文学には無反応だ、とも告白している。文学の憂鬱な本質と、沈黙に耐えられない、彼は、どこまでも劇的な人間であったと思う。冥福を祈りたい。

（二〇一九年十一月執筆）

草森紳一　草森さんと歌舞伎

草森さんが亡くなられたのを新聞で知って、たいへん驚きました。煙草好きのせいか、心臓が弱かったんじゃあないでしょうか。

葬式にも行けませんでしたから、何か手向けたいと思いましたけれど、彼は一人暮らしでしたからね、どこに送ったらいいのかわかりません。この七年くらいは老母を看ていましたので会っていませんでしたが、ずっと気になっていた。

私のことを調べてくださって、こうして連絡が取れて、まあ、お盆の頃ではあり、彼から呼ばれたと思いましたよ。私は四歳下ですから、もう少し生きたいけれどねえ。

お子さんがおられたということを聞いて、やっぱり生前のうわさは本当だったんだと思いました。草森さんとは三十年ほどの付き合いでしたけれど、どのくらい彼についてわかっていたのかと思いますね。『源氏物語』の一つのテーマは、要するに「結局、相手のことはわからない」ということだと、よく言われますね。いろいろ事実は知っていても、最後のところではわからないということですかね。草森さんのことも、どのくらいわかっていたのか……

出会い

草森さんと初めて会ったのは、たしか昭和四十四（一九六九）年八月の終わりでした。親たちが甲府で温泉旅館をやっていまして、高橋睦郎さんが草森さんと「話の特集」の井上保さんをさそって三人で来てくれて、私の同級生の若尾真一郎（デザイナー）にも声をかけて、一緒に富士吉田の火祭りを見に行ったことを憶えています。

井伏鱒二先生も、実家の温泉旅館によくいらっしゃって、川釣りに行かれたり花見をされたり、叔父とも親しかったので、少年期から謦咳《けいがい》に接しました。草森さんは、井伏鱒二の初期の短編などをよく読んでいて好きでしたね。それで、紹介の労をとったこともありました。

井伏先生は文楽がお好きで、昭和五十四、五年のころでしたか、たまに上演される『卅三《さんじゅうさん》間堂《げんどう》棟《むなぎの》由来《ゆらい》』を国立小劇場でやるというので行きたいとおっしゃって。井伏先生は爪弾くもの、特に太棹の三味線がお好きなんですが、この時は段切れの木遣音頭という名曲を竹本越路太夫が語るというので楽しみにされていた。「ファンを連れていきますよ」と言って、草森さんと会わせたわけです。帰りに、井伏先生御贔屓の大久保の小料理屋「くろがね」に寄って、すき焼きを御馳走になって、夜遅くまで話しました。冬のことでね、外に出ると井伏先生はマスクをかける。草森さんは、「井伏さんって、要心深いなァ」と笑っていたのを覚えています。

草森さんは井伏鱒二と相性がよかったと思いますよ。もう一回会っていて、先生と、それから井伏文学の研究家アンソニー・リーマンさん、草森さん、私と四人で新派の『風流深川唄』を見たあと、やはり「くろがね」で、早稲田の河竹登志夫教授が加わって、皆んなで飲んだ夜があった。

古典のもつ凄み

『江戸のデザイン』のときに草森さんから、対談相手に誰か歌舞伎のエキスパートを紹介して下さいと言われて、加賀山直三さんに連絡したんです。お互い慶応出身で気質が似ていたのか、両方からとても喜ばれました。

草森さんは、演目については『忠臣蔵』が好きだとか、『千本桜』は嫌いだとか、そんなことは言わない。むしろ局面、「だんまり」や「口上」を見てると楽しいよとか、歌舞伎特有の演出、演技、ディテールに興味を持った人でしたね。

「一日中芝居を見ていてもいい、長ければ長いほうがいい、どうして長いのを忠実に全部やらないんだろう」ってね、言われたこともあったが、我々にしたら長々とやられたらたまりませんよ。お互い五十過ぎてから、いっしょに歌舞伎座で『寺子屋』を見たことがあるけど、彼は

草森紳一　1982（昭和57）年５月31日夜、著者の住居で（当時43歳）

涙ぐんでいた。「泣けてきて困るんだよ」と苦笑していたけれど、人懐っこい優しい面があった。

草森さんは北海道出身だから、大学生になって東京で初めて大歌舞伎というものを見たのでしょう。だから、新鮮な角度をもって見られたのだと思う。幸せだったわけですよ。私なんか芝居タコができているというか、子供のときからよく見てきているせいか、あまり陶酔郷にはならない。すれちゃっていて。プロとはそういうものだと思う。そこの違いはあったと思います。

草森さんの偉いところは、専門家を馬鹿にしなかったこと。青年期から伝統的な世界に入ると古い人の考えをうるさがって、なめちゃうものなんです。大衆一般の見方のままでいいんだと、居直ってしまう。でも草森さんは、見巧者の見方があるということをちゃんと知ったうえで、自分の見方はこうだと、比較ができた人。専門家の見方の怖さというものを、知っていた人だなあということを今でも時折り思います。

よく付き合うようになったのは猿之助歌舞伎がブームになった頃で、「自分は猿之助以後の歌舞伎しか知らないけれど、猿之助以前の歌舞伎があるんだから、そこにまた違う良さがあったと思う。猿之助以後だけで判断すると間違ってしまう」と言ってましたね。

また、若い時に時流に乗ったものについても疑問視するところがあった。染五郎（現・松本白鸚）のミュージカルにもあまり関心がなかったし、玉三郎にも皆んなしびれちゃうんだけれど、彼の縦横を見てましたよ。また、今、（鶴屋）南北ブームなんて、いろんな研究家や評論家が書きたてるけど、これも一時の流行であと少しだ、全部だめになっちゃう、風俗だから全部消えちゃうってね。

歌舞伎のアウトサイダーは、そういうことがなかなか言えません。猿之助、玉三郎の歌舞伎を見ると、もうそれだけに夢中になって、その見方で歌舞伎というものを全部見てしまう。草森さんは時流に麻痺したり、流行に付和雷同しなかった。柔軟性もあったし視野も広かった。

彼は中国の古典を大変勉強した人ですから、古典の凄み、正統派の、専門家の持っている怖さというものを知っていた。往々にして最後は、革新的に思えたものを古典が切り返してしまう場合があるから、もう少し見てみないとわからないと、よく言っていましたよ。

今の勘三郎も、前の勘三郎も、それから歌右衛門も好きだったと思います。歌右衛門には、裏千家の多田侑史《ゆうし》さんに連れられて、私と草森さん、それと高橋睦郎さんの四人で、歌舞伎座の楽屋で会ったことがある。三島事件が起きる二週間ばかり前のことで、皆んなで三島氏の噂をしたから、印象が深く残っています。

しかし一番のひいきは吉右衛門でしたね、間違いなく。吉右衛門は今、古典歌舞伎の第一人者になりましたが、彼をオーソドックスな古典派と見るほかに、彼のプラス・アルファに興味があったんでしょう。

いろいろ一緒に見に行きましたよ。吉右衛門の『俊寛』を平成になってから見たとき、「吉右衛門はすごいなァ」って言ってました。で、いつだったか、まだ昭和の終わり頃ですよ、「韓非子を新作で書いて、吉右衛門にやらせればいいなァ」って。それを何かの折りに吉右衛門さんに伝えたら、「韓非子ですか！」と驚いていましたがね。

草森・高橋・私と三人で先代勘三郎の『奥州安達原』の通しを見たこともあります。昭和五十年代の中頃でしょう。帰りに、岡本綺堂のお弟子さんだった老人（故・東儀弥彦氏）に誘われてニューオータニでお酒を御馳走になった。草森さんは老人の話を聞く気持ちのあった人ですね。

「演劇界」に書かれたのは、昭和五十六（一九八一）年二月号の「ほこり沈め」が最初だと思いますね。歌右衛門のことも書いています。私もちょっと登場します。いろいろと引っ掛けて引っ張り出してくるようなところが、さすがにうまいですね。

『西洋人の歌舞伎発見』（劇書房、昭和五十七年）を出した時、出版記念パーティーでスピーチをしてくれました。私が三十八、九歳の時ですから、草森さんは四十二、三歳ですね。「中村君に何でも欠点を言えと言われたけれど、考えてみたら、あんまりない」って言ってくれて、珍しくよくしゃべってくれました。『歌舞伎の星座』（新読書社、昭和六十年）には、〝しばらく」の声〟というすばらしい解説を書いていただいた。ちょっとほめすぎなんですが。

『天壇の西太后』（沖積舎、平成元年）という戯曲を書いたときは、アドバイザーをお願いしたんですよ。草森さんは、中国のことを知悉していたが、実際に中国へは行きませんでしたね。行かなくてもわかると言って。書き上げたあと、「避暑山荘の西太后とか、円明園の西太后とか、場所を変えて君には書けると思うけど、中国は恐ろしいからやめたほうがいい。魔宮、迷宮だから、底なしの沼に引きずり込まれるよ」と言われました。ちょっと不愉快だったんじゃアありませんか？　自分の足元を荒らされるようで（笑）。

私がハーヴァードに行く仕事があったとき、燕京《エンチン》図書館に「李賀」についての海外の論文があるはずだからと頼まれてコピーを取ったことがありますね。丸一日かかりました。それを送ってお礼状をもらったのが、草森さんからの唯一の手紙じゃないかと思います。

勘九郎の会「ゆ会」

勘九郎（後の十八代目中村勘三郎）さんを中心にした会の幹事をやってました。勘九郎氏がまだ二十三、四歳ぐらいの頃で、推理作家の小泉喜美子さん、国文学者の松田修さんやサイデンステッカーさん、茶道研究の熊倉功夫さん、高橋睦郎さん、草森紳一さんなどと一緒に、よく集まりましたよ。草森さんがそういう会に出るっていうことはあまりなかったんじゃないですか。年に三回ぐらいでしたが、ほとんど出てきたと思います。

ゲストとして、勘九郎のお父さんの勘三郎氏が出てくれたこともあったし。これは大変なことでした。それに吉右衛門も一度来ましたね。それから福助もきた、今の三津五郎の八十助も来たし。そりゃ、勘九郎が呼んでくるわけですよ。吉右衛門のお兄ちゃんを誘えとか、寿《ひさし》（三津五郎氏の本名）にも声をかけろよ、とかってね。

勘九郎が「ゆ会」って名前をつけたんです。愉快にやろうよにひっかけて。私は「一期一会」って言葉が好きなんですけど、彼（勘三郎）は大嫌いだと言うんですよ。一生に一回会って別れたなんて、何の意味もない、何度でも会うところに良さがあると、こう言うのね。彼は忘れない人ですね、いろんなことをね。

「ゆ会」は目的が特別にあるわけじゃなし、みんなで集まって飯を食ってわいわいやるのが楽しかった。平成になるまで十年位続きました。

琴平の金丸座の公演にも草森さんと一緒に行ったり、「ゆ会」で二十名ぐらいで甲府に来て、そのときは草森さんは郡司正勝さんと列車で帰られたと思います。

昭和の終わり頃の寒い晴れた日に、宇野信夫さんの西荻のお宅へ草森さんと一緒に伺ったり、思いだすと楽しかったですねえ。

昭和六十三（一九八八）年四月に先代勘三郎丈が亡くなった時には、七、八人でお宅へ行って、夜遅くまでどんちゃん騒ぎをして勘九郎氏を慰めたこともありましたね。

最近、勘三郎氏に会ったら、向こうから「草森さん亡くなりましたね」って。また「ゆ会」やろうよって言われたんですが、小泉喜美子さんも松田修さんもサイデンステッカーさんも、つぎつぎと亡くなって、僕らは「生き残り」ですねって。寂しくなりました。

私と草森さんとは、同じところ、重なるところが少なかった。だから良かったのだと思います。同じものは互いに理解しあうことが深くても、合う合わないは別ですから。似たところが多いと、かえってそりが合いません。井伏先生が、「もの書きがもの書きに惚れるとライバルになるよ」とおっしゃっていましたが、私と草森さんとでは、その心配は無かった（笑）。

本についてもね。私はわりと昔から本に執着がなくて、転居するたびに一部は売ってきました。そしたら草森さんは、「君、本を売っちゃだめだよ。売っちゃうとその人間のエネルギーが取られちゃうんだから。それを背負ってかなきゃダメだ」と言ってましたけどね。

結局、ものを書く人たちというのは、自分の生活を犠牲にしてまでね、本ということになるからね。本が生活の凶器になる。そうならなければ、あれだけ沢山のものは書けないわけですね。

「健康が許されなくなったら、オレなんか独身主義を捨てて結婚してしまうかも……」そんなことを言ってましたね、四十代の終わりぐらいのときですよ。おやおやと思った。そういう意味では一面でご都合主義の人ですよ。身勝手なところもあった。自分と自分の境界を護るためでしょう。私はどちらかと言うと求心的に生きるほうだと思うけれど、草森さんは遠心的に生きた人じゃないでしょうか。

彼は人間への洞察力が深くすぐれていたので、個人的なこともいろいろ相談に乗ってもらいました。「中村君みたいなひとには会ったことがない。話を聞いていると、女房みたいな気持ちになっちゃう」なんてぼやいてましたけどね。

人間の出会いって不思議なものですね。草森さんとの付き合いは、堂本正樹さんが開いてくれた道です。堂本さんが高橋睦郎さんを、高橋さんが草森紳一さんを紹介してくれたんですね。堂本正樹、高橋睦郎、春日井建、草森紳一。この四人は、私にとって年上の手ごわい友だちですよ。

教えられるところも誠に多かったが、正直、お付き合いには手古摺《てこず》りました。向こうも少し手古摺ったかな（笑）。私も最近、老母の介護から解放されたので、久しぶりに鎌倉の堂本さんを見舞った。意外に元気で、相変わらず面白く楽しい人ですよ。

春日井さんと草森さんが、鬼籍に入られたけれど、後味が違う。春日井さんとは亡くなる三箇月ほど前に、何年ぶりか電話でしばらく話しました。声が掠れていたが、その時の、それこそ一期一会の言葉が、じつに良かった。山梔子《くちなし》の花の匂いのようなものが残った。さすがに名歌人でしたね。向こうで私をいちばん呼んでいるのが草森さんでしょう。「君、もういいから、来たら」ってね。でも、生きるのは切《せつ》ないけれど、一寸まだ行きません（笑）。

話は尽きない。草森さんのことを思い出すと、話は尽きませんね。

（二〇一〇年七月二十六日談）

永山武臣『永山武臣・泰子夫妻 対談集』を読む

旧聞になるが、昨年すなわち平成三十（二〇一八）年は、昭和後期から平成中頃にかけての四十余年間、長く劇界の牽引車であった松竹前会長・永山武臣氏の十三回忌に相当した。その歳末、ご遺族と松竹の有志によって編まれた追悼の一冊が、拙宅にも寄贈された。何か感想でもと思いながら、改元前後の日々の慌ただしさに取りまぎれて延引、ようやく手向け草にもならない小文のペンを執る気になった。

題して、『永山武臣・泰子夫妻 対談集』。ちょうど四半世紀前の平成六（一九九四）年に月刊誌「味の手帖」に連載された、永山氏夫妻と著名人との対談を再録した一冊。当時の社会に許された、名人・名女優・実業家・文化人の十名（十組）の分が収録され、いわゆる雑談であり、文字通りの四方山話だが、いずれにも豊かな読み応えがある。

以下に登場順に、その対談相手の氏名を掲げる。

清元志寿太夫・栄三郎
杉村春子
村上元三・敦子夫妻
齋藤裕・信枝夫妻
山田五十鈴
河竹登志夫・良子夫妻
井上八千代
久邇邦昭
三田政吉
湯木貞一

すでに現在、ほとんどが鬼籍に入り、生存者は少ない。
彼らによる、体験談や苦労話や食談義、世の中の裏表と出処進退と礼節、芸道修行や事業開拓の厳しさ、人びとの出合いの不思議さなどには、学ぶものが多いし、多くのエピソードには掬《きく》すべき味わいがある。

永山武臣

そして今から考えると、登り坂の盛時とも言えた昭和後期に大成したメンバーだけに、そこには共通して〝人間賛歌〟のようなものが感じられる。人生を回顧して肯定する、自信や満足感が窺える。

今日のような、脱力・劣化・低下への将来不安の影が、ここにはまだ射し込んでいない点が、この対談集の読後感を、或る幸福なものにしている。

そうした意味でも、〝ベル・エポック〟昭和後期への、これは墓碑銘のごとき対談集である。

この十名（十組）との対談には、松竹本社のゲスト・ルームが使用されたのではない。永山氏夫妻はホストとして、これはと言える然るべき場所を設けて、彼らを手厚く持て成した。以下、その場所を列記する。

関西割烹「つる寿」（虎ノ門）　志寿太夫の子息が経営
中国飯店（六本木）　杉村春子のお気に入り
吉兆（銀座）　村上元三のご贔屓
懐石料理「松山」（新橋）　財界筋がご贔屓
金田中（木挽町）
新喜楽（築地）

井上流お稽古場（京都）
懐石料理「口悦」（赤坂）
濱田屋（玄治店）　三田政吉が経営
吉兆　湯木貞一が経営

という次第で、その後に閉店した所もあるが、やはり何と言っても、高級料亭が肩を並べている。ということは、そこに在る洗練された和室、いわゆる立派なお座敷で、当時の社会の中枢の人びとは談笑し、団欒して、まだ或る程度まで自然に和室の空間を使いこなすことが出来たのである。

座敷の風格、床の間の掛け軸の選択、襖絵の趣き、調度の配置、由緒ある食器に盛られた料理というアンサンブルの中で、人びとは四季の変化を感じ、芸や舞台や歴史について語り合い、時には音曲に耳を傾けることが、準生活圏内のものとして、普通に出来たのである。

然るに、当時から約四半世紀前の昭和四十年代、すでに日本人の実生活の中で、和服・着物は有効性を喪失していた。それから半世紀後の令和の今日、それは実生活にはほぼ無力な、日本人にとって異邦者にも等しい、ぎこちないファッションでしかない。

そこで記憶の糸を手繰ると、明治生まれの先達の幾人かは、むしろ洋服に距離感があったと思う。劇評家の三宅周太郎は客席でも和服、自宅でも半纏を羽織っていた。真夏に一度だけ、先生の開襟シャツ姿に接している。

井伏鱒二また同様、川釣りにはズボンを穿かれたが、いつも日常は和服だった。僕が「先生には、洋服はお似合いにならない」と言ってのけて、先生を憮然とさせた。

次の大正生まれの戸板康二の場合、自宅での着物姿を誌面で見た覚えはあるが、招待席では常に背広を召しておられた。三島由紀夫も、正月には自宅で袴を穿く時もあったようだ。永山氏は同世代であり、記念興行の手打ち式などには紋服だが、劇場のロビーでは一貫して洋服だった。大正生まれの世代までは、自宅では和服、外出時には洋服という、生活の二重性が存在したのである。

昭和生まれの戦後育ちの世代になると、少年期までは兎も角、僕などは、昭和四十年代の末頃にはキモノと縁が切れた。というのは、キモノとは一心同体の和室、それを支えるタタミの部屋が、見る見るうちに一般世間から減少していったからだ。

そして平成年代の中頃、遂に〝和室空間〟の社会的な効力は崩壊したと見ていい。料亭で行われていた政治家の会合が、森政権をどん尻にして、次の小泉政権になるやホテルの酒場へ移行したという、まことにシンボリックな噂が聴こえて来た。やがて、高級料亭が観光ショーで日銭を稼ぎ、和風温泉旅館は介護施設に転向する〝お座敷受難時代〟が始まる。

日本人は結局、もはや和室を使いこなせなくなってしまった。とっくにキモノを棄てた彼らにとって、これは当然の帰結だったろう。最近の新築される都会の住宅には、フローリングの床ばかりで、タタミの部屋などは無いのだ。

僕などは今、立派な座敷に通されても、そこに在る脇息《きょうそく》や衣桁《いこう》を、自在に使いこなせない自分に、ふと哀しみのようなものを覚える。

文学賞の選考が、相変わらず高級料亭で行なわれているようだが、佐藤春夫や川端康成が選考委員の時代には、些かの違和感も無かったお座敷が、現代作家だと借りてきた猫のようにそぐわない、何か空虚なセレモニーの場に見えてしまうのである。

このように考えると、永山氏夫妻をホストとする対談集のメンバーは、より和服が日常的に身近で、かなり自然にお座敷を使いこなせる、最終末期の日本人たちであったということが言えよう。

永山氏その人も、和室空間の中で、名人クラスと対座して親睦しつつ、人びとを仕切り、仕事の話も決められる、もしかしたら最後の興行師であったかも知れない。

尤も今日では、この〝興行師〟という言葉が死語に近いのである。木村錦花の『興行師の世界』（昭和三十二年）という興味深い本があったが、それは一口に言えば〝勝負師〟の世界である。善と悪と機略とが交錯する、明暗の戦国絵図である。

もちろん永山氏は近代人であり、非常な読書家でもあったらしいが、その会長時代の在りし日の胆力と気力を偲べば、こうした世界の余臭を帯びた〝最後の人〟であったろう。

さて、僕の年齢になると、ふと過ぎし昔に先人から享けた厚意が思い出される時間があり、気が付くと目頭が濡れていたりする。

決定版『三島由紀夫全集』第三十八巻・書簡（新潮社、平成十六年）には、中村哲郎宛の手紙が一通、葉書が二通収録されている。昭和四十三（一九六八）年十一月二十八日付の葉書には、以下のように短く用件のみが達筆で記されていた。

前略
本日電話で御連絡申上げた松竹永山重役との会見の件、小生がお引合せいたしますから、左記日時にお出でいただき度く存じます。
十二月十日（火）
午後四時ちよつと前
築地松竹本社裏側事務所入口の椅子

東京都大田区南馬込四―三二―八
三島由紀夫

文中の「電話で御連絡申上げた」とは、詩人の高橋睦郎氏を介しての電話で、「三島さんが、貴方を永山重役に紹介したいと言っている」という事前連絡を指している。

当時の僕は、国立劇場を退職して一年余、二十六歳で遊民生活だったが、多少の物は書き始めていて、それを三島氏が読んで下さったらしい。念のため「もう劇場勤めをする気持ちはありません」と答えると、高橋さんは「いや、今後のためでしょう。三島さんの善意です。私も同行しますから」と言ってくれた。

僕は、有り難く歓んでお受けした。

当日の夕刻、僕たちが指定の場所で待機していると、間髪を入れず時間厳守の三島氏が現われ、久しぶりに会う僕が少し肥ったのを見て、「おや、また栄養が付いた！　中村君、楯の會に入ったら」と、破顔一笑された。

氏に連れられて、上層階にある重役室を訪ねた。永山重役は、三島氏とは学習院時代の同窓で、ほぼ同年代だが、まだ当時は大谷竹次郎会長の在世中だった。

三島氏は「この人は、面白いものを書くんだ。ぼくの悪影響も少しあるが。歌舞伎が好きなんだな。何かの折りには宜しく」と手短だが、親切に中村哲郎という若者を紹介して下さった。

それに対して、永山氏から返って来た言葉が、今もって思い出される。「まァ歌舞伎は、何と言っても名優の、名優による、名優のための演劇ですからね」と。この一言には、いろいろな意味が籠められていたと思う。三島氏が「それは、そうだ」と相槌を打った。

それから小一時間ばかりは、雑談にして放談だった。永山氏のような人の傍で、三島氏が仮借ない俳優評をするのには、驚かされた。僕や高橋さんが知らない、人名や場所や出来事も話題になり、お二人は暫し興じていた。

ちょうど三億円強奪事件が起きた直後で、三島氏が「あれは面白い。あれは歌舞伎になる。葛籠《つづら》背負ったが可笑しいか、の五右衛門だよ！」と言って哄笑されたのを、妙に覚えている。

重役室を辞去して屋外へ出ると、もう暗くなっていた。三島氏は「八時から夕食の約束があるが、時間がちょっとあるから、一緒にお茶を飲もう」と言われた。僕は、とても嬉しかった。

我々三人は、ざわめく歳末の夜の街中を、築地から銀座の東急ホテルまで歩いた。氏は潑剌として、僕たちに語り掛けてきた。「永山はね、大谷の爺さんの教育が、骨の髄まで染み込んでいるんだよ」と。そして「歌舞伎の演出なんて、余程の政治家でないと出来ない。久保田万太郎は、そりゃア人の頭を撫でるのが巧かった」と。——

翌々年の九月、僕は最初の本『歌舞伎の幻』を出版した。序文を三島氏に書いて戴いたので、永山重役に一冊を郵送で献呈した。

十月初めの某夜、六本木の篠山紀信さんの事務所でパーティーがあり、招かれて出席すると、ポロシャツ姿の三島氏が来られた。

「松竹の永山が、君の本を褒めていたよ。何部刷ったの？」と、氏に訊かれた。「二千です」と答えると、「そりゃア、凄い」と言って、氏は微笑した。これが、僕が氏と交わした最後の会話だった。

十一月二十五日、三島氏は自刃された。

三島氏の死から永山氏の死までの三十六年間、永山氏と僕との関係は従前と同様、一定にして不変だった。氏は、長期にわたって劇界を統括した最高実力者であり、僕は客席から舞台を視つめる、一介の批評家であった。

もっとも、雑誌に新作の劇評や新聞に海外公演のレポートなどを書き、その後に氏と劇場の廊下で擦れ違ったりすると、「この間は有り難う」と何度か礼を言われたことはある。

歌舞伎の海外公演視察のため渡航、かの地の劇場やホテルのロビーで遭遇すると、氏は決まって「ご苦労さま」と労いの言葉を掛けて下さった。

これは一種のカンだが、氏は僕に遇うと、〝三島氏が連れて来た若者〟という印象が、ずっと長い間あったのではないだろうか。よく考えると、そのことは僕にとって、けっして小さなことではなかった。それは三島氏が発行し、旅立つ若者に与えた、言わば〝劇界へのパスポート〟だったのである。

三島氏の死後十二年して、やっと僕は二冊目の著書『西洋人の歌舞伎発見』を刊行できた。もちろん、永山氏にもお送りした。

それから暫くして、確か国際演劇協会主催のシンポジウムが、国立演芸場で催された折り、客席で永山氏にお会いした。と、氏は「いつかは良い本を有り難う」と言われ、ハッとするような大きなお声で、「三島さんが歓《よろこ》んでいるよ！」と一言、怒鳴るように仰有って下さった。これには僕は、酷《ひど》く感激した。

手前味噌の後日譚がある。やがて大冊『歌舞伎座百年史』全三巻の発行が予定され、その編集業務を亡き金森和子氏が担当された。

在る日、歌舞伎座の一隅で、たまたま金森さんにお会いすると、次のような挿話を伝えて下さった。「先日、会長が編集室に見えましてね。中村さんのご本を持参されて、これを参考にしたらと仰有ったんです。『西洋人の歌舞伎発見』でしたよ」と。

これを聴いて僕は、正直嬉しかった。大の読書家として聞こえ、新刊の演劇書の誰もが気付かない盲点さえ、時には指摘するという永山会長である。〝永山賞〟を頂いたような気持ちがした。

永山氏の最晩年になって、親しく対話できる貴重な機会が、一度だけあった。

平成十七（二〇〇五）年秋と記憶するが、僕と岩波書店・編集局の吉村弘樹氏は、金森和子さんに伴われて、築地の東劇ビルにある松竹本社の会長室のベルを押した。近く刊行予定の拙著『歌舞伎の近代』には、俳優・舞台関係の写真が多数掲載されるため、その使用許可への協力をお願いすべく、揃って参上したのである。

会長室は東劇ビルの高層階にあって、近隣の歌舞伎座の全景が眼下に眺望される広々とした一室に、すでに老齢の大柄の氏が、唯一人で鎮座して居られた。

金森さんが口火を切ってくれて、出版の運びになった経緯が述べられ、吉村氏が内容の説明と写真の必要性について話し、僕は黙ったまま頭を下げた。

永山氏は即座に、「意義のある仕事だと思うから、協力しましょう。担当の方面に伝えて置く」と応諾された。そこで吉村氏が用意して来た、雑誌連載時の全文コピーをお見せすると、氏は「どれどれ」と仰有って、一枚一枚を丹念に捲《めく》りながら目を通して下さったので、相当に時間が掛かった。とりわけ、戦後の新作歌舞伎について記述した部分になると、みずから企画・制作された作品が多かったせいか、あれこれと回顧談が飛び出し、思わずメモを取りたくなるほどだった。

三島由紀夫の章になると、氏は僅かに一言、「三島さんは、死ぬのが早過ぎた。余りにも若過ぎた！」と、嘆息された。この言葉には、妙に生々しさが籠もっていた。

そこで、僕から氏にお尋ねする件を思い付いた。三島氏の新作を歌舞伎とすれば、例えば菊田一夫・脚色『さぶ』を新作歌舞伎として扱う可否について問うと、「それは構わないのではないか」というお答えが返って来た。

ついでに、在る作家を取り上げて、もう一人書き足して論ずべきかを伺ってみたが、「それは要らないだろう」と、あっさり片付けられた。

全部のページを見了《みお》えると、氏は「いい本になる」と呟かれ、語を継いで「しかし真面目な本だから、売れるのかね。何なら俺が、売って上げるよ」と、あの独得の笑顔になった。

これには僕も、若い吉村氏も驚いたが、さすがに吉村氏が「有り難うございます」と返し、僕は照れ臭くなって、押し黙った。

永山氏が京大ご出身で、吉村氏も京都生まれだと分かると、「京都に生まれたというだけでも、大変なことだよ」と、氏は上機嫌であった。

窓の向こうの銀座の街が、夕闇に包まれた。僕たち三人は辞去すべく起立し、僕は携帯した帽子に手が伸びた。と、氏が呼び止め、「その帽子を、そこで被ってご覧」と仰有る。で、被ると、「うん、好いよ。古風だ。貴方も歳を取ったね」と言われた。

僕たちは一礼して、会長室を退出した。僕が永山氏の風貌に接したのは、この日が最後だった。

ところが、これでお話が終わったのではない。

その夜遅く帰宅すると、永山氏の短い言葉とお声が、何と留守番電話に吹き込まれていた。「貴方の本について申し上げたいことがあるので、明晩拙宅まで電話を下さい」と。

翌日の夜、ご自宅へ電話を入れると、直ぐに氏が出られた。

永山氏「昨日のコピーを見て思ったことだが、もっと坪内逍遥について書いた方がいいよ」

僕「逍遥については、この本の序説に可《か》なり書きました」

永山氏「それなら良いが、作家の並べ方の順も、先頭が山崎紫紅ではね。やはり逍遥がポイントだよ、君。歌舞伎の近代と言えば、何と言っても逍遥から始まるんだから」

僕「そうですが、日露戦争以後を扱ったので、紫紅・綺堂になりました。久保田万太郎も三宅周太郎も、紫紅を先駆者として評価しています」

永山氏「久保田さんは分かるが、如月（青子）さんなども、さァと言えば三宅先生が、と言う。そんなに偉いのかな……」

僕は、永山氏が演劇史を熟知し、確たる認識を蔵していることを痛感した。近代は逍遥から始まる、という見方も、拙著の弱点を衝いていた。だが、氏のご親切は嬉しかったが、既定の方針を変えるわけにはいかなかった。

ところで、かつて宇野信夫先生は、「永山君は、どうも下手な作者に力を入れる。下手な作者が贔屓《ひいき》なんだな」と、訝しげに言われことがある。――だとすれば、或いは僕なども、永山氏にとって〝下手な批評家〟の一人だったのかも知れない。

翌年の夏、やっと拙著が出版された。その頃になると、すでに氏が出社される日は少なくなっていた。が、郵送するだけでは何か気が済まず、僕は築地の不在の会長室に出向き、秘書に託して一冊をお届けした。

数週間後、タイプで打ち込まれた礼状が配達された。差出人は、松竹会長・永山武臣である。文面には「有意義な御本の刊行、慶賀の至りです。歌舞伎にとって、新作は大切です。わざわざ社までお届け下さったよし、有り難うございました」とあった。

やがて河竹登志夫先生が、永山氏について書かれた文章の中に、土井晩翠の叙事詩『星落秋風五丈原』の一句「丞相病篤かりき」が、引用されているのを目にした。

永山氏の青山斎場で行われた葬儀の日には、東京に木枯らし一番が吹き抜けた。参列者すべての香典が辞退された。

僕たちが知る中年以後の永山氏は、大柄で恰幅がよく、笑顔には独得の愛敬があった。『三国志』に登場する偉丈夫のような、いかにも実力者らしい押し出しを持っていた。学習院時代の同窓で、個人的にも親しかった劇評家の如月青子女史は、「若い頃の永山さんは少しスリムで、いい男でした」と言われ、「敗戦後の東劇勤務時代には、中村屋の小山三《こさんざ》が岡惚れして、小山三さんも男を見る目があったのよ」と、回想されたことがある。

お芝居の世界らしい罪のない逸話だが、永山氏も、如月さんも、小山三丈も、今や世に亡い。泉下のお三人にお許しを願って、貴重な思い出話を特記して置く。――

（二〇一九年七月執筆）

三島由紀夫　衝撃と新生

中村哲郎です。本日は、三十一年ぶりに竹本忠雄先生にお会いし、宇宙論的な拡がりのあるお話を承りまして、感銘が深うございました。そのあとで、ずっと視野を縮小していただきまして、わたくしの先輩たちと三島由紀夫氏をめぐる出来事、そういうお話をさせていただきたいと思います。これまで、わたくしは三島由紀夫と歌舞伎について書いてきましたけれども、今日はちょっと角度を変えまして、そういうテーマにいたしました。甚だ不調法ですが、短い原稿を用意してきましたので、それを読ませていただきましたあと、質疑応答などを通じて、若干のお話をさせていただければと思います。〔以下、原稿による〕

三島由紀夫は生前、年少の戦後育ちの若者たちの中から、しばしば刮目に価する才能を発見しました。春日井建の前衛短歌、堂本正樹の能楽や浄瑠璃の研究、横尾忠則の商業デザインなど、伝統文化の力が、敗戦後の新世代にまで鮮烈に甦る、逞しく潑剌とした状況を欣《よろこ》んだのです。それは取りも直さず、かつての十代の三島自身の在り方とも重なりましたから、彼らはそれぞれが三島の分身と言えたでしょう。

三島の素晴らしい賛辞と、当時の煌めくような魔力の前に、三島との距離を保てる若者は少なく、その結果、ほとんどが自己を喪失しました。三島の反社会的な行動による異常な死は、彼らを真空状態に陥らせ、さながら十二使徒の放浪にも等しい、脱力と無為の日々が訪れます。春日井建は短歌と訣別して流離し、堂本正樹は薬害に苦しんで退嬰的な生活を送りました。

三島自裁後、ほぼ十年の歳月が経過し、春日井建は、ようやく伝統定型律の短歌と歌壇とに復帰して、病没するまでの四半世紀間、あの輝かしい処女歌集『未青年』を深化させた、円熟の作品を幾つか世に問い、名歌人としての生を全うしました。知命に達した堂本正樹も、復曲能の演出や代表作『世阿弥』の執筆に打ち込み、病臥するまでの約二十年間、おもに能楽の世界で活躍したのです。

春日井や堂本の後半生には、言わば伝統からの福音がありました。伝統が彼らを救済し、彼らは伝統に立ち返って、まさに新生したのであります。付言すれば、三島の『「歌舞伎の幻」序文』によって、わたし自身も演劇評論家として旅立つ幸運を得ましたが、三島死後しばらくの漂泊を経て、やはり今日まで歌舞伎と共に生きてきました……歌舞伎の恵みを思わざるを得ません。

今回のこの「衝撃と新生」というテーマは、三島由紀夫の若き日にこそ、大きなスケールで生起しました。伝統文化の申し子であった天才少年にとって、未曽有の敗戦による衝撃は深く大きく、欧米化する戦後を乗り越えるためには急転、西洋の論理と修辞によって再武装し、謂われるところの攘夷から開国へと飛躍、わが身を火と化して新生するほかに方途は無かったのです。

逍遥、鷗外、漱石らの日本の近代文学の確立は、明治の民族精神に支えられていましたが、その和魂洋才の系譜に列なる、三島は最後を飾るランナーになりました。けれども、根底には血肉化された伝統の力が横たわり、それからの福音が、彼の書いた現代のロマンス、物語小説や物語戯曲の虚構性と普及力と浸透度を高めています。

三島由紀夫は、二十世紀文学という地点に立てば、民族への愛ではガルシア・ロルカと、民族の復興ではウィリアム・バトラー・イェーツなどとの対比も考えられる国際的作家ですが、しかし三島は、いわゆるグローバルで空疎な、根のない世界主義者ではなかったのです。

三島には勿論、疾風のごとく駆《は》り去った東西の夭折の星々と同様、その生活には底知れないデカダンスの闇が潜んでいました。けれども、そうした深い夜の闇から蹶然《けつぜん》飛翔した、美の理念と民族の魂への祈りが、彼の謎の殉教を後世において完璧に浄化したと言っていいでしょう。

三島晩年の政治的事象や風俗現象の数々、死後にメディアが拡大したいわゆる血とエロスの過剰な伝説など、それらの煙幕が吹き払われ沈静化されて、時の流れによる三島像への客観性が回復されつつある現在、三島の真姿と三島文学の本質とは、以前よりも明確になってきたのではないでしょうか。

簡単ですが、これで終わりです。(拍手)

司会(井上隆史)　ありがとうございます。大変感銘深く拝聴いたしました。私から幾つかご質問などもさせていただきながら、時間の許す限り、会場の皆様ともお話ししたいと思います。

今のお話の最後のところで、「民族の魂への祈り」によって浄化される、清められる、ということを仰有いましたが、三島には、その祈りによって向かってゆく方向性とともに、祈り以前の原質があり、その両面があるということが、三島の特質なのだろうかと思います。そこのところは、いかがですか?

中村　逆にこちらから井上さんに伺いたいようなお話だと思います。私は、特に三島文学を研究してきたわけではないのですが、昨日から、いろいろお話を伺って思うことは、やはり三島さんの頭脳的な所産ですね、『文化防衛論』とか、いろいろあるようですが、それ以外に、三島さんが一人の人間として持っていたものがあるのではないかということですね。二十歳で敗戦を迎えているわけですから、同世代の若者たちが南海に散っていったことへの思いはあったと思います。

司会 そのお言葉を深く受けとめたいと思います。会場から、佐藤秀明さん、どうぞ。

佐藤秀明 若い芸術家が三島由紀夫に認められたことの喜びと幸運と、それから、それ自体が異様な重みを持ってしまって、その人の人生をある意味では狂わせてしまうところもあったというお話として承りました。春日井建さんの肖像が今スクリーンに映っておられますが、『未青年』という歌集で歌壇に出て来て評価されて、注目を浴びることになったわけですけれども、今のお話にありましたように、なかなかその後が続かなくなってしまったというところがあります。

その春日井さんの『未青年』には、三島由紀夫の例えば『仮面の告白』などに通じるような、鋭い刃を感じさせるような歌が幾つもあったかと思います。しかし、「歌の家に放蕩児が帰ってくる」というようなことをたしかご本人が書いていたかと思いますけれども、実際に復帰をしますと、歌の調子が変わったんじゃないかというような感じを私は持っておりまして、お母さんと二人で暮らすようになって、年老いた母親と一緒に散歩に出たときの歌とか、それから、病気が悪くなって、日韓で開催したときのワールドカップのサッカーの歌は、ちょっとライトヴァースみたいな、軽みのある、歌自体は思い出さないのですけれども、歌人として大分変わっていく。その変わっていくところは恐らく、春日井さんの持っている歌の力だったと思うのです。一方で、三島由紀夫の力がずっと及んだのだろうと思いますが、そこのせめぎ具合ということはどんなふうにお感じになっていたか、その辺のことをお話しいただけますでしょうか。

中村　ここにある春日井建さんの処女歌集『未青年』の三島さんの序文が本当にすばらしい。輝かしい序文で、私は春日井さんからいただいた署名本がありまして、大切にしています。

こういうたとえはどうかと思いますけれども、コクトーとレイモン・ラディゲとか、いろいろな喩えを引きたくなるくらいに、三島由紀夫と春日井建というのは、運命的な文学的出会いであったと思います。しかし、三島さんに褒められるということは大変なことでして、その後の重圧というものはなかなか深刻だっただろうと思います。春日井さんは『未青年』以降、作品が出なかった。二度目の『行け帰ることなく』という歌集が出たのは三島さんが亡くなる年だったと思いますが、その第二の歌集にも三島さんは書評を書かれました。この書評は、昨日もレセプションで高橋睦郎さんと少し話をしたのですが、あんな冷たい批評はない。確かにそのとおりで、序文に比べますとまことに冷たい突き放したものです。私は、それを確か「日本読書新聞」かで読んで、その足でちょうど名古屋に行ったので、春日井さんに渡したんです。その場で読んで、「この通りだ」と言われましたね。それは覚えております。

それと、三島さんが亡くなる年の七月初めに新宿の中村屋で、堂本正樹氏の戯曲集『菊と刀』の出版記念会があり、澁澤龍彥、高橋睦郎、松田修、相澤啓三、いろいろな人が来ました。塚本邦雄は出ていなかったかな。そのときも春日井さんは来ました。その七月下旬に、三島さんから朝電話をいただいて、それは私の本についてのことでしたが、そのときに「先日の会に春日井が来ていたが、君が春日井に会ったら伝えてもらいたい。今、何をしたらいいのかということを考えろ」と言われました。続いて、「春日井は『魔』がなくなってしまった。演劇評論家も目を見張るような若々しい、みずみずしい文章を最初は書くけれども、みんなすぐ『魔』がなくなってしまう。君もそのことを考えてもらいたい」ということを言われました。それは私への言葉でもあったかもしれません。

今考えてみますと、「魔」がなくならなければ再出発できないんですよ。普通の人にならなければ再出発できないんだと思いますね。春日井さんはそれをやったわけです。そして、四十過ぎてから、いろいろな成熟された歌集を出されましたから、天才少年が普通の人になるということの苦しみはあったと思います。そういうところですね。

司会 ありがとうございます。これについては、いろいろお考えがおありのことと存じます。「魔」は、先ほど申しました、祈り以前の原質のところにあるのかもしれない。だが、その祈り自体が「魔」なのかもしれないし、「魔」は祈りの向かう先にあるのかもしれない。その点はいかがですか。

中村 三島さんは生涯、天才中の天才でしたから。

司会 そこをお聞きしたいんですが、三島の場合は、「魔」はどうなったのか?

中村 無くならなかったでしょう。駆り去った人ですから、見事に……。

司会 三島にとっては、「魔」が無くならないこと自体が不幸であり、苦しさであった?

中村 はい。それで、堂本さんについては「あの人は『魔』が無くならない」と仰有っていましたね。でも、普通は「魔」が無くなるんじゃないでしょうか。そして、「魔」が無くならなければ、そこからまた築き直していかなければ、やはり地に着いた本当のものは出てこないとも言えますすね。そう思います、私は。あえて三島さんに今のように申し上げたいような気持ちがあるんですよ。同時に、序文を書いてくださった三島さんの期待に添えなかった心苦しさのようなものが、私には残っているんです。

司会　三島由紀夫は……。

中村　はい、やはり特別な人でした。天に選ばれた特別な人でしたね。

司会　今、お手が挙がったと思います。

岡山典弘　岡山典弘と申します。三島由紀夫が『椿説弓張月《ちんせつゆみはりづき》』で玉三郎を抜擢しました。絶世の美少年、玉三郎を発見したときの経緯をお聞かせいただきたいと思います。

中村　これはどこかに書いたことがあると思うんです。照れ臭い派手な文章を昔書きました。三島さんが最初、玉三郎少年に出会ったときに、ちょうど私がそばにおりまして、その状況を見ていたわけなんですが、私は二十代初めに、国立劇場の職員で勤務していました。三島さんは理事でもありましたし、ときどき見物に来られます。かなり席を選り好みされる方で、鉄砲の席（一階席中央前方）をとっておいてくれというようなことで、なかなか三島さんの席を用意することは難しかったのですが、理事会のお帰りのときに「一幕のぞいていこうかな」ということを仰有って、そのとき十七代目中村勘三郎の『天下茶屋の敵討』が上演されていました。

天神の森の場、そこだけを見ていこうと。忙しい人でしたから全部はご覧にならない。それを三、四十分だけ、良い席でのぞいていただきました。私はロビーで立ってお見送りをしたんですが、場内から出てきた三島さんは「おいおい、今、大変な美少年がそばにいたよ。あれ誰なんだろう」と、その一言だけを残してお帰りになりました。私もちょっと興味が出まして、どういう美少年かなと思いまして、今だったらそんなことはしないのだけれども、若いときでしたから休憩時間にすぐ、三島さんが座った席に行ってみました。そうしたら、そこに当時十七歳だった坂東玉三郎がおりまして、「ああ、あなたでしたか」というやりとりがあったわけでございます。

その後また少ししまして三島さんが劇場へ来られたときに、ちゃんと覚えておられて「おいおい、あれは誰だった、あの美少年は」と言われるので、「あれは坂東玉三郎といいまして、守田勘弥の養子ですよ」、「ああ、そうか。どうりで幕内の子だと思った。あんな綺麗な子はないよ」と仰有いましたね。これが三島さんと玉三郎の出会いだと記憶しております。このことは、いまだに玉三郎さん、玉ちゃんは覚えていてくれまして、私に会うたびに「あのときはあなたが立会人なのよ」と言ってくださいます。あれは昭和四十二（一九六七）年六月のことですから、五十年近い昔のことになりますけれども、私も嬉しく、懐かしく昔を思い出します。

そのことがあって、『椿説弓張月』をお書きになったときに、まだ若かった玉三郎を白縫姫に抜擢したと、こういう経緯です。その舞台稽古のときに私も見に行きましたら、三島さんはちょうど楯の会の予行演習を国立劇場の屋上でなさっていて、一階の客席に降りてこられて、軍服を脱がれて、背広に着替えたのを覚えていますけれども、そのときに「玉三郎は綺麗だよ。こうやって間近で見ても、もうとにかく裏表綺麗なんだ。ただ、ちょっと背が高いから、膝の下を切り払ってやりたいと思う、っていうのはあるね」と仰有いました。そんなことです。

司会　ありがとうございます。中村先生は三島由紀夫のごく近くで、歌舞伎に関して幾つもの重要な場面に立ち会っていらして、お書きになった文章もたくさんございますね。

木谷真紀子　同志社大学の木谷真紀子と申します。私も三島由紀夫の歌舞伎作品について研究させていただいておりまして、今日は先生のお話を非常な感銘をもって拝聴しました。ありがとうございました。

こういう場でお聞きして良いのかわからないのですけれども、先生がご退職をされたときに、三島が激励のお手紙を先生宛に出して、先生がそのことについて、今後どういうふうに生きていこうかと思っていた若い自分に、どれほど大きな力を、その手紙が授けてくれたかわからないというような言葉を書いておられて、私はその言葉にすごく感激したんです。そして、このような申し方をして良いのかわからないんですが、『椿説弓張月』の、いわゆる失敗というか、過剰な演出などが三島自身の思ったところと違って、そのときに歌舞伎に絶望したというような言葉を三島は残していたりするのですが、そのときに、私は中村先生と三島は、歌舞伎への思いと、その上演までの色々な経緯などによる絶望も共有されたのではないかと勝手に考えていたのですけれども、何かご教示いただければと存じます。よろしくお願いいたします。

中村　三島さんは歌舞伎に絶望したということは仰有っていますよね。役者が言うことを聞かないとか、色々あったとは思いますが、歌舞伎という演劇の性格にもよるでしょうね。一言でいって、歌舞伎というのは様々な変容があっても、何があっても、泥の中をのたうち回っても生き延びていくという性質がある摩訶不思議な演劇ですから、昨日も高橋さんが三島のことを「本質的に詩人」と仰有ったけれども、三島さんの詩人的な資質と歌舞伎の安っぽい世俗的なものとの間には、本質的に相容れないものがあったようなんですね。そういう乖離から来る絶望感があったでしょう。能には、その種の絶望感は持っていなかったと思います。

　私も歌舞伎に対して、もう嫌だ沢山だという気持ちはいっぱい持っていますけれども、今、この歳になると、毎月劇場へ行くことが一つのビタミン剤になっておりましてね。ほかにやることがございませんから、毎月劇場へ行って、若い役者たちから電話がかかってきて「ああですか」、「こうですか」と聞かれることが一種の張り合いになっています。私は天才じゃありませんので、やはり三島さんなんかと比べようにも比べられない、これは凡骨のなすところで、しょうがないですね、いまだにうんざりしながら歌舞伎と付き合っています。馬齢を重ねているわけです。

司会　中村先生のお書きになる文章は本当に美しく、行間を読めば読むほど、その深い意味が現われ出てきて、しかし、読む側の当方が鈍いと、その深さを読み取ることが出来ない。ですから、こうして直接お話を伺うことは、私どもの読解力を深めるためのまことに貴重な機会なのですが、残念ながら時間となったようです。機会を改めて、ぜひまたお話を伺いたく存じます。ありがとうございました。（拍手）

（二〇一五年十一月十五日収録）

三島由紀夫　三島さんの馬面

三島由紀夫の知遇を得たのは昭和四十一（一九六六）年秋、国立劇場に勤務していた二十三歳の時で、それから自刃の年まで四年間、退職後も変わらずに、よく声を掛けて貰った。

最初の歌舞伎評論集に序文を書いて頂いたが、御礼は南馬込の邸宅へ伺って、郷里のワイン紅白二本を届けたのみだから、これは全く若者への無償の親切だった。期待に添えなかった後半生を、いつも恥ずかしく思う。

思い返すと、三島事件が起きた昭和四十五（一九七〇）年には短時間だが、五回ほどお会いしている。

七月初め、新宿・中村屋での知友の出版の集いに三島氏も出席、剣道の稽古帰りとかでポロシャツ姿、本身の日本刀を携えているのには、誰もがちょっと驚いた。

その前の五月某日、旧歌舞伎座の玄関ロビーで偶然、颯爽と入ってきた氏に出会った。誘っ

てくれた喫茶室で、

「先生は、背が高く見えますね」

と、先程見かけた折りの印象を言うと、

「俺の顔は役者のような馬面《うまづら》だから、そう見えるんだ」

と答え、例のごとく哄笑した。

三島由紀夫の背丈が低かったことを、今でも覚えている人がある。エレベーターに乗り合わせたりすると、その感じはあったが、ある距離から接すると、氏は必ずしも背の低い人には見えなかった。

有名な〝三島さんの馬面〟が、確かに小柄な全身を拡張して見せるマジックがあった。それに馬面と言っても、のっぺりした只の長い顔ではない。小林秀雄が三島との対談後、「あの顔が──」と呟いたという伝説があるくらい、それは〝異相〟に等しい鮮烈さを持っていた。しかも、あの両眼。

氏と話していて気付いたのは、何かに惹かれて視線が静止すると、眼中が暗緑色に澄んで燃えるように輝く、恐いような一瞬があることだった。物事の核心を見破る、焼刃のごとき逆照の眼。そこには天才の魔があった。

氏の背丈を高く見せていたものは、うわべの馬面だけではない。生に対する気合いと、燃焼力のためだった。背が低い人でも、名優は舞台に立つと、常に背が高くなる。考えると現在、やはり三島ほどの超名優は居ない。

そして〝三島さんの馬面〟の後ろには、なぜか馬面みたいな日本列島が見えてくる。

日本は緯度が南北に長い地形のため、面積は狭いが防衛海域が広く、実体よりも大きな島に看做《みな》される。島民は有史以来、瞬発力や集中力、吸収性や結束性にすぐれ、言わば「孤島の精神」のごとき何物かを培ってきた。

ところが今日、かつて三島が予言したような、「無機的な、からっぽな、ニュートラルな、中間色の、富裕な、抜目がない、或る経済的大國」に変質して、かなりの年月が経つ。

それどころか、単一民族的な意識が薄れ、家族としての日本社会の溶解が始まり、精神的な漂流期を迎えている。過去における極東の〝孤列島〟が、やがて世界の〝合衆島〟へと転生しても、何ら不思議はない。スメラミコトは女系に、オンナガタは女優になって消滅しても、もはや人びとの驚きは少ないだろう。

欧州では逸早く、ユーロ合衆国が誕生した。が、誕生するや、たちまちテロの世紀が襲来する。中東地域の若者たちは近年、日本の三島文学を読むそうだ。生命至上、経済優先、国境超越、民主政体第一という戦後の先進諸国の理念に対して、三島の美学や思想が白刃を突き付けるからである。

すでに西も東も、平和な時代とは言えない。中世の再来を説く識者もあり、予言者トッド氏のように〝国家再建〟の提言も生まれる。長命なら九十二歳の三島が、このような世界擾乱《じょうらん》の新情勢に際し、どんな名言を吐いたか、まことに興味は尽きない。

末尾に一つ、書いて置きたいことがある。故人没して半世紀近くしても尚、生前の隠された私生活や嗜好に関して、これを執拗に追究する向きがある。だが、疾走の果てに夭折した東西の天才の多くが、血塗られたデカダンスの闇を秘めていた。その闇から蹶起《けっき》し、彼らは飛翔したのである。

三島由紀夫の生涯と謎の自裁は、民族の魂への祈りによって、完璧に浄化されている。

（二〇一七年十一月執筆）

六代目歌右衛門　フェードルは誰か

ラシーヌの古典悲劇『フェードル』は、詩人ヴァレリーほかが、情念の宇宙、嫉妬の怪物、知性の肉の君臨、といった幾多の極め付きの評語を呈した、世界戯曲でも最高クラスの傑作。王妃フェードル役は、国葬というオマージュまで捧げられたサラ・ベルナールをはじめ、西欧数世紀の名女優たちがクィーンの座を賭けて挑戦、伝説化した稀有の大役。

近代リアリズムの影響下にあった時代の、日本の多くの舞台女優にとって、ラシーヌの詩的韻文の朗誦は、かなり勝手の違うものであったろう。

初代水谷八重子の椿姫は、色香が匂うようだったが、容姿秀麗でも薄肉のひとで、フェードル役のボリュームが不足。杉村春子の巧さは技術的には可能でも、灰汁と癖が強く、品格においてもやや疑問。山田五十鈴は〝肉〟は豊かだが、さァ〝知性〟はどうか。

現在の女優陣の顔も幾人か浮かぶが、やはりオビに短くタスキに長い。これこそという、まことの適任者が見当たらない難役なのだ。

早くも還暦の大竹しのぶが、今回、勇躍奮起して至高の難役に突撃、あらゆる蓄積を放出して善戦健闘するありさまは、まさに感動的と言っていい。役者というものは、こうでなくてはいけない（二〇一七年四月、シアターコクーン上演）。

だが、彼女の健気な芸欲や気魄には感心したが、必ずしもフェードルという人物それ自体に、残念ながら感銘が強かったわけではない。

彼女への感心と、役への感銘との間には、いくばくかの距離があるだろう。

僕が思うに、大竹しのぶは、白いシャガのような野の花だ！

四十年前、先代中村勘九郎と共演した『若きハイデルベルヒ』のケティの印象が、多少の変化があっても、ずっと僕には持続している。

大竹は生来、ひと口に言えば〝世話物の女優〟である。繊細で詩的な情味のあるヒューマンな境界、たとえばパニョールやサローヤンの作品を演ずると、彼女の右に出る俳優はないだろう。

フェードルという役は、調べてみると、じつは演じ方に二通りあるようだ。フランス近代の〝フェードル女優〟と謳われたラシェルの、その〝青銅の声〟は、神話のように厳かな堂々たる悲劇の力で、客席を圧倒したらしい。それに対して、後輩のサラの〝黄金の声〟は、高貴な女性が破滅する、惻々たる哀しみによって魅了した。

大竹は〝絹の声〟を持っている。どちらかと言えば、サラ型のフェードルだろう。しかし、時代物としての格調と量感、それに些か気品が不足する。このため、見せ場の嫉妬狂乱の〝情念の宇宙〟に、もうひとつ膨張力が感じられないのである。

とは言え、彼女が、現代日本を代表する女優の域に達しつつある事実は、率直に認めたいと思う。

となると、フェードルは誰か？　正真正銘のフェードル役者は誰なのか。

日本の演劇には、世界でも珍しい〝女方〟が現存する。彼らの立派な時代物の美しい役々が健在する限り、日本の舞台女優は世話物的な立場になってしまう側面がある。時代物の世界では、どうしても女方に勝てないのだ。

今日の女方俳優から、フェードル役者を選ぶとすれば、やはり坂東玉三郎を挙げなければ、礼を失する。だが、彼も資質的には椿姫組で、そのハーモニーの美学が、嫉妬の狂乱を敬遠するだろう。

ここで僕たちは、十六年以前に逝った一人の優人を墓場から、しんしんたる夜の花道へ呼び戻すことになる。

然り！　文字通り栄光と悲惨の舞台人生に殉じた、あの六代目中村歌右衛門こそ〝日本のフェードル〟だった。

周知のように、ラシーヌ戯曲の多くは、愛憎と情念とエロスが葛藤する劇構造と、野望と権力が相剋する政治構造とが、陰陽に重複して進行する。

歌右衛門その人の、何とも苛烈な戦いの人生が、けだしラシーヌ的世界であった。戦前における、女方というものへの社会的な強い重圧が、彼の上昇志向と、権勢や名誉への欲望や闘志を培った。もしも彼が、西欧戯曲の女性を演じたとすれば、それはラシーヌ作品しか無かったに違いない。青年・三島由紀夫の直感は正しかった。

そこで卑近な譬え話をする。

若かった僕という一人の観客、彼を仮にイポリットと呼ぼう。彼は最初に見た、七代目梅幸というアリシーが好きだった。梅幸アリシーには、判官びいきのような思慕すら懐いていた。ところが突如、背後から歌右衛門フェードルが急襲、拉致されて精神的に蹂躙された結果、心ならずも若者は歌右衛門を愛してしまった、というのが正しい。

〝フェードル的なもの〟に凌辱され焼棄された、若者の頃の精神の傷痕が、老いた今も、僕の胸を複雑に疼《うず》かせる。

それにしても、歌右衛門五十歳前後の全盛期における、かの玉手御前の狂熱的な邪恋の痴態は、まさに鬼気迫るようだった。怖い芸であり、怖いひとであった！

歌右衛門の権威化、いや聖化であり神化にさえ、僕は手を染めた一人であることを認める。けれども、今ここで、僕は〝ユダの言葉〟を記したい。〝お前はかつて、歌右衛門の舞台や人間を、本当に愛していたのか？〟と。

梅幸への思慕の念は、深まる時がある。雀右衛門に対しては、マラソン競技に勝った選手への敬愛を持つ。芝翫の晩年の幸福を、観客のひとりとして寿ぐ気持ちもある。ところが、〝僕の歌右衛門〟だけが違うのだ。彼の全生涯を見つめる時、ただ凄まじい荒涼としたものが吹き抜ける。あのフェードルの末路のごとく——。

（二〇一七年四月執筆）

Ⅲ　舞台回想

四国の琴平・金丸座の前で　エドワード・サイデンステッカーと著者。1986（昭和61）年４月27日

〝風、楼に満つ〟時代——戦後歌舞伎の昭和三十年代

はじめに

昭和三十年代とは、現時点で数えれば、ちょうど六十年前から五十年前までの十年間に相当する。筆者の年齢を明かすと、十二歳から二十二歳までの成長期にあたり、まさに昨日は少年、今は白頭どころか、早くも恍惚の人に近い。

昭和三十一（一九五六）年の経済白書に「もはや戦後ではない」という結語があるが、まだ世間一般の様相は戦後色が濃く、むしろ戦前・戦中の余臭さえ随所に残っていた。

三十年代の前半、保守合同と革新統一による五五年体制が発足し、日ソ国交回復から国連加盟、続いて安保改定交渉へと、焼け野原の二十年代にスタートした敗戦後の諸施策への、見直しや再調整が行われた。

この時期は歌舞伎においても、戦時より維持された劇団制の箍《たが》がゆるみ、他の劇団や異なる

分野との交流が始まった。前代の拘束に対する、これも一種の見直しだった。話題を呼ぶ公演や実験的な舞台も幾つか生まれたが、歌舞伎座再建直後のような活況は望めず、観客動員は減少傾向にあった。

それにも増して、関西では客離れが目立ち、当事者間に内紛が起こって、主要な俳優たちの離脱・休演・映画入りが相次ぎ、劇壇としての存立が難しくなった。有志による自主公演や少数グループの単独公演も長続きせず、そこには間違いなく〝歌舞伎危機〟が到来する。歌舞伎と現代との断層が絶望的に見えた。

当時、なお職場や家庭の内側に沈殿する封建的な要素が、歌舞伎の思想や劇内容を過度に古臭く思わせ、同質の分子を嫌悪し遠ざける心理・心情が、二十・三十年代の関西歌舞伎の低落に拍車をかけた。多くの人びとが、明朗で健康的な人間らしさや、解かりやすい近代的な合理性を求めていた。

安保反対闘争の政治的混乱の季節が終息する、三十年代の中盤を境目として、時代の動向と社会の雰囲気が変わる。所得倍増計画による高度成長が成功し、高速道路・白黒テレビ・インスタント食品・レジャーブームなど、あらゆる日常の変化がはじまり、四十年代以降の経済拡大と繁栄期への準備がなされる。

歌舞伎は三十年代の後半に入るや、八代目松本幸四郎ほか俳優三十余名の東宝入りにより、それ以後にも例のない激震に見舞われる。

この結果〝歌舞伎危機〟が中央に飛び火し、劇界に波瀾と動揺が生じて、ほぼ劇団制が崩壊し、幾つかの派閥や一門が分立する。昼夜二部制や有名女優参加の興行への是非、竹本や脇役陣の後継者難への論議等が、にわかに広範囲に沸き起こり、衰亡論すら口の端にのぼって、大劇場公演では空席が増える。

この様な激浪への窮余の防波策として打たれたのが、十一代目市川團十郎襲名大興行を皮切りとする、三年にわたる六つの襲名興行だった。果たせる哉、これによって興行収益が急上昇、かつ未曽有の歌舞伎ブームを招来し、ひとまず危機を脱する。

さらに国立劇場と新・帝劇という二大劇場開場の準備が進み、その上、團十郎の人柱にも等しい犠牲死が重なり、加えるに若手新星群の登場もあり、ようやく歌舞伎は次代の安定へと向かう。関西でも十三代目片岡仁左衛門の決死の奮起により、行く手に曙光が射す。

昭和三十年代とは、日本も歌舞伎も、戦前・戦中まで残存した前近代性を引き摺りながら、同時に新たな次の時代をも内包する、文字通りの過渡期であったと思う。緊迫した〝歌舞伎危機〟前後の種々相は、かの「山《さん》雨《う》来《きた》らんと欲《ほっ》して風楼《かぜろう》に満《み》つ」という名句に集約されても、何ら違和感がない。そこには、苦悩する日本と〝さ迷える歌舞伎〟があった。

〝歌舞伎危機〟と私

さて、三十年代の前半、わたしは地方都市に住む中学・高校生のひとりだった。

生家が温泉旅館を営み、正面玄関には下足番の老人がいて、訪客は履き物を脱いで入館した。それが自動ドアの開閉で、靴のままロビーへ入れるようになるのは、約十年後の四十年代前半である。

家中では紺絣の着物を着せられる日もあり、今日の若い男女がファッションとして纏う、ぎこちなく異臭を放つような和装とは違い、日本人の生活の半分が着物と共にあった、言わば着物が生きていた最後の時代だった。

女性間には盆暮れの贈答品として、草履や下駄を用いる習慣がのこり、その頃の歌舞伎座の地下には、履き替えのための赤い鼻緒をすげた草履が並べられていた。

わたしは二十年代の末に祖父母と一緒に、はじめて歌舞伎座へ行ったらしいが、食堂や売店の光景は思い浮かぶものの、肝心の舞台の記憶がゼロに近い。

中学生になった昭和三十（一九五五）年には、母親や家人に伴われて上京、どうしたわけか併せて四回、歌舞伎座と明治座を見た。

先ず、よみがえるのは新作『江島生島』の江戸城内の大名たちが長袴を捌く際の、そよ風のごとき衣擦れの音である。二代目市川猿之助の「鮨屋」の権太、七代目尾上梅幸の『娘道成寺』の花子、尾上菊五郎劇団諸優の『忠臣蔵』の役々など、おぼろに遠く一コマ一コマが眼窩に刻まれている。十七代目中村勘三郎の『西郷と豚姫《ぶたひめ》』のお玉にも、子供ながら涙ぐんだ、その頬の辺りの皮膚感覚が残る。

これが病み付きになり、翌年五月の連休には単身で上京、新宿駅で待ち受ける親戚の者たちと浜町へ行き、皆で明治座を見物した。七代目坂東三津五郎が『慶安太平記』堀端の松平伊豆守を演じたが、幕切れ近くの「苦しうない、行《ゆ》け〳〵」という台詞の、さながら赤子のように甲高い調子が、今も耳元にある。

翌々三十二年には、一・三・四・六・八月と、ほぼ隔月に上京し、ほとんど一人で歌舞伎座や新橋演舞場へ足を運んだ。チケットに関しては、窓口へ現金書留を送ると、折り返し希望日のものが配達された。

朝七時発の列車に乗り、車中で三宅周太郎の著作を読み、十時に新宿へ着くと国電に乗り換え、有楽町駅から徒歩で歌舞伎座の建物の前に立つと、当初は正直ほッとした。

昼食は百円のサンドイッチとオレンジ・ジュースで済ませ、終演後に晴海通りの向こう側にある第一書店で演劇雑誌を買い、新宿発・六時の車内で百二十円の〝鳥めし弁当〟を食べた。しばらく『プルタルコス英雄伝』ジュニア版に目を通し、雪の笹子峠を越える辺りからウトウトしていると、夜九時終着、帰宅は九時半頃になった。地方在住で昼の部のみの観劇が多かったが、十四歳のわたしには幸福無上の一日だった。

おかげで正月の演舞場では、何と志賀直哉が隣席にいてサインを戴けたし、三代目中村時蔵の珍しい「時雨《しぐれ》の炬燵《こたつ》」の治兵衛の白塗りの長い顔、七代目三津五郎の江戸前の薄焼き煎餅のような滋味に富んだ『かぼちゃ源太』の軽い手振り、また喜多村緑郎の『稽古扇』のお綱の枯れ切った世話の芸など、これら名優・名人の最晩年の舞台の風姿に、幸運にも辛うじて接することができた。

しかし、これでは数学の成績が急降下するのも、理の当然という他はない。往時の流行歌に〽オーイ中村君チョイト待ち給え」というのがあったが、実際、ここらで方向を転換すべきであったのかも知れない。時あたかも、人工衛星スプートニク一号が打ち上げられた。同世代の歌人・春日井建の『未青年』に、

月船が宙ゆく明日《あす》の世代よりとりのこされし転落の詩よ

という一首があるが、わたしも当時は人工衛星に何ら関心が無く、その後の歌舞伎への〝転落〟が始まったわけである。

高校時代には、生家の顧客だった地元の実業家のA氏が、わたしの歌舞伎熱に理解を示された。A氏は早大英文出身の日夏耿之介《こうのすけ》門下で、昭和初期の築地小劇場の〝精神の嵐〟に吹き曝された人であり、歌舞伎座支配人の齋藤徹雄や前進座幹部の宮川雅青などと同窓でもあったから、わたしも時折り良い席で舞台を見られる恩恵に浴した。前進座が読売ホールで演じた『助六』の、ことに復活された痴話喧嘩のくだりの楽しさは忘れられない。三十五（一九六〇）年の春、文学座が上演した耿之介訳・三島由紀夫演出の『サロメ』も、補習を放棄して上京、東

横ホールで見た。

三島といえば、高校一年の秋、文学座の地方公演『鹿鳴館』を見て、最初の新劇のためか「世の中に、これほど面白いものはない」とすら思った。前後して市川崑・監督の映画『炎上』が封切られ、この作家への興味が倍加し、雑誌「日本」掲載の脚本『むすめごのみ帯取池《おびとりのいけ》』を読み、かつ初演の舞台も見学している。後年、三島に遇った際、思い切って前記『鹿鳴館』の処女体験について話すと、氏は、「悪いものを見せちゃッた！」と言って、高らかに笑ってくれたことを思い出す。

昭和三十年代の後半、わたしは東京に住んで学生としての生活をおくり、東京における歌舞伎のほとんどを見た。見落とした公演もあるが、その九割を見たと断言できる。十代の末から二十代の中頃まで、わたしには若者たちの好むスキーやテニスは無く、ただ歌舞伎と劇場と本だけがあった。

歌舞伎への偏愛と一点集中は、自身の体質や心情にもよるが、当時の〝歌舞伎危機〟によって触発され、増幅された面も強い。何故なら、状況は人間を生み、その精神をも作るからだ。例えば、戦争は異常な人間を生み、彼らの苛烈な精神を作る。たしか海軍出身で昭和十年代の首相を務めた米内光政に、

「元来、軍人というものは、人間としてカタワに育てられている。だからこそ強い」

という言葉が遺っている。つまり純粋培養された強さであり、同時に弱さでもある。

ひと口に言えば、その頃の若いわたしは歌舞伎カタワだった。この時期すでに、著名な俳優・学者・批評家の幾人かに会っていたし、歌舞伎の諸般について一応通じた気持ちにもなっていた。けれども、のちに考えると、歌舞伎に関しては勿論のこと、人生の陰影も世間の表裏も、まだ何も分かってはいなかった。

わたしは〝歌舞伎危機〟によって強調された、歌舞伎の古典演劇としての仮構を頑なに盲信し、一元的な教義に盲従して、狭い境界に息苦しく閉じ籠もっていた。この時、もしも歌舞伎が安定した状況にあれば、わたしと歌舞伎との出合いは、もっとバランスの均《と》れたものになっていたかも知れない。

やがて二十代の末、奥手の身にも〝青春の彷徨〟が遅れ馳せながらやって来る。観劇史には四・五年間の休息が訪れるが、この行く方定めぬ心身の漂流期、見知らぬ土地を旅し、異なる領域の人々との対話という作業を通して、わたしは体内の歌舞伎毒を薄めて、歌舞伎に対しても、また自己に対しても、新たな一つの自由を得たと思っている。生活の基礎も、この解毒期《げどくき》に建て直された。

劇場・観客

〝風、楼に満つ〟変動の時代だった。

いくつかの大劇場が、急速に過去の遺物と化して行った。丸の内の旧・帝国劇場や築地の東京劇場での歌舞伎について、わたしは遂に何も知らない。少年期に叔父たちと帝劇へシネラマ見物に立ち寄ったが、祝日につき札止めで入場できず、内部を見られなかった。学生時代には東劇で洋画『草原の輝き』を観賞したが、花道は黒い布で覆われていた。

　死滅する劇場もあれば、誕生する劇場や蘇生する劇場もあった。東京では三十年代の前半、明治座が焼失後に再建され、後半には日比谷に日生劇場が出現した。バラ色の絨毯《じゅうたん》が敷かれ、大理石の手洗いやエスカレーターが新設された、モダンで美麗な劇場で、開場の翌春には歌舞伎公演が行なわれた。

　関西では前半に、道頓堀に文楽座が新築され、中座がリニューアルされ、さらに千日前の大阪歌舞伎座の閉場後に、難波に贅沢な装いの新歌舞伎座が建設された。後半には、名古屋の御園座が全焼後に新建築に転生した。

　また、戦前に活動した劇場が、短期間にせよ復活した例もある。新宿第一劇場や浅草常盤座のリバイバルで、主として中堅・花形の異色かつ軽便な歌舞伎が見られた。

　三十年代の特色として挙げられるのは、複合ビルにあるホールが歌舞伎の〝場〟として迎えられたことで、定期的ないしは限定的な公演に、老若いろいろな俳優が出演し、大小さまざまな演目が上演された。渋谷の東横ホールでは若手歌舞伎や六代目中村歌右衛門・主宰の莟会《つぼみかい》の公演、有楽町の読売ホールでは前進座の歴史劇や東宝劇団の復活歌舞伎、大手町の産経ホールでは二代目尾上松緑・主演の近代史劇や八代目幸四郎の古典の改訂演出等々、じつに数多くの記録と記憶とを残した（平河町の都市センターホールで、昭和四十年頃、かたばみ座の「酒屋」の公演も見た気がする）。

歌舞伎上演の条件や資格を有する、独立した単一の大劇場としては、都内では従前どおり、歌舞伎座・新橋演舞場・明治座の三つが数えられた。が、歌舞伎座は近年とは違って年間を歌舞伎興行で通すのは珍しく、平均して年数箇月、他の分野の俳優・歌手・人気者たちにも活躍の機会を与えた。調べてみると、十二箇月すべてを歌舞伎で埋めたのは三十二（一九五七）年のみで、團十郎襲名があった三十七年のような年でも、三箇月が新派系の俳優や流行歌手による特別公演である。こうした現象に、その頃の危険な〝歌舞伎の曲がり角〟が見て取れる。

演舞場や明治座での歌舞伎は、現在よりも公演回数が多かったと思う。東京の歌舞伎の三劇団のひとつが単独興行の可能な場であり、東上する関西歌舞伎、それより分立した三代目市川寿海を中心とする花梢会、大劇場に復帰した前進座、一時期の市川少女歌舞伎、時代劇映画のスタア連による東映歌舞伎など、多様な歌舞伎が散在したからである。

三十年代は、東宝系が歌舞伎にも発言権を持っていた時代で、この時期に新開場、或いは再開場した東京宝塚劇場・芸術座・東西のコマ劇場を使用して、東宝歌舞伎・東宝劇団・木の芽会ほかの公演が続けられた。

関西では京都の南座、大阪の新旧の歌舞伎座・中座・朝日座（文楽座の後身）・毎日ホール等で歌舞伎が見られたが、興行が長期的に定着しなかった。

わたしは高校二年の時の修学旅行の自由時間に、はじめて四条の南座を覗いた。前進座の改作『熊谷陣屋』の新演出よりも、場内の風景、二・三階の正面と東西の袖が桟敷《さじき》で、ずっと東京よりも桝席《ますせき》の占める割合が多く、しかも本式であることに驚いた。核家族への移行期だったが、そこには家父長制の家や旦那や座布団や重箱が、まだ生きていた。依然として、芝居小屋のマスとマス文化が生きていた。そして日本人がタビやタタミに訣別し、その生活の記憶が遠《とお》退《の》いて、やがて単一民族的な共同体への郷愁が芽生える昭和六十年代の時点で、あの〝金丸座コール〟が沸き起こるのだ。

では一方、半世紀以上も昔の昭和中期の観客たちの有り様《ありよう》は、一般的にはどうであったのか。昭和の末頃、三代目猿之助（現・猿翁）が回顧した言葉を、ここで私流儀にリライトして紹介しよう。「昭和三十年代ごろの歌舞伎は、いま考えると、馬鹿正直なくらい伝統に忠実で、何でも伝承第一だったから、ともすれば恐ろしく糞まじめな舞台になった。その分、客席の雰囲気も堅苦しかった」と。

大略こうした意味の発言だったと思うが、確かに当時の一面を聡くも言い当てている。わたしが記憶する三十年代中頃の歌舞伎座の一・二階席は、官庁・銀行・会社・商店・学校・会派の団体客が圧倒的に多く、三階席には外国人の観光客、一幕見席には〝はとバス〟遊覧グループの姿が目立った。

彼らの大半は、歌舞伎というものに受動的に対応し、舞台への問い掛けや、眼前の俳優たちへの発信は皆無に近かった。譬《たと》えが悪いが、温順な羊のように〝誘導される人びと〟であった。古典文学を劇化した王朝物の世界、文壇人の書いた文芸史劇などに視線が向く、若干の学生や知識層はいたが、社会一般に「歌舞伎は、若い世代の見るものではない」という共通認識めいたものが存在した。安保闘争前後の時期の、興行的低迷は避け難かった。

網膜に結ばれた、或る鮮烈な残像がある。三十六（一九六一）年三月某日、大学入試の合格者発表を見た帰路、郷里の級友を伴って歌舞伎座の夜の部の入場券を買い、一番目『石切梶原』の開幕直前、三階へ駆け上がった。と、一幕見席から三階席の前方へと傾斜する広大な空間に、観客が一人も居ない。瞬間、啞然として、背中に戦慄が走った。一・二階席は適当に埋まっていたが、三階席は地方の受験生二人だけで、終演まで入場者は無かった。寒々とした〝真空地帯〟が拡がっていた。

もう一つ、これとは真逆の残響が、今もって耳元を騒がせる。十一代目團十郎襲名興行の初日、弁慶が花道へ登場した刹那《せつな》、瀑布《ばくふ》の轟《とどろ》くごとく沸いた大歓声、全館を揺るがす鳴動に、十九歳のわたしは呆然とした。あの時の数分間鳴り止まぬ喚声こそ、「歌舞伎よ、確《しっか》りしろ！日本よ、生きろ！」という日本人の声それ自体であった気がする。あの折りの感動は、終生忘れることが出来ない。

後年、加賀山直三が回想したコメントがある。「團十郎襲名の際は、戦前の三升会だの音羽会だのの筋のいい見物が、戦後の浮沈で引っ込んでいたのが、ここぞとばかり揃って出て来た。

大間《おおま》でご婦人方が妍《けん》を競う、昔の豪奢な着物を見るのが愉しみだった」と。

これによっても当時なお、いわゆる歌舞伎のウルサイ連中が健在した事実が分かる。わたしの親戚の老女性が昭和前期の女学生時分、両親といっしょに歌舞伎座を見物、一階の前から五列目くらいに坐ったところ、周囲が花柳界や下町の大店の総見日で、ヤレ橘屋がこうだ、イヤ音羽屋はああだと、互いに薀蓄《うんちく》を披瀝《ひれき》し合って姦《かしま》しく、とても中には這入っていけないプロ気分だったという。

こうした超保守の総本山が、明治の團・菊の舞台に通じた遠藤為春であり、名に負う前田青邨夫人や桜内幸雄夫人が時めいた昭和末年まで、伝統・古典派の一種の右翼バネのようなものが作動したと言える。

従って三十年代の歌舞伎の客席には、少数の喧《やかま》しい観客たちと、多数のナッシングの団体客たちとの、奇妙な共存状態があった。平成年代の客席に見受ける、マスコミュニケーションによって作られた均一性よりも、そこには甚だしい質的な落差や懸隔が感じられた。

この差異を嫌い、舞台の固定化や伝統への過信を疑い、とりわけ客席の零状況に恐怖した人びとによって、次代の歌舞伎のほぼ半分がリードされる。宙乗りやケレンの今日的復活が近づく。けれども、まだ三十年代には手拍子やカーテン・コール、はたまた騒々しいスタンディング・オベーションなるものは無かった。あの押し付けがましくもある、統制的にして集団的な熱狂の中では、観客の批評眼は鈍麻し、わたしの自由も見失われる。

三十年代の大向こうには、わずか数人でもイキのいい掛け声と、自然な歓声はあった。

古典と新作・古典と復活

戦後歌舞伎の昭和三十年代には、なおもって俳優の〝芸の時代〟が続いていた。観客に一作の是非を問うような、未だに〝作品の時代〟ではなかった。だから古典では、四十年代以後に比較すると、通し上演のケースは少なかった。三十八（一九六三）年九月、二代目松緑による『千本桜』の二役と半通し上演が話題になった点からも、そのことが分かるだろう。この時期、〝作〟を問われたのは新作であり、やはり古典は〝芸〟であった。

しかし半面、その地点のみにとどまるのが許されないアルファも生じており、古典では幾つかの新たな試みが為された。その最も大きな〝実験〟が、三十四（一九五九）年四月末の演舞場で、八代目幸四郎が竹本綱大夫・竹澤弥七と共演した『日向島』における、破天荒な歌舞伎・文楽合同公演である。幸いにも録画が残されたが、舞台の熱気と密度は物凄いばかりで、ただ圧倒される。二日間の試演は、各界各層に深甚な影響と示唆を与えた。

三十年代末から四十年代初めにかけて、六代目歌右衛門が円熟の芸欲を披瀝した、『志渡寺』『卅三間堂』『板額門破り』『身替り音頭』等々の地味で着実な古典復興、また同じく三十年代末の、武智鉄二の理論と演出による『勧進帳』『心中天網島』などの日生劇場公演も、銘記される仕事だった。

前進座の『熊谷陣屋』『鳴神』の改造演出は、識者から強い批判を浴びたが、イヤホン・ガイドなき当時、一般への啓蒙という見地に立てば、酌量《しゃくりょう》の余地もあった気がする。

三十年代には古典と並行して、まだ数多くの新作が上演された。商業演劇の劇場作家、新劇系の劇作家、文壇方面の作家や文学者たちが、歌舞伎のために新作を提供できる環境があったのだ。戦前からの新世話物、戦後の王朝物や民話劇や擬古典劇に加え、この時期には古典文学や近代文学、さらに現代文学の劇化まで企画され、大衆時代小説の舞台化も盛んに行なわれて、話題には事欠かなかった。こうした新作路線が、やがて行き詰まりを見せるのは、ほとんどの作柄が擬古典劇を除き、映画やテレビに吸収されてしまう性質を持っていたからだろう。

だが、翻って今日のレーダーで捉え直してみると、三十年代の新作には存在したが、近年のそれには存在しない何かもある。たとえば、大佛次郎の『魔界の道真』『殺生関白』ほか数作、福田恆存の『明智光秀』『有間皇子』の二作、そして前進座の『天平の甍』『阿部一族』のごときシリアス・ドラマの史劇は、歌舞伎の観客にも歴史の縮図を通して、人間と人生、時代と社会について考える時間をもたらした。日本の三十年代は窮乏から脱していたが、バブル期のような放逸は見られず、人びとの心性が激しく真摯だったと思う。平成の昨今、4S（ストーリー・スピード・スペクタクル、加えるにセックス）を機軸にした現代歌舞伎の、怪奇で夢幻的な歴史物語を楽しむ温和な若者たちを、わたしは旧人の習いでか寂しく眺めるときがある。

新・團十郎の誕生後、歌舞伎の〝復活狂言〞が世間の関心を呼ぶ。松竹の歌舞伎審議会が企画した「天明歌舞伎」では、十八世紀の桜田治助と並木五瓶の作品が、続いて翌年（三十八年）には東宝の歌舞伎委員会が選んだ、同じ世紀の並木正三の作品が復活上演された。

三十年代にも、南北や黙阿弥の珍しい演目が取り上げられたり、それまでは時たま採用されたが、それ以後には見られなくなった、一例が『岸姫松轡鑑《きしのひめまつくつわかがみ》』『有職鎌倉山』『侠客春雨傘』（通し）などに陽のあたる興行もあった。〝復活〟の定義はいろいろだが、脚本は残存しても、初演以降の上演事跡が乏しい場合には、ほぼ新作と同様のゼロからの制作過程が要求される。その意味では戦後において、前期の三作品は画期的な復活であり、四十年代以後の〝歌舞伎づくり〟にも顕著な影響を及ぼした。三つの復活の中で、原点の追究という面では、戸部銀作・演出の『大商《おおあきない》蛭子島《ひるこがじま》』に新鮮な印象をもったが、武智・演出の『けいせい倭荘子《やまとぞうし》』には現代色があり、東宝劇団の『桑名屋徳蔵入舟噺』は劇場の条件（読売ホール）が不利だった。

三十年代末の復活狂言の浮上は、大襲名によって醸成された復古調の一翼であり、同時に、当時の〝歌舞伎危機〟に対する処方箋の一つでもあった。さらに限界に達した新作路線の打開策であり、擬古典的新作の代案という側面も否定できなかった。

これまでの歌舞伎興行は、常に古典と新作との二本立てで、復活は単にサブ・メニューであったものが、この辺から次第に、古典と復活との二本立て路線に乗り換えられていく。四十年代になると、新作が甚だしく減少し、開場後の国立劇場の在り方も一因となり、古典と並んで、復活狂言の通し上演が表舞台に立つのだ。

〝風、楼に満つ〟波瀾の時代だった。

歌舞伎の俳優たちが自分の殻から飛び出し、他の分野の人々と共に、これほど多様な仕事の数々を展開したことは、以前には無かった。また、歌舞伎俳優の一群が公演のために、これほど広く異なる国々を訪れたことも、かつて無かった。文字通り、新しい時代になった。

まず歌舞伎の海外公演について記すと、昭和初頭の二代目市川左團次一座のソビエト公演、戦時中の六代目尾上菊五郎一座の満洲公演は別として、昭和三十（一九五五）年秋の二代目猿之助一座による中国公演を皮切りに以後の十年間、アメリカ・ソ連・ハワイ・ヨーロッパと二年に一度の割合で、歌舞伎は初めて本腰を入れて海を渡った。

その結果、当時の各地での反響は、総じて舞踊やショー的な要素よりも、劇的な葛藤に拍手が送られたと言われる。最近の歌舞伎の海外公演が、現代に生きる演劇の一つとしての意義を、かつ俳優ひとりの個性を海外で問う場と化しているのに対し、三十年代のそれは、あくまでも伝統的な古典演劇の中にある〝日本〟を、歌舞伎グループの俳優たちが海外にアピールする、という図式であったろう。

これとは反対に、海彼から齎された福音もある。すなわち三十年代前半には梅蘭芳と京劇団、続いてモスクワ芸術座が来日し、後半にはコメディー・フランセーズ、さらにブロードウェイ・ミュージカル『ウェストサイド・ストーリー』の来日公演も実現した。

就中、梅蘭芳と京劇団によって、歌舞伎の女方の要・不要の論争が拡大され、伝統芸能の継承者育成に関する論議も活発化した。後年、前進座が京劇を研究して制作した『水滸伝』を見たが、これは躍《わ》く躍《わ》くするほど面白い〝異域との交響楽〟であった。

このほか、それぞれの来日公演が大きな波紋を描き、歌舞伎の関係者をも刺激した。中ソ両国の思想的影響が知識層に対して色濃かった頃の、つまりリアリズム演劇盛んな頃の、わたしは来日公演の客席の雰囲気を知らない。が、三十七年の初夏、上野の東京文化会館でラシーヌの『ブリタニキュス』を一見した際には、ロビーの一隅で休息する、若き延二郎時代の三代目實川延若の姿を見かけている。

昭和三十年代の歌舞伎は、その前後の時代に比べると、新劇の知性と論理性と文学性、映画の娯楽性と動員力と新しい技法、さらに民主的で合理主義的な世相に強く圧迫され、それらへの精神的な引け目から脱け出せず、自身の今日的な使命を発見し得ない憾《うら》みがあった。第一線の四十・五十代の歌舞伎俳優たちが、異なる領域の新しい作家・演出家・監督・俳優・プロデューサーたちとの交流現象を繰り広げたのは、ひとつには新たな自己確立のための〝自分探し〟であり、歌舞伎の位置や方向を模索する動きでもあったろう。

このため新劇系統の劇作家たち、木下順二・福田恆存・三島由紀夫などが歌舞伎に新作を書き、八代目幸四郎は福田や文学座と提携して『明智光秀』『オセロー』を上演し、十七代目勘三郎も福田と組んで『リチャード三世』に手を染め、二代目松緑は松浦竹夫・演出で『シラノ・ド・ベルジュラック』に、また浅利慶太・演出で『悪魔と神』に挑戦した。六代目歌右衛門が新派と協同で、三島の戯曲『朝の躑躅《つつじ》』を手がけたのも、女方ながら新劇方面への食指が動いたからだろう。当時、明治以来の〝赤毛物〟や〝洋髪〟といった古風な呼称が生きていたのも、なお歌舞伎俳優の翻訳劇や新派劇が目新しかったせいである。

三十年代は、新劇の側からも歌舞伎へのアプローチが試みられ、田中澄江や矢代静一が、近松の原作を現代戯曲に書き直した。三十年代末には、俳優座が南北の『四谷怪談』を上演、社会的な話題を呼び、その後の現代演劇やアングラ演劇の針路にも影響を残した。新劇側は当初、歌舞伎の様式に興味があったのが、やがて劇内容への関心に移行した。

すでに二十年代の中頃より、有望な若手俳優の数名が銀幕入りして、歌舞伎界との摩擦から〝村八分〟のような扱いを受けた青年もいれば、時代劇映画のスタアとして絶大な人気を得た若者もあり、悲喜こもごもの絵図が展開した。三十年代になると、早くも歌舞伎俳優の過半が、大なり小なり映画体験を有するようになり、時代劇映画だけでなく、現代作品にも出演するようになった。

その中で、最も映画俳優として成功した例が、関西歌舞伎を無期休演して〝映画人〟となった二代目中村鴈治郎である。著名監督のカメラが摑まえた、独得のキャラクターと写実芸の妙技によって、数々の映画賞に輝いた。次に映画俳優としての評価が後世でも高いのは、やはり関西歌舞伎を離脱して銀幕スタアとなった八代目市川雷蔵で、時代劇映画のヒーローのみならず、現代の人物像にも特異な陰影を刻んだ。その頃の花形・若手は誰彼となく映画に出演したが、舞台での花やかさや存在感が生まれず、両立が難しい例もあった。

今井正や内田吐夢のような名監督によって、近松作品や義太夫狂言の世界が映画化されたのも、三十年代に拡がった異境との相互交流の一つだった。歌舞伎の竹本その他の舞台面のテクニックを、意識的に画面に活用したのが木下恵介・監督の『楢山節考』である（余談だが、木下恵介は甲信地方の雪の山並みや、厳しい盆地の風土を好んでロケ地として使い、わたしの生家にも幾度か連泊した。悪天候でロケ待ちの休みの日など、ロケ隊は無聊《ぶりょう》をかこち、木下が「あの子と歌舞伎の話でもしたい」と言うので、高校生のわたしが昼食後の〝お伽《とぎ》〟に参上した思い出もある。岸田劉生の「歌舞伎美論」について聞きかじりを話すと、「それはわかる気がするね」と頷《うなず》いていた。晩年にも賀状や電話の遣り取りがあり、「近松を舞台化して、三越〔劇場〕でやりたい」と語っていたのを覚えている）。

この章の最後に、三十年代の異分野との接触によって生まれた申し子、二人の端倪《たんげい》すべからざる青春スタアの名を挙げて置きたい。ひとりは三十年代前半における、歌舞伎と映画との潑剌とした甘美でチャーミングな混血児、懐かしの初代中村錦之助（後年の萬屋錦之介）である。もう一人は、三十年代後半から四十年代初めにかけて、歌舞伎と渡来ミュージカルとの爆発的な衝突から飛び出た鮮烈な異星、驚きの六代目市川染五郎（九代目幸四郎、後・二代目白鸚）である。彼らの弱冠二十歳代の魅惑と人気とが奏でた、あの〝異域との交響楽〞も只事ではなかった。

俳優群像

昭和初めの歌舞伎俳優の総数は約六百人と伝えられ、三十年代には三百人前後に減少し、ほぼ今日と同数になる。が、歌舞伎が困難な状況にあった当時、俳優陣の顔触れは意外にも多彩で、たとえば三十年代末の時点で指を繰ると、立役では大星由良之助（『仮名手本忠臣蔵』）を勤めた経験のある俳優が十人以上数えられ、これは平成二十七（二〇一五）年現在のそれの約二倍に当たる。

このような豊富な俳優群像について詳述すると、与えられた制限枚数は吹き飛ぶ。そこで三十年代に活躍した歌舞伎俳優の中で、わたしの眼で十数人を選んだ。その俳優の一生において、三十年代が重要な集約的意義をもつという一点を重視した。

この時期の最長老の七代目三津五郎、著名な脇役の初代中村吉之丞や二代目市川荒次郎などは、逸早く三十年代の初めに臥床か死によって退場する。また、二代目鴈治郎の場合は「七人の会」その他、時折り舞台活動があったものの、主力は映画に置かれた。十三代目片岡仁左衛門・十四代目守田勘弥・八代目三津五郎（三十七年まで六代目坂東簑助）は、いずれも三十年代に実力が再認識された幹部俳優だが、仁左衛門は晩年、勘弥は国立劇場開場以後、三津五郎は四十年代の『勧進帳』『関の扉』の主演等に、さらに語るべきものが多い。

十七代目勘三郎・二代目松緑・七代目梅幸という第一線の主力三優は、三十年代にも花々しく精力的に活動し、持ち役にも安定感が増した。とは言え、勘三郎が盛綱・実盛・樋口・熊谷などの時代物の大役に手を染めるのは四十年代であり、松緑も荒事狂言の復活や、『千本桜』三役完演という大仕事に取り組むのは四十年代以降である。梅幸も立女方としての代表作『摂州合邦辻』通し上演を試みるのは、やはり四十年代である。

若手の七代目中村福助の芝翫としての開花も四十年代で、二十年代のデビュー時に旋風を巻き起こした二代目中村扇雀（現・四代目坂田藤十郎）の三十年代も、現代劇やら映画やら一種の模索期にあったと見ていい。

そこで三十年代に、その芸や舞台が完成度を持った俳優、あるいは時代の特質を背負って自己燃焼が顕著だった俳優、もしくは時代に刃向から新たなエネルギーを蔵した俳優、この三つの観点から、異論百出は承知の上で、三十年代を象徴する十二人の歌舞伎俳優を絞り出した。参考のため括弧の内に、それぞれの没年を書き添えた。

（a）到達点を示した長老世代
初代市川猿翁（昭和三十八年まで二代目猿之助、同三十八年）、三代目市川寿海（昭和四十六年）、三代目中村時蔵（昭和三十四年）、三代目市川左團次（昭和四十四年）

(b) 脇役陣の筆頭

八代目市川團蔵(昭和四十一年)、三代目尾上多賀之丞(昭和五十三年)

(c) 時代を背負った〝炎の人〟

十一代目團十郎(三十七年まで九代目市川海老蔵、昭和四十年)、八代目幸四郎(後の初代松本白鸚、昭和五十七年)、六代目歌右衛門(平成十三年)

(d) 〝未来への刃〟を秘めた帰還者

三代目中村翫右衛門(昭和五十七年)、四代目中村雀右衛門(昭和三十九年まで七代目大谷友右衛門、平成二十四年)、六代目市村竹之丞(昭和三十九年まで四代目坂東鶴之助、後の五代目中村富十郎、平成二十三年)

言及される機会が少ないので、三十年代の音楽関係についても、若干触れておく。竹本陣では、鏡太夫・扇太夫を耳にした筈だが記憶が薄く、わたしが親しんだのは、岡太夫・米太夫・雛太夫である。雛段や山台では、なぜか吉右衛門劇団系統の印象が強く、長唄は芳村伊十郎・五郎治、三味線は杵屋栄蔵・栄二、常磐津は千東勢太夫・菊三郎、清元はもちろん志寿太夫。

美術関係では、鳥居清忠・高根宏浩・長瀬直諒・長坂元弘等の諸氏の仕事に触発されたが、すでに紙数が尽きた。

結びに

東京オリンピックの開幕が近づいた昭和三十九（一九六四）年十月の某日、わたしは東大病院に縁者を見舞った後、秋晴れの本郷通りを歩いていた。

再舗装された道路には塵ひとつ無く、商店街には品物が溢れ、菓子店のショーウィンドーに堆《うずたか》く積み上げられた、丸々としたドーナツが笑っているように思えた。わたしは初めて、日本が豊かになったことを実感した。過ぐる二十九年の夏、地方都市の雑貨屋の小さなアイス・ボックスで、雪印や明治製菓の一個二十円のアイスクリームが新発売された折り、子供たちが列を成した侘しい風景が、通りすぎた風のように甦った（その頃、用件があって同窓のS君と共に、麻布狸穴《まみあな》に住む市川染五郎を訪ねたが、若い主人に「これがイタリアのピザというもの、食べてみませんか」と勧められ、御馳走に与《あずか》った〝舶来〟の食べ物にも、新しい時代を感じたことがある）。

新幹線が開通し、東京・大阪間が一挙に短縮され、これまでの〝寿海東上〟といった宣伝文句の効果も薄れ、えげつないほど面白かった、関西の「幕間」という歌舞伎専門誌を読んだ日も遠くなった（編集長の関逸雄の死を、前記訪問の際、染五郎の口から耳にした。そのあと弟の中村萬之助〔現在の二代目吉右衛門〕と、ローレンス・オリヴィエのシェイクスピア映画の話をして帰ったのを覚えている）。

翌四十年十一月、十一代目團十郎が急逝する。続いて四十一年六月、八代目團蔵の入水があり、ここで昭和二十・三十年代の戦後歌舞伎に、一つの明瞭な終止符が打たれたと言っていい。

後年、宮尾登美子が著わした小説『きのね』と、入水後暫くして発表された網野菊の純文学『一期一会』が、両優の墓前への供華となった。

そして、国立劇場の開場が射程距離に入ってくる。伝統歌舞伎保存会が発足し、国家によって歌舞伎が、重要無形文化財に総合指定される。三十六年初夏、日本演劇学会が早大・小野講堂で開催した、歌舞伎の危機について考えるシンポジウムの緊迫した空気は、早くも〝以前の話〞になっていた。

四十一年の晩夏、わたしは丸の内の国立劇場準備室に勤務していたが、或る日の午後、上司の山田庄一に同行して、建築中の工事現場を視察に出かけた。三宅坂の現地には、まだ足場が組まれていたが、ほぼ建物は立派に完成しており、わたしたちはヘルメットを被って屋上まで昇った。

残暑の太陽がぎらつく空の下、皇居の緑の向こうに音もなく、銀白色の新しいビル群が遠望された。〝風、楼に満つ〞冒険と迷走の時代は終わり、安定と成長の四十年代の歌舞伎の幕が上がっていた。

（二〇一五年一月執筆）

国立劇場誕生の日——開場式と開場公演

昭和四十一（一九六六）年十一月一日、明治以来の懸案であった最初の国立劇場の建設が成り、現在地の三宅坂において万人待望の開場式を迎えた。記念切手・記念たばこが発売され、テレビニュースのトップに報道され、晴れた秋の日の午後一時、数千の招待客を集め、輝かしい式典が始まった。

わたしは当時、まだ二十四歳になる直前で、丸の内の準備室時代から新劇場の芸能部制作室に勤務していた。当日は劇場の表と裏、ロビーや客席、事務所や楽屋との間を、頻繁に往復して諸連絡の雑務に追われていたので、式典の悉《ことごと》くを見届けたわけではない。

おそらく現存の最長老・山田庄一氏をはじめ、この日を知る旧職員たちが五十年後の今、仮にほとんどが健在であっても、開場式の一部始終について語れる人は少ないだろう。全職員が一日中、息をつく暇もない、超多忙の渦中に巻き込まれていたからである。

文部大臣の式辞、佐藤栄作首相や（三代目）市川左團次・俳優協会会長の祝辞、国立劇場の高橋誠一郎会長の挨拶等が予定通りあったが、わたしには記憶が皆無だ。二階大食堂での祝宴には、松竹の大谷竹次郎会長のスピーチも添えられたようだが、それも耳にしていない。

実見したのは、寺中作雄理事長が（十一代目）田中傳左衛門に長撥《ながばち》を手渡し、田中師が打ち初めをする「撥渡しの式」である。気合いの籠もった撥捌《ばちさば》きで、大太鼓を打ち鳴らす音が、場内一杯に力強く響き渡った。

開場式の「撥渡し」 1966（昭和41）年11月1日。左より十一代目田中傳左衛門と寺中作雄・理事長

柿落としに不可欠の『三番叟《さんばそう》』は、大小二劇場それぞれで上演されたが、花柳壽應《じゅおう》が翁を勤めた小劇場のほうは見ていない。

大劇場は三代目市川寿海の翁、七代目尾上梅幸の千歳《せんざい》、十七代目中村勘三郎の三番叟という顔触れに、長唄が十四挺十四枚という豪華版だった。寿海の翁が下手の揚幕から登場、片方の袖をかざした時、それがハラリと切れたのを覚えている。一瞬ハッとしたが、その後は何事もなく、すべて目出度く舞い納めた。

この『三番叟』の開幕前には楽屋で、いわゆる「別火《べっか》の式」が執り行われた。照明を消した一部屋に、翁飾りと称する諸道具、酒・米・塩を供え、出演者に神酒がまわされ、米と塩で身体を清めて出場に備えるという、古伝の儀式である。部屋前の楽屋廊下に関係者が蝟集して、わたしも頭越しに覗いた程度だが、厳粛かつ神秘的な雰囲気に充ちていた。

そこで思い出されるのが、確か開場式の数日前に組まれた、寿海の翁ひとりだけの稽古だ。大稽古場へ藤間宗家（先代の二世勘祖）が出張して翁の振りを示し、それを寿海がなぞるだけの短時間のものだったが、制作室員として伊藤信夫氏とわたしが立ち会った。

時に寿海は八十歳、素の羽織袴で扇を手に、森閑として人気のない広い稽古場に端座した姿は、銀髪すがすがしく、まことに端正で美しい、品格の高い老優だった。寿海と勘祖による翁の稽古に漂った、一種神さびた空気への感銘は、わたしの何処かに今もって残る。

もう一つ、開場式での挿話を書こう。式典が始まる直前、事務所口からロビーへと急いで大階段を下りると、ちょうど一階より上ってこられた、正装で袴姿の（六代目）中村歌右衛門と、それに付き添うようにして、寸分隙のないスーツ姿の三島由紀夫氏とが、並んで歩を進めるところへ、バッタリ行き合わせた。どぎまぎしたが、すでに成駒屋とは雑誌のインタビューで、また南馬込の三島邸にはゲラの直しを戴きに伺い、どちらにも面識を得ていたので、丁寧に御挨拶を申し上げた。

この日の招待者は自由席であったから、場内大混雑の中で、お二人が式典を、どんな場所で御覧になったかは知らない。が、いずれも四十歳代の精気溌剌たる頃の両氏だった。

さて、試金石たる眼目の開場公演は、十一・十二の二箇月にわたって『菅原伝授手習鑑』全段が通し上演され、その内「車引」のみ両月ダブらせてリレー上演した。

十一月の第一部には、勘三郎・梅幸・八代目坂東三津五郎・四代目中村雀右衛門らに、関西から二代目中村鴈治郎・十三代目片岡仁左衛門が加わり、十二月の第二部には、梅幸・十四代目守田勘弥・三津五郎・雀右衛門に、東宝の八代目松本幸四郎（後の白鸚）・八代目市川中車・二代目中村又五郎らが入る、大一座の重厚な布陣だった。

稽古は十月末から開始され、約十日間をかけて、慎重にして丹念に積み重ねられた。読み合わせ・立ち稽古・付け立て・総ざらいの順で進行し、舞台稽古には衣裳付き・衣裳抜きで二日間を費やした。その時分には、もう多くの俳優たちが、劇場側が印刷した活字台本を用いたが、時平と覚寿を引き受けた鴈治郎が、書き抜きを持参したのが異彩だった。

補綴・演出は、制作室長の加賀山直三氏（没後、三十八年になる）が担当した。あまた抱負があり、埋もれた古風な型を発掘し、見慣れない別の行き方を照射する企図は、開場公演だけに俳優たちが賛同し、おおよそが実現したと記憶する。氏の方針は、原作の基本的な解釈の変更ではなく、部分的な演技の手直し、伝承の有り様の修正にあったと思う。

序幕「大内山の場」の復活は、すべて『忠臣蔵』大序の様式や運びによっていた。新劇場の専属狂言作者としては竹柴蟹助氏がいて、この序幕の劈頭《へきとう》、黒紋付・献上の帯に印籠《いんろう》を下げ、晴れの〝出打ち〟を行った。

蟹助翁は、酸いも甘いも知悉した善良な苦労人で、若い職員たちに勘亭流の書体を、親切に伝授された。わたしにも助言があり、「今度のようなお稽古で、演出者の席の次に座るというのは、あなた大変な事なんですよ。そのつもりで」と言われたが、世間知らず苦労知らずで、何か実感が湧いてこなかった。

その稽古場では、菅丞相《かんしょうじょう》役の勘三郎だけが、以前よりの旧交もあってか、加賀山氏を「直さん」と呼んだ。加賀山さんは苦笑したが、満更でもなかったろう。そんな中村屋でも、竹本の岡太夫が「道明寺」の段切れを省略した床本で語ると、直ぐに手で制して、「そこは全部やりましょう」と言った。急所は押さえ、仕切るべきは仕切った人なのである。

舞台稽古には、明治の團菊を知る遠藤為春氏が、御意見番として臨席した。「遠藤さんが、『道明寺』の瓦燈口《かとうぐち》の緞帳の色が違う、と言っているから」と命じられ、舞台課へ飛んで行ったのを思い出す。当時のお堀端には都電が走り、まだ地下鉄は通じていない。舞台稽古の夜が遅くなると、劇場へ泊まり込む関係者もあり、加賀山さんは麴町の銭湯へ行った。劇場の地下には大道具さんたちが使用する浴室があって、わたしも一度だけ入らせてもらったが、僅かに湯が濁り、絵の具の匂いがした。

十二月公演の第二部の稽古では、八代目幸四郎が、竹本陣を叱咤して、文字通り火を噴くような、激しい熱と力の入ったものを見せた。その時期、幸四郎の歌舞伎への出演が少なかっただけに、目を見張るような数日だった。果たして「車引」と「寺子屋」の松王丸は、精魂を込めた舞台になった。

この月は八代目中車が、珍しい「天拝山」の菅丞相を演じている。幹部俳優は稽古場では普通、字句の解釈等について口にするのは稀だが、中車は好学の人で、「この〝氣條《ずあい》〟というのは、何ですか」と突如訊かれた。〽氣條ぽつきと折取り給ひ」という一節があるのだ。加賀山さんに促され、わたしが机上の台本の傍に置いた、確か守随憲治・校訂のコンパクトな浄瑠璃集を見ながら、「若木の枝、と書いてあります」と答えると、立花屋は納得、わたしも息を吐いた。近くにいた千谷道雄氏に、「便利なものを持っているね」と、後で冷やかされたが――。

閑話休題。開場公演は十一月六日（その日は日曜日であった）午後一時、初日の幕が開いた。序幕「大内山」の舞台面が出現すると、満場の喝采暫し鳴り止まず、わたしは客席後方の監督室に詰めていたが、五十年後の今、その光景が夢のように蘇ると、なお胸の辺りがじいんとなる。青春が帰ってくるのだ。

「大内山」から「加茂堤」への舞台転換、芝居用語で言う〝居所変わり〟が成功して、好評。初日から数日して、三島氏が見物されたが、この舞台転換を「久しぶりに芝居を見た気がする」と、大いに褒めて下さった。国立劇場は開場公演から三箇月間、超満員札止めの盛況であった。

私事になるが、この燦然たる新劇場から、わたしは一年余りで去った。幕内の水に合わなか

国立劇場の初代企画課長・藤波隆之氏を偲ぶ会　2014（平成26）年11月17日、グランドアーク半蔵門で。創業に携わった人々（山田庄一、西角井正大、織田紘二、著者など）が多く集う

った点もあるが、何と言っても若気の至りで、我慢が足りなかったのである。劇場人としては、間違いなく落第だった。

この失敗は内心の傷となり、わたしを長く苦しめたが、同時に、人間としての反省を促しもした。そして、このような回想のペンを執る日が訪れるとは、あまり予想していなかったことである。半世紀という歳月の恵みを、やはり考えずにはいられない。

最後に、初代理事長・寺中作雄氏をはじめ、国立劇場草創に尽瘁《じんすい》された諸先達の霊の安からんことを祈り、あわせて現役諸兄の御活躍を期待したい。今回はじめて書くが、わたしが退職して数年後、寺中さんは旅行中、わざわざ郷里の実家に立ち寄られ、亡母を慰めてくださったらしい。何とも有り難いことだった。

（二〇一六年八月執筆）

対談　乗合船の蜃気楼――第二回こんぴら大芝居を見て

草森紳一
中村哲郎

水平線に見える視点

中村　僕は、金丸座が復興した昭和五十一（一九七六）年春、初めて建物を見て、次に昨年（昭和六十年）の第一回公演を見たので、今回の公演が最初の草森さんとは、当然違った感想になるが、まず第一印象をきかせて下さい。

草森　僕は六年前、コンピラへ遊びに来た時、金丸座を建築物として見ているわけです。僕の悪い癖は、まあ自慢でもあるけれど、先験性とやらがありすぎて、この場合も、建物だけ見れば、歌舞伎の舞台や観客の姿が想像出来ちゃうんです。だから、今回驚きはなかったけれど、一つだけ予想外のことがあった。

中村　それは何ですか。あなたは、フランク・ロイド・ライトの研究もなさって、建築にはお詳しいから……。

草森　舞台が客席からまるで水平線なんだねえ。まあ、近くに見えるっていい方をしてもいいんだけれど。そのことが桝席に坐ってみてよくわかった。桝の魔法がね。でも待てよ、前日の稽古の時は、あまり水平を感じなかったなあ。

中村　稽古の時は、前から三側目《みかわめ》にいて初日には、七側目に下《さが》りましたよね。

草森　前から三番目でも、舞台中央に対しては斜めだったからねえ。でも斜めなりに水平だった気がしてきた。それに斜めでも、花道に近かったでしょう。役者を仰《あお》ぐわけだけど、水平だったね。まあいい加減ないい方だけど、たとえば、『幡随長兵衛』の湯舟でも、大きな劇場で見ていた時は、すきのないデザイン的な配置を強く感じるんだ。つまり、観客でいられるんだが、今度は、自分も傍に一緒にいる感じ。水野の家来が湯加減をみるため、湯舟に手を入れてかきまわしても、一つも〝振り〟になっていない。

中村　今回は、『幡随長兵衛』ということで、いつも歌舞伎座や国立劇場でやっているものですからね。それが目にある人達にとって、ここではどうしても比較が生まれますね。

草森　そうだね。でも形式美というのは外国人がいい出したのかもしれないけれど、こいつは明治以来の近代歌舞伎の謀略って感じだね。

中村　大劇場の大舞台の中で、洗練されたデザインが出来ちゃってるってことですね。それはやはり、近代歌舞伎の枠組《わくぐみ》の中でのデザインだ。今回、それが江戸のデザインへ逆戻りしたかというと、決して、そうではない。
草森 戻らずに、裂け目が生じている。そのあたりの面妖さが結構楽しかった。
中村 ただ、デザインからはみ出したリアリティーが生まれたのは確か。これが歌舞伎をよみがえらせる可能性はある。
草森 もともと江戸のデザインは、〝情〟を一旦封印して、形にかえしたところから、さらに〝情〟を逆流させるものだという仕組みが、金丸座を見て逆算的によく判った気がした。
中村 だから、現在の大劇場の舞台ってのは、単なる綺麗な絵になってしまっている。その不満がつねに残る。
草森 なり過ぎ。金丸座では僕の目には、湯舟からモウモウと湯煙が見えたよ。

因縁ゆえのスピード

草森 あの湯舟は、歌舞伎座などで使っているのをそっくり持って来たのかしら。もっとも、歌舞伎座や国立劇場ではさすが旗本の御大身の湯殿という感じは出ますけどね。このあたりにもおもしろい亀裂が生じていたよね。
中村 湯舟が大きく見えたことは事実。それだけに、狭い湯殿の中で、立廻りをするという緊迫感は出ました。吉右衛門が、豊かな素肌をさらして、肉身と肉身をぶつけて、柔《やわら》の真剣勝負をやっているような感じが出た。

草森　出た、出た。それに水野は、槍の名人だといっても、家屋の中での槍づかいは、武器として邪道ですからね。その中で槍をあえて使うところに水野のダンディズムがある。その感じが金丸座の狭い舞台だと、よく出たと思うよ。

中村　それと、吉右衛門と勘九郎の長兵衛と水野の立ち合いのピリッとした気魄で、あんな緊迫感は大劇場では出ません。手（拍手）が来ましたね。

草森　前日、稽古を見たでしょう。僕は見たことがないからとても面白かった。役者がどう注文をつけたりするのか、たとえばダメの出し方なんかどういう時に出すのか、けっこう眼福でしたね。遅い、って声なんかは、多分、舞台が変わったので、間《ま》が狂っちゃったんだろうね。

中村　これも、いつものテンポと違うんです。柝《き》を打つ間とか、予想以上に舞台がスピーディーでした。

草森　ねえ、舞台を見終わってから、歩きながらご一緒したサイデンステッカーさんが、（台本を）カットしているんじゃないかときいただろう。僕も同じことを考えていたんだ。すごくスピードを感じたからね。これはスピードを出すために切ったんじゃないかと思ったんだ。

中村　カットはしていないと思う。舞台が小さいから、速度が出たんです。水野邸座敷から湯殿に舞台を廻す時、すごいスピードでした。大舞台《おおぶたい》の場合は、電気で廻すが、ゆっくりです。それが人間が手押しでやっているのに、こちらのほうがスピードがある。舞台を廻すだけで、これも手が来ましたね。驚きました。

草森　これも、桝席にぺったり坐ることによって生じる僕流の水平感というのと大いに相俟《あいま》っているると思うね。一般的な素人のイメージとして、歌舞伎はスローテンポだ、ということがあるでしょう。あれは嘘だ、江戸時代は違っていたなあということをつくづく実感したね。スピードがあったんだ。そして劇場建築としてスピードの魔術も企まれていたんだ、ということがよく判った。

ちょっと関係ないかもしれないけれど最近石川淳の『天門』という本を読んだんだ。老大家の筆とは思えないほどスピードがある。押しまくられる感じ。それはなぜかと考えてみたんだけれど、因縁の術を使っているからなんだね。これだと筋がどんどん運ぶ。因縁は一瞬にして合点《がってん》の世界だからね。「いやや」は、ここにない。ま、歌舞伎の悪口として、御都合主義というのがあるけれど、石川淳は因縁の法を大胆に使っているので人物の動きにスピードがあったんだ。現代人は、因縁をあれこれ考えるから自滅的にスピードがにぶく感じてしまう。実際作戦として歌舞伎の選びとった〝因縁術〟ほどスピードのあるものはないんだ。因縁の糸は無限にくりだされ、絡まり縺《もつ》れるけどほどける時は、簡単極まりないからね。その上、金丸座の舞台だと、因縁づくを不合理だと考えるひまなんかないよ。

拘束がかえって自由を生む

中村　歌舞伎のそれってのは、本当はあきさせないように筋を複雑にしているんです。それが即スピードでもあったわけだ。ところが、近代になると、筋に理屈をつけようとするので、逆にまだるっこしくなって判らないものになっちゃった。江戸人の生理と、近代人のそれとの間に乖離が生じたわけです。

今回金丸座では、そのスピードも復活したわけ。だから、サイデンステッカーさんが、「もっと狂言の数があったほうがいいんじゃないか。ちょっと物足りないね」といっていたでしょう。

草森　僕もそう。この二本だともっと見たいなあと思ったなあ。スピードがあるだけに、かえって物足りなさを感じたんだね。

中村　フル・コースの中で、魚とデザートだけを並べられたという感じでしょう。この二本だけでは、江戸時代の見物はとうてい満足しませんよ。でも、僕は坐っているのがとても苦痛だったから、これだけで十分。

〝水野邸〟で、腰元が茶菓を運ぶ、また酒を運ぶ、ああいうことが歌舞伎座だといかにもまだるっこしい。でも、ここではさっさとやれて、全然時間がわからない。狭さから生まれるスピードだし、当時の実際の生活の時間にも近いでしょう。

吉右衛門の長兵衛が仮花道《かりはな》から出た時当然にもせよ、場内がわきましたね。あれはやはり、桝のせい、草森さんのいう水平線だからじゃないか。ということは桝の中に入っちゃうと、それぞれの観客が個でなくなっちゃうんです。個人でいようと思っても、無理なんですよ。椅子だと、個人でいられるし、拍手したくなければしないでもいられる。桝だと、皆が拍手すると、そうせざるを得ないような何かがある。椅子は、個を主張する権利ですからね。

草森　桝は、やっぱり乗合船ですよ。僕の隣りにスカートの女の子がいたけれど、袖すり合うも他生の縁という乗合船の感覚がないから、脚をどう扱っていいか判らない。僕の世代も椅子エイジの始まりだけど、僕は呼吸法を知っているから、二十四時間だって平気だね、坐っていても。ところがそうはいかないだろうよ、若者たちは。

中村　然り。はっきり言います。僕は断然、苦痛の極み、地獄の苦しみ。座蒲団が、これほど偉大なクッションだとは思わなかった。琴平は何時間もかけて行くところだからいいけれど、これを東京で毎月やられたら、どうかなって気はする。だから、金丸座というのは〝旅〟ですよ。東京でも、異次元の世界、新しい観光事業という意識でこの種の小屋をうまく作れば、大劇場への強敵が出現するかもしれない。歌舞伎そのものが、今日《こんにち》の一般社会とは表裏一体のものでなく、非日常的なものへの〝旅〟だからね。

草森　水平線、スピードの発見も、迫力も、歌舞伎全体で考えると、たちまち新たな壁があらわれたという感じだね。現代に歌舞伎をどう生かすかとなるとね。もともとこんぴら歌舞伎は、旅興行。江戸時代、ここの宮司はしっかり者で、観光政策としてやったようだしね。だからこんぴら歌舞伎に関する限り、旅の感覚でくればいいんだ。旅だと、シビレも、がまんのうちさ（笑）。サイデンステッカーさんも脚がしびれたらしいけれど、楽しんでいたよ。

中村　枡のマセの上を歩くのも、裾さばきで調子をとるから、着物のほうがうまくいく。拘束が、かえって自由を生む。

役者も観客も翻訳の連続

中村　今回の演目を『幡随長兵衛』と『百物語』にしたことは、まあ客席との一体感という点からすれば、判らないこともないけれど、金丸座というのは、現代社会における一つのフィクション、蜃気楼でしょう。在来の明治以後の狂言よりも、復活狂言の劇場だと思う。金丸座のための狂言というものを発掘して上演したほうが効果があがる。この小屋に合う演出や演技を考えなくてはだめだと思う。

草森　昨年は復活狂言で大成功をおさめて、二回目の今年はもっとリラックスしてやりたかったのだろうね。二つの出し物も、金丸座にピッタリかどうかということよりも、歌舞伎独特の語呂合せのほうを先行させて選んだ気がするんだ。まず『幡随長兵衛』は劇中劇に〝公平法問《きんぴらほうもん》諍《あらそい》〟があるでしょう。公平はこんぴらと語呂合せ。それから『百物語』は百目蠟燭《ろうそく》のもじりだろう。勝手な空想だけど。

中村　ウーン。それはどうかな。二つとも、電燈がついてから出来た狂言ですからね。もし役者が選んだとすれば、それなりの理由や事情はあったでしょう。ただ今回の場合、この狂言だと、東京で見ている人には、逆に舞台が狭苦しいというマイナス反応もあるわけです。

草森　こんぴら歌舞伎が現代の旅とからむならば、一度も見たことのない人でも親しめるものが入って来てもいい。東京の歌舞伎ファンだけを対象にするのもちょっと考えものだねえ。素人でも興奮させられるだけの空間をもっているから、ここは。ただ僕なんかは、いつも見ている出し物をここまで来て見る気になれないけどね。やはり来るならこの劇場に見合った魅力ある復活狂言が選ばれた時だろうね。その意味で、今度の出し物は、迫力もあったけれど、不満が残る。

中村　狂言自体が成功であったかどうかは、ちょっと疑問がある。確かに前回よりは入りが良かったけれど、場内のわき方は、前回の二分の一減です。まあ僕自身も、少し冷静になったせいもあるが。

草森　大いにありだな、中村君は（笑）。

中村　演技演出も、歌舞伎座でやっているものの、一種の翻訳作業をしなければならなかったわけでしょう。復活狂言ならストレートに効果があがる。

草森　劇場という建築上の空間問題をもっと考える必要がある。舞台稽古で、役者達の戸惑いみたいなものも、ちょっとした見世物だった。無料開放で写真も自由というのは嬉しかったなあ。

中村　確かに一面では翻訳作業の面白さもあるけれど、ただ草森さんね、やはり劇場の面白さ、珍しさだけに頼っていては、今後だめですよ。やることと、出し物をもっと考えなくては。

草森　でも、戸惑いは初めにありきだよ。

中村　どういうこと、それは。

草森　この小屋を使いこなす出発だという意味。役者達は、戸惑いながら楽しんでいた。これがいい方向へ向かえばね。観客だって小屋を使いこなさなきゃ。

中村　随分好意的ですね。ちょっと待って！『百物語』の雪だるまの電気照明など、かえってアナクロニズム。

草森　あれ、いつ出来の芝居なの？

中村　明治三十三（一九〇〇）年。明治スタイルの幻燈演出を、ここで見せる必要があったのか。

草森　明治の手品だからね。いまはね。郷愁を呼びだす仕掛けでもあれば、また別だったろうけれど。出しものとしてチェックするか、思いきって現代的な趣向を工夫してはめこんでしまったほうがいい。骸骨踊りも気になったね。

中村　『幡随院』は選択として一応結構。金丸座の花道は、国立劇場みたいに特設舞台でなく、まさに廊下。役者なり舞台なりを客観視出来る冷《さ》めた距離というものが、ここにはない。東西の二階桟敷がバルコンで、鈴なりの男女から花ふりそそぐ、花道のいのちを感じる。

草森　「村山座」で吉右衛門の長兵衛が出た時、あの自然さにはびっくりしたなあ。観客の中にすっと知らぬまに立っている感じ。親和力というよりスリルの時でしたね。役者と観客が

〝一体〟になるってのは、近代人の貧乏性の夢みたいなところがある。だからアングラは皆あの手を使うでしょう。アングラの一体感と、三代目新七が「村山座」でやった一体感とは違うよ。アングラはなまで、趣向じゃないから、ドギマギしないね。

勘九郎の出、吉右衛門の引込み

中村 ところで、金丸座に合う役者と合わない役者ってのが、やはりあるんじゃないか。
草森 歌右衛門は見たくないね。近代大劇場の空間を克服した人だから。
中村 幸四郎は合わないと思う。八頭身よりも、ここでは六等身がフィットする。現代の大劇場との逆転が生じる。
草森 玉三郎だとどうなるかなあ、彼女は脚が長いでしょう。大劇場ではむしろその長い脚が奇妙な色気になっていた。彼女の顔、姿の毒はこの金丸座にも持ちこしになってまた違った妖しさが出るかもしれない。ただ、この水平空間では、あの長い脚が少し目に触るかもしれないね。
中村 蠟燭ムードには合うでしょう。頭のいい人だから、工夫もするだろう。
草森 菊五郎は合うと思うよ、いま彼は放下《ほうげ》の時で、毒がブスブスと吹き出して魅力がある。この毒は金丸座の空間にも合うんじゃないかなあ。
中村 (河原崎)國太郎もいけるんじゃないか。大幹部の芸をここで見たいとは思わないが、勘三郎だけは見たい気もする。

草森　勘三郎は空間をみとる名人だからねえ。

中村　今回でいえば誰でしょう。

草森　勘九郎。

中村　同感。

草森　これまで勘九郎は、なんとか自分のぴったりはまる空間をつかもうと、東京の大きい劇場で戦ってきた。今度の勘九郎を見ていると、そういう戦いがこれまでの彼にあったのだということがつくづく判るほど、よく嵌《はま》ったね。

中村　僕は、勘九郎の身体そして身体の中にあるものが、この金丸座にピッタリだと思う。勘九郎がこれほど色気のある、意気爽やかな、いい役者だとは実際思わなかった。若いのに、ふしぎに江戸役者の匂いの高さのようなものがある。それを彼が強く意識しているとは思わないがとにかく自然に嵌ったという感じだ。

でねえ草森さん、今回主演した役者三人が金丸座へ初めて行った時、これは想像ですけどね、一番この劇場でやりたい、やろうとまず思ったのは、勘九郎だと思うんです。吉右衛門には、ある種のためらいがあったんじゃないか。それは彼が近代人だからで、また近代人だからこそ踏み切った。勘九郎には、古代神話的ともいえる自然児の楽しさがあって、無垢なトム・ジョーンズの血が騒いだんだ。

草森 子役時代、彼は大劇場でも場を圧する役者だった。無意識の太陽だったと思う。しかし子供も大きくなるわけ。で、そこに戦いが始まる。じゃあ金丸座にいま、自分が探し求めていた場を遂に見つけたとしても、事実見つけたと思うけれど、年中こんぴらでやるわけにはいかない。だからこんぴらで発見した自分を大劇場へ差し戻さなければならない。そこが勝負かな。

中村 今度の『百物語』の読売でね、浅葱《あさぎ》の衣裳で「あれは紀の国みかん舟」とかっぽれを踊るところ、イキの良さ、無心な手振りの面白さ、久し振りに戦慄した。ひだの深い、デリケートな芸だ。

草森 もともと僕は、勘九郎には吉右衛門とちがった意味での「色気」を感じるたちでしてね。でも、金丸座の勘九郎には大劇場での透明な香りといった色気が匂いの色気に変った。それともう一つ。誰にも合わせていないないという印象。これが結局すべてに合わせることにつながっている。

中村 稽古の合間に皆で楽屋へ行った時、勘九郎が一番浮かれていたね。「ドンドコドンドコさあ来て下さいよ」なんて。ここは太鼓の打ち込みがあるから……。彼は黙阿弥が書いた実録の天一坊でなくて、草双紙の天日坊を、ここでやるといい。『道成寺』も見てみたい。

草森 勘九郎の〝大〟悪《わる》も見たいね。

中村 「村山座」で、囃子部屋の二階の御簾《みす》が上がって、勘九郎の水野が姿を見せる。あの瞬間が良かった。水際立った殺気というものを感じた。小屋が湧いた。

草森　僕はもともと勘九郎の出が好き。スーッと切って立つというスリルがある。今回のあれも一種の出でしょう。あの凄さっていうのは闇。じいっとがまんしていたって感じが、いちどきに闇に光るって感じ。

中村　ちと褒めすぎたかな？

草森　でも、土岐さんもけしからんくらい岡惚れをしていた（笑）。

中村　吉右衛門は逆に引っ込みがいいな。「長兵衛内」の子別れの後の、黒紋付姿でのそれが、まことに立派な座頭だった。

若い原点としての金丸座

草森　たしかにそう。『河内山宗俊』なんかでも、引っ込みの時なんか、ウアッと膨張する感じがある。吉右衛門は、僕はファンだから何でもいいってタイプだけれど、でも今回は、思いすごしか、ちょっと彼の戸惑いが見えてならなかった。稽古のはじまる前、楽屋で会った時、ここの楽屋は暗いでしょう、そのすみに主の如く蒙然たる厳石という感じで坐っていた。恐らく、吉右衛門の自信が、僕に大きく見せたんでしょうね。

ところが今度の稽古と本番を通して、これも思い過ぎかもしれないけれど、彼が待てよ待てよと自分にささやいているような気がしてならなかった。それは『幡随長兵衛』という出し物のせいかもしれない。もちろん大迫力、そしてやりなれた芝居のせいもあって、いい気持ちそうにやっているのだけれど、どこかに心のすみでひっかかっているような気がしてならなかった。前回は見てないから何ともいえないけれど、出し物もはまって、気持ちよくやったと思うんだ。その気持ちのよさを長兵衛で、さらに爆発させたかったのかもしれないけれど、大迫力になりすぎ、金丸座のほうで、おじけづいている感じ。あの大迫力は、大劇場のものなのかな。その辺の微妙なズレを、本人も心のどこかで感じながらやっている気がしてならなかった。まあ、空想だけど。

中村 それは鋭い！ 僕は勘九郎とは逆に吉右衛門の悪《あく》を見たい。たとえば、三代目歌右衛門が演じた『敵討相合袴《かたきうちあいあいばかま》』なんかね。京極内匠《たくみ》の「腹の子入れて丁度十人、殺しも殺したなあ」というせりふで評判になった芝居。

草森 そのせりふを吉右衛門でぜひききたいなあ。長兵衛ではもう一つ、子別れの場で、長松の頬を両手ではさむ、そのはさみ具合に感心したなあ。稽古と本番では違っていたが、両方とも感心したよ。

中村 （澤村）藤十郎は間近に見ても綺麗だね。「藤十郎はん綺麗やなあ」って、女性客が随分騒いでいた。彼は、『切られお富』を〝藤棚の見染め〟から原作通りにやるといい。

草森 『百物語』の新造に扮した（市川）新車はエロティックで、ちょっと〝ひっかける〟。

中村 （中村）歌昇も、公平と出尻とたぬきで、いかにも個性をいかしていた。

草森 あのたぬきは全身まるごと浮き浮きしていたね（笑）。鯛焼きのアンコ。

中村　ここでは、脇が目立つんじゃない。小山三、千弥、四郎五郎、助五郎みんな良かった。腰元や局が単なる景色ではなくて、それぞれ人物として浮かび上がる。昔、脇から出世した役者がいたというのも、うなずける。

草森　居眠りは出来ないね。

中村　僕は思うのに、いま若手達が修練する小劇場というものがない。金丸座はその意味でもこれからの若手クラスが歌舞伎の原点をたしかめるためにも、こういう小屋に出ることはぜひ必要だと思う。すでに大劇場の空間を征服した大人達よりも、若い人の劇場でしょう。観客も若い層のほうがアピールする。

草森　巧者は巧者なりにもう一つ味が加わる。ヘボもヘボなりに味が出て、観客もそのヘボに愛情がもてるところだから、役者が〝自分〟をつかむ場所としていいところかもしれない。

中村　そう、一九八〇年代の〝市村座《にちょうまち》〟です。草森さん。来年また行きますか？

（一九八六年四月二十八日、有馬温泉「兵衛」にて収録）

（構成・土岐迪子）

平成中村座について

十二年前（二〇〇〇年）の秋、平成中村座が開場した。場所は隅田公園で、どこへも移動が可能な仮設劇場だったから、その後に大阪や名古屋の城址や境内にも、しばしば中村座のテントが設営された。海外各地にもテントは張られた。

テントの内部は、ほぼ江戸時代の芝居小屋に模した歌舞伎劇場で、舞台の間口が七間程度、定員八百人前後の手頃な空間をもつ中劇場である。観客は入り口で靴を脱ぎ、それをビニール袋へ収め、各自の席まで持参する。場内の前方には座布団が置かれ、後方および二階席にはベンチが並び、観客は両様の姿勢と視角によって、舞台を見詰める。

四国の琴平にある金丸座は、そのまま江戸末期の芝居小屋を忠実に復元した建物だが、客席は碁盤の目のようなマスで仕切られている。この仕切り桝は現在、なお両国の国技館にも残っているが、それは家や御店《おたな》や連中《れんじゅう》などという、前時代の共同体の一つのシンボルであり、まさに過去の社会の遺物なのである。ひとりの個人として見物する場合、これほど窮屈で厄介なシロモノもない。

平成中村座は、この江戸以来の仕切り枡を採用しなかった。そこでは座布団に坐るのもベンチに腰掛けるのも自由である。また中村座には、これも江戸以来の桟敷が無く、二階正面に設けられた定員僅か数名の〝お大尽席〟が、それに代わるものだろう。

この劇場には舞台の中、すなわち幕の内側の左右の二階部分に、通称〝桜〟と呼ばれる一種の覗き趣味の内野席がある。江戸時代にも同じような性質の席はあったが、かなり位置や向きは異なる。中村座には比較的清潔な手洗いの設備があるが、これも江戸時代には望むべくもないことだった。このように考えると、平成中村座こそ、現代における虚構の江戸劇場であり、展開されるものは、現代人が夢想するフィクションとしての江戸歌舞伎である。

わたしは開場当初、実は、こうした虚構性や作為感に、何となく違和と反発とを覚えた。演劇としてよりも見世物的性格が先行し、金丸座のような歴史的文化財には見られない、生生しい今日色の灰汁《あく》の強さが目立った。

しかし、三年五年と年数を重ね、この仮設劇場へ足を運ぶうちに、わたしの印象や認識は次第に変わった。場内の整備が進み、古典演目の上演が増し、著名俳優や花形役者も参加し、有望な若手に場を与える試演会も定期的に行われ、広く一般に座名が知られるに至って、この劇場の特質や意義や将来性が、ようやく深く理解され、納得できたのだ。

特質のひとつは、舞台の近さである。これは観客から見て舞台が近いと同時に、俳優からしても客席が近いことを意味する。相互に手が届くような距離にあるため、両者の反応がヴィヴィッドで熱を帯び、場内の交流が活性化し、密度の濃い舞台が生まれる。逆に言えば、すぐに粗《あら》も見えやすく、役者にとって怖い空間、油断のならない小屋なのだ。

特質の二つ目は、芝居の筋立てや進行が分かり易いことだ。これは役者のせりふや浄瑠璃の文句が聞き分けられ、演者の為すことの意図が了解できる、この劇場の緊密な劇空間の然らしめるところだろう。日本では昭和以降、主要な歌舞伎劇場の建築がマンモス化し、舞台の間口が十五間、収容人員が二千六百にまで達した。装置や衣装は立派になったが、観客には舞台が遠くなり、劇内容の把握が困難になって、戦後にはイヤホン・ガイドが出現する。中村座は、第三者の介助を要さない。

三つ目は、これまでの古典の狂言を、これまで通りの演出で上演しても、ここでは新鮮な成果が生まれる事実だ。頃合かつ適正な劇場空間が効《き》いて、廻り舞台にも速度が加わり、演者の駆け込みも勢い付く。『め組の喧嘩』のごとき使い古した演目でも、目覚ましく意気のいい、躍《わ》く躍《わ》くとするような狂言に変わる。つまり、芝居が生き返るのである。

わたしは初開場後の暫くの間、なぜか靴を脱ぐことに甚く抵抗を感じた。が、やがて靴を脱ぐことが安息になり、ベンチに半日腰掛けても、さほど疲労しない秘訣であることに気付いた。そう気付く頃には、この仮設劇場に不思議な親愛感を抱くようになっていた。

冒頭にも記したが、中村座は適宜な場所さえあれば、どこへも移動できる。満洲からモンゴル、中央アジアの草原からトルコやアラブの砂漠まで、世界地図の五分の一の領域は、パオやゲルと呼ばれる天幕の中に生活と文化があり、遊牧を繰り返しながら移動する歴史を有している。農耕を主とする定着型社会の日本にあって、中村座のような移動文化への挑戦は珍しい。このテント劇場が〝空飛ぶ魔法の絨毯〟となってヴェネチアへ舞い降り、カーニヴァルの聖地サン・マルコ広場で、歌舞伎のオリジナルな華を咲かせる日もあろう。中村座は〝広場の演劇〟としても、海波を越える世界性を手にしている。

さて、斯くの如き劇場を創った、その発想やアイデアは、一体なんぴとによるものだったのか。もしも、それが中村勘三郎その人の知恵だとすれば、かれは寛永以来十八代を数える中村座の座元として、けだし中興の祖であり、現代歌舞伎のムハンマドと称されても過褒ではない。

現在、再度の発病により療養中のよしだが、一日も早い快癒を祈ってやまない。

（二〇一二年七月執筆）

歌舞伎座が意味するもの――欧化と国粋、日本的な近現代化のゆくえ

最初の和洋折衷の大劇場

この四月（二〇一三年、平成二十五年）、第五次の歌舞伎座が新開場した。それから半年、すでに八〇〇万に達する観客数を記録、予想を上回る社会的な反響である。

しかも、九月には夢枕獏・原作の新作『陰陽師』がヒット、続いて『仮名手本忠臣蔵』連続公演、七代目中村歌右衛門襲名披露公演などが予定され、話題が目白押しだ。

新しい歌舞伎座は、関東大震災後に復興した第三次の歌舞伎座を基点とし、続いて第二次大戦後に復興した第四次の歌舞伎座を、直接に継承した。その建物の大部分を復元し、背後のビルや屋上庭園や地下広場などの併設による再編成、地下鉄との接続や場内エスカレーターの新設による利便化等、言わば複合的効果を狙った〝歌舞伎タウン〟でもある。

歌舞伎座が今日まで、国内外から「日本を代表する劇場」と目されたのは、いろいろな理由

が挙げられる。民族固有の最もポピュラーな演劇である歌舞伎を上演し、一流の俳優や芸人たちが技量を競い、優れた作家が劇作を提供したことだけではない。ひと口に要約すれば、社会の思潮や文化の理念を受け止め、時代時代の〝日本〟を間接的にせよ、つねに投影してきたことが大きい。別の言い方をすると、明治以降の「欧化」と「国粋」との両極に揺れる近代日本の精神的な横顔と日本人の生活感情とが、この劇場の百二十余年の歴史に深く刻まれてきたからだ。

歌舞伎座は一八八九（明治二十二）年十一月、福地桜痴の才幹と千葉勝五郎の資力とによって、東京市京橋区木挽町（現在地）に創建された。外部は洋風クラシック・スタイルの煉瓦造り、内部は和風の歌舞伎劇場様式の木造三階建てで、最初の和洋折衷の大劇場だった。

当時の政府主導の欧化政策や急進的な演劇改良運動の潮が引き、民間の手で漸進的な形で実現したのが、この第一次の歌舞伎座という新劇場である。が、場内の繁骨《しげぼね》の傘を開いたような形状の天井からは、最新式「エレクトリア灯」電球三六個の大シャンデリアが吊るされ、洋室の休憩所や売店・運動場・遊歩廊などが設けられ、明治十年代の新富座にあった江戸末期の芝居小屋の余臭は消えて、わが国では初の進化した〝劇場《シアター》〟が出現した。その後、東京市中には歌舞伎座に倣った和洋折衷の劇場が、ほかに幾つも生まれた。

ところが、明治期の時代の進展はハイ・スピードで、早くも三十年代末には歌舞伎座の建物が古びた印象を与え、とりわけ上流階層の生活感覚とのずれが目立つようになる。一九〇六

（明治三十九）年二月、英国のコンノート公が来日し、歌舞伎座の平土間《ひらどま》に椅子を並べて歓迎観劇会が催されたが、暖房装置が不備のため火鉢を用意すると、京橋署から火気厳禁との達しがあり、盛装の紳士や貴婦人連は寒さに震え上がっていたと、木村錦花の『近世劇壇史』（一九三六年）が伝えている。

日露戦争の勝利は、一等国の自負と余裕とをもたらし、享楽志向やコスモポリタニズムが芽生える。世相は新たな文化の欧化と、直輸入の純洋風劇場の新設を求めていた。同じく〇六年十月、「帝国劇場創立・第一回発起人総会」が開催され、貴顕と政財界のエリートたちが綺羅星のごとく名を連ねる。翌々〇八年十二月、全館椅子席で食堂・休憩室設置の有楽座が、洋風の高等演芸場として東京・有楽町に開場し、一年後には近代劇の試演が始まる。

そして一九一一年三月、待望の帝国劇場が麴町区有楽町馬場先門前（現在地）に開場し、ついに夢の玉手箱が開く。それは設計も施工も日本人の手に成り、帰朝後二十三年目の森鷗外を「あれだけの劇場が出来上った」（小金井喜美子『森鷗外の系族』）と喜ばせた見事な出来映えで、先進欧米諸国の首都のそれに遜色がない劇場だった。

フランス流ルネサンス様式による、鉄骨煉瓦造り四階建て、外部を白煉瓦で覆い、内部は随所にイタリア産の大理石が使われ、至るところ絵画・彫刻・刺繡で飾られた、金色燦然《さんぜん》たる洋風大劇場であった。

興行の方法・観劇の手段・場内の規則・上演時間・演目の範囲・俳優養成・海外芸術の公演

など、ことごとく欧米風かつ今日的に一新された影響は、広く深く各界各層に及び、当時の社会に〝帝劇旋風〟を巻き起こした。

一方、これまで〝日本一〟の歌舞伎座は腕を拱《こまぬ》くことが出来ず、その夏に改築を断行、併せて芝居茶屋の廃止を決議した。名代の興行師として鳴る田村成義の建策で、横浜の運送業者の柏木多七を普請奉行に頼み、外観が洋館だった歌舞伎座を、古代風な御殿造りで純日本式の木造建築に一変させた。

外部に案内所、内部に大廊下・大広間・休憩所・食堂・化粧室ほかを設け、場内は三階席まで総檜《ひのき》造りの高欄《こうらん》附き、土間の上は金張りの格《ごう》天井であり、それなりに贅沢で美麗な、特に伝統歌舞伎には頃合いの空間を持った、良質で格式のある和風大劇場であった。これが第二次の歌舞伎座で、一九二一（大正十）年十月、漏電で焼失するまで存続した。

かくして大正後期までの十数年間、この新旧二つの劇場が日本を代表し、帝都での覇権を争う。その競合の火花の中に、演劇世界の大正ロマンや大正文化の二重性が、端的に表れた。すなわち〝花道のない劇場〟と〝花道のある劇場〟の共存だが、そうした対比的な図式は現在まで水脈を引き、近代の日本文化における「欧化」と「国粋」との相剋の熾烈さをも示唆している。

歌舞伎座が建物を和風に転換したのは、おもに洋風の帝劇への対抗意識からだった。須田敦夫の『日本劇場史の研究』(一九五七年)は、これを〝反動的〟と看做し、また今次の歌舞伎座の設計者である隈研吾は、第二次の建物について〝単なる和〟だと述べている(「対談 21世紀歌舞伎座の「顔」」『世界』二〇一三年七月号)。

第一次の和洋折衷にあった併合性や前進力が、或いは第二次の純和風には希薄であったのかも知れない。とすれば、旧幕期に育った田村たち世代の考え方が、やはり古かった。

しかし当時の世間は、この新旧二劇場を対等に扱った。吉井勇の短歌や竹久夢二の挿絵も、両劇場を同じ比重で詠み、かつ描いている。

あえて書けば、大正の劇壇史は、舶来品愛好とリベラルな世並みの後押しによって、やや帝劇優位に推移したと評せるだろう。帝国劇場の建築美は、新しい三越・東京駅・日本橋などと共通色を帯び、何と言っても同時代の光を浴びていた。海外からの貴賓、イギリス皇太子(後のエドワード八世)をはじめとする殆どが、かならず帝劇へ足を運んだ。

大正初頭、歌舞伎座の経営は大谷竹次郎の手腕に委ねられた。白井松次郎・大谷竹次郎という松竹兄弟は、京都の劇場の売店経営の一家に生まれ、辛酸を重ねて東西の主要劇場を掌中に収め、キネマにも事業を拡大して、興行界に松竹王国を確立した。大正末年には、丸の内の帝劇と下谷区二長町《にちょうまち》の市村座のみが、松竹の傘下に入らない劇場だった。ことに帝劇の場合、財界上層の息がかかった一種スマートな別格の企業体で、民間の叩き上げの演劇人やプロの芝居者たちが多かった松竹側からすれば、高嶺の花にも近い、羨望の〝最後の城砦〟であったろう。

第二次の歌舞伎座が焼失後、大谷は直ちに再建に着手し、設計を〝本邦著名の技師〟岡田信一郎に依頼、施工を大林組が請け負い、工事中に遭遇した関東大震災による火難をも克服して、一九二四（大正十三）年十二月、第三次の歌舞伎座の大建築が完成した。

歌舞伎座の重役会議は、着工前に数箇条の方針を決議しているが、その中に「外観は模範的大劇場として国粋的美観を表はす事」（傍点は筆者）という一箇条がある。大谷や岡田には、もう一つ別角度の企図があり、それが〝和風の近代化〟であった。第二次のような〝単なる和風〟では、ライバルの帝劇と対抗できても、それを凌駕《りょうが》し得ない。岡田は「われわれは今日の借りものの西洋建築に満足するわけにいかない」と語っているが、新たな日本建築の近代化、さらに日本建築の欧化によって、眼前にある直輸入の洋風建築を乗り越えようとする、逞しい意志や意欲が感じられる。共に働き盛りの大谷と岡田との肚《はら》は、まさに一つだった。

第三次の歌舞伎座は、耐震・耐火の鉄骨・鉄筋コンクリート造り五階建て（地階を含む）、外観には、寺社や城郭建築の特色を形象化した桃山様式を採用した。内部は、一階の大間《おおま》（ロビー）と二階の廻廊との間を〝吹き抜け〟とし（大谷の注文という）、喫茶室・喫煙室・携帯品預かり場・みやげもの売店その他、至れり尽くせりの設備を用意し、食堂関係には和・洋・華の名店が並んだ。場内の一・二階の客席は、すべて椅子席に転換され、東西の鶉《うずら》桟敷《さじき》と三階席の前方が座席、後方が椅子席だったが、収容人員は二四〇〇名に達した。客席の上は、金糸入り淡紅色の織物を張った格天井であり、二階廻廊の手摺《てすり》は朱塗りの高欄で、絢爛たる雰囲気をかもした。

この建築は、いわゆる「日本的な近代化」が成功したサンプルだった、と言える。これによって歌舞伎座は近代劇場として飛躍し、その後に展開される第四次・第五次の建築の本質的な基点にもなった。翌年一月、新開場すると〃東洋一の大劇場〃という賛辞が沸き起こり、前年の秋に改修され、「白い銀系統の色で清楚な建て物」になった「帝劇を遥にぬく」結果を生じた（三宅周太郎『演劇五十年史』一九四二年）。昭和初頭の帝劇落城、松竹による劇場制覇は、これが遠因である。やがて新・歌舞伎座へ、グロスター公・シャム皇帝・満洲国皇帝などが相次いで訪れ、さらにチャップリン、シャリアピン、コクトーのような欧米の芸術家たちも来場し、歌舞伎座というデラックスな器に盛られた、それ自体も近代化された歌舞伎を楽しんだ。

第三次の歌舞伎座の建物は、ほぼ同時期に建てられた軍人会館・南座・琵琶湖ホテル・東京帝室博物館のごとき一連の建物と、どこか通じ合う要素を持っていた。世に言う和風意匠の新古典的な歴史主義の近代建築群だが、いずれも豪華で重厚、壮麗で典雅な印象を与える。が、一抹の暗さと厳《いか》めしさと険しさとが潜んでおり、たとえば歌舞伎座のように〃国劇の殿堂〃として、昭和前期のナショナリズムと呼応する一面があったのは否定できない。

けれども明治以降、日本の選ばれた建築家たちは、単に欧米建築への追随だけに満足せず、

第三次歌舞伎座の場内の様子（昭和16年３月）

自国の伝統や風土を受け止めて、新たな日本建築を創造するために苦しんできた。岡田信一郎も、その最たる一人である。岡田の歌舞伎座の設計には、前記のとおり「外観は模範的大劇場として国粋的美観を表はす事」という重要な課題があった。この〝国粋的美観〟を具現化するべく、彼は歌舞伎座のファサード（顔。表構え）に精力を傾注した。

第二次の歌舞伎座の正面車寄せ、つまり正面玄関の屋根は唐破風《からはふ》造りだった。この唐破風の屋根は、古くから寺院・屋敷・遊廓にも設けられ、また明治初期の啓蒙時代の学校、大正から昭和にかけての旅館、さらに数多くの銭湯に用いられた。日本人にとって見慣れた景色であり、或る時期まで決して珍しい代物ではなかった。日本の気候は多雨のため、建築も屋根に特徴があると言われ、唐破風もその一つだろう。岡田は歌舞伎座のファサードとして、この唐破風の屋根を選択した。

第二次の歌舞伎座の唐破風の屋根と第三次のそれとを、いま残された写真で比較してみると、まったく別個のものに見える。木造とコンクリート造りとの相違のみに留まらず、建築の姿勢や意識が大きく異なる。第二次の尋常な平凡さが、第三次では抽象化され装飾化されて拡大し、さながら大鳥《おおとり》が翼を広げて舞うような、一種シンボリックな美的結晶にまで昇華されている。第三次の歌舞伎座が〝近代日本バロックの名建築の一つ〟とされる所以《ゆえん》は、この唐破風の屋根のファサードに見られる、岡田のデコラティブで華麗な、強い表現主義があってこそだろう。

自己顕示としてのプロセニアム

歌舞伎座の〝顔〟として、もう一つ挙げるべきは、その宏大な舞台の圧倒的な間口《まぐち》の広さだろう。去る三月末、筆者は今次の歌舞伎座の開場式に列席し、三年ぶりに同座の大舞台を眺めたが、異常なまでの間口の拡がりに打ちのめされ、畏怖の念に近いものを覚えた。「これは歌舞伎・ローマ帝国だ」とすら思った。

歌舞伎の舞台は明治初期の新富座時代以後、しだいに横へ拡がった。第一次の歌舞伎座では、西洋式のプロセニアム・アーチ（額縁）の中へ舞台機構が収まり、舞台の間口は十二間（二一・八メートル）になった。江戸劇場の約二倍に当たるが、時世の推移や人びとの視野の変化によって批判の声はなく、むしろ「立派になった」という拍手が大半だった。

そして三十五年後の第三次の歌舞伎座では、舞台の高さが三間半（六・三六メートル）に対して、その間口が一挙に十五間（二七・三メートル）に大拡張された。当時の帝劇のプロセニアムが、高さ四間、間口八間という、欧米の縦長な舞台に比べて、やや扁平なそれに対置しても、異様なほど横に広い、あたかも帯を拡げたような巨大舞台が出現した。

当然、賛否両論が沸騰した。たとえば画家の岸田劉生は、「再興の歌舞伎坐《ママ》ははじめて也。へんにだゝつぴろいものにて悪い感じ也」という日記を残している（『岸田劉生全集』収録）。緊密なドラマの求心力や俳優の細やかな技芸を味わうには、いささか不向きな舞台であることが指摘されると同時に、群集が登場する場面や、スペクタキュラーな演出には適するとも言われた。が、大震災後の観客層の変化もあり、この大舞台も既成の事実と化し、やがて難点も見失われていく。

では、このような世界にも類のない幅広の大舞台が、なぜ造られたのか。東京という都市の拡大現象と人口増加、それに伴う客席増大と興行資本の利潤の追求が、まず挙げられる。大舞台によって帝劇はじめ諸劇場を威圧し、劇界制覇の一助とする考えもあったろう。また、大舞台に乗せてスケールを大きくし、歌舞伎をグランドな演劇にしたい意図もあったのかもしれない。理由は一つではないだろう。

筆者は、この長大な和風のプロセニアム・アーチの背後に、やはり人間の精神的なものを見詰める。設計者にも発注者にも、その人間たちが持っていた祈念や悲願を、改めて凝視せざるを得ない。この壮大な檜造りの額縁舞台は、近代化され欧化された「国粋」それ自体の自己顕示である。さらに、古臭い芝居者社会が「日本的な近代化」に遅れ馳せながら成功し、ようやく〝負〟の境界が〝正〟のそれへと転回した、その〝宣言〟であろう。

第三次の歌舞伎座が創始した間口十五間の額縁舞台は、それ以後の第四次・第五次へ受け継がれ、その寸法も形状も殆ど変わらない。とすれば今日、それが意味した「日本的な近現代化」も或いは飽和状態にあり、今後のゆくえを占う秋《とき》が来ているのかもしれない。

〝ハコ〟か〝異物〟か

一九五〇（昭和二十五）年十二月、第四次の歌舞伎座が竣工した。それは正しく、平和と復興とのモニュメントだった。敗戦後の資金難や資材不足の中で、再建のため苦闘した老・大谷の雄姿を、世人はこぞって讃《たた》えた。

設計はモダニズムの建築家として知られる吉田五十八で、彼は第三次の岡田の設計を基本としながら、要所要所を手直しして、全体的な修整を行なった。たとえば、同座の正面の頂きに聳《そび》えていた千鳥破風《ちどりはふ》の大屋根を取り払い、平屋根に替えて厳めしさを和らげた。

また、場内の豪奢な格天井を再現せず、間接照明の吹寄竿縁《ふきよせさおぶち》天井にして、現代的かつ明快な線を打ち出した。廊下やロビーにあった装飾性の暗い分厚さを解消し、平明で簡素な親しみやすい空気に変えた。要するに、岡田の人工的で非日常的な世界が、吉田の自然で日常的な平静な世界へと一変した。

このことが歌舞伎という演劇の性格、その本質的なものと合致していたか否かは分からない。

が、戦後という時代、その民主主義や大衆文化社会の方向と和する変化ではあったろう。開場後に劇化された『源氏物語』の王朝物の舞台にも、新しい歌舞伎座の清明な気分は適していた。まことに劇場は社会の窓であり、時代の投影図なのだ。しかし、吉田五十八のモダニズムをもってしても変えられない、歌舞伎座の〝顔〟が二つあった。一つは唐破風の屋根のファサードであり、もう一つは幅二七メートルの額縁舞台である。

第四次の歌舞伎座は二〇一〇（平成二十二）年まで、実に約六十年間にわたって存続した。劇場は生き物なので、かほど長年月に及ぶと、もちろん場内の状態も変容する。現在も設置されている、二・三階正面の客席と東西（左右）の袖の席との前面に並ぶ〝紅提灯〟のセットは、第四次の開場後しばらくはなかった筈で、場内装飾に不足が感じられたとき、新たに取り付けられたものだろう。

また、第三次の開場当初は三階前方は座席で、座紋《ざもん》を染めた座布団が置かれたが、一九三四（昭和九）年の改修時に、すべて椅子席に変わり好評を博した。ところが逆に、第四次の二階の東西席は初め椅子席だったのが、昭和五十年代に座席化された。劇場には観客の生活や嗜好が反映されるが、歌舞伎座の場合、単純に〝和〟から〝洋〟へ、タタミからイスへと移行する一本道を歩んだのではない。

では最後に、第五次の歌舞伎座について考えてみよう。その前に、今次の設計者である隈研吾の著書『建築家、走る』（新潮社、二〇一三年）を読むと、着工以前の準備段階で、或る一つの重要なテーマをめぐって、関係者の間で大きな対立、もしくは葛藤が存在したことが分かる。しからば、重要なテーマとは何か。まず第三次の建築について回顧した、大谷竹次郎の率直な言葉を聴こう。

「金もかけた。四角な儘《まま》で建築すれば安く上るのを、金のかゝるあの破風造《はふづく》りにして二百万円の資本になつてしまつた――併し、もう二度とあんな建築は出来んし、今になるとよくやつておいたと思ひます……それで歌舞伎座の表囲《おもてがこ》ひをとつて、初めてあの大建築を私が見上げた時の嬉《うれ》しさはありませんでした」（三宅周太郎『俳優対談記』一九四二年）

すでに大谷の胸中にも、経済的な理由からにしろ、この〝四角〟か〝破風造り〟か、という問題意識が潜んでいたことが分かる。ところが今回は、おもに都市機能や建築美学の視点から、言わば〝ハコ〟か〝異物〟かという主題で、劇界を超えた範囲での〝内部訌争《こうそう》〟に発展したようだ。隈研吾の記述の要点を、ここで若干リライトして左に伝える。

「東京の中で残ったそのバロック性に対して異論もあった。20世紀的モダニズムの信奉者たちからすると、建物の装飾は時代遅れに見えるようだ。『四角いハコの中に、歌舞伎座の建物全部を入れた方がいいんじゃないか』という意見が、外部から僕たちに寄せられた。僕ら設計チームが目指していたものとは、大きな隔たりがあり、数ヶ月、異なる見解との調整で、事態が膠着《こうちゃく》する日々が続いた」

「僕自身は歌舞伎座の建物について、都市の中にある『異物性』のようなものが命だと思っていたから、ハコには絶対に入れたくなかった。その『異物性』こそが、まさしく岡田先生の意図したバロックなのだ。これが都市にあまたあるハコの一つに収められてしまったら、歌舞伎という伝統芸能と、歌舞伎座というものが東京で放つ特殊性が失われる」

「歌舞伎座をコンクリートのハコの一つにしようとする外部の圧力とは、戦い抜く気持ちだった」「お上との齟齬があったおかげで、設計チームの結束が一気に強まった。『唐破風の屋根をはずして、わかりやすいハコにしなさい』といった、思わぬ提案をお上からぶつけられたおかげで、自分たちが本当に何を実現したいかが見えてきた。要するに僕らは、東京の中ではまったく例外的な、特別な形態、特別な場所を継承したいのだ」「僕は祝祭空間としての歌舞伎座を再生させたかった」

設計チームと関係者にとって、これは崇仏・排仏、開国・攘夷にも勝る大問題であったろう。そして、歌舞伎座が〝顔がない〟ビル劇場の一つと化していたら、やはり寂しいことだったろう。関係者たちの健闘を讃えたい。それにしても、筆者が傍点を打った〝外部〟とか〝お上〟とかは奈辺を指すのか、と考えていたら、次のような一文が目に留まった。

「歌舞伎座建て替え計画は、ファサードの復元を前提に進行したが、石原慎太郎前東京都知事は『銭湯みたい』などと難色をしめしたため、松竹は再検討し、当初の着工予定から三年ほど遅れている」（与那原恵「銀座の街に新たなにぎわいが生まれる。」『東京人』二〇一三年五月号）

この直観的かつ強烈な発信力には、甚く共鳴するファンも多かったに違いない。ここにも

「欧化」と「国粋」との相剋が、まだ今も底流として残っているかに見える。しかし岡田のデフォルマシオンがあったにせよ、やはり銭湯で良かったのではないか？　これが鳥居や山門なら、お客が来ませんよ、石原さん。

三階席の〝壁〟

第五次の建て替えは、隈研吾の歴史分析と現状認識とが的確で、第三次以降の「日本的な近代化」路線を着実に踏襲しつつ、しかも現代的なアルファを加味し得た点、まず八、九割方の成功だったと言えよう。

歌舞伎座は創建時から一貫して民間経営で、公からの財政援助はない。今次の賃貸ビルの併設は収支対策だが、第三次以来の劇場の外観を守り抜いたのは高く評価されていい。

けれども一方、筆者には場内の新しい状況に対して数点の疑問や不満があり、それは今さら修正できるものではないが、歌舞伎という演劇の将来に何らかの影響を与える場合も考えられるので、あえて正直に指摘しておきたい。

一、正面玄関の階段を除去してバリアフリー化を図ったため、一階の大間の円柱の背丈が高くなり、二階の廻廊との間に垂直性が強まって、以前にはあったロビーの社交場としての、親しみやすいアット・ホームな雰囲気が薄れ、さながら美術館などに足を踏み入れた時のような印象になったこと。
二、一・二・三階の正面向きの客席の大半が、舞台方向への傾斜の度合いを増して、三階席からも花道の七三《しちさん》（スッポンがある位置）が見えるという、最大の利点を生んだ。反面、三階後方からは、舞台の山門の上にいる日本駄右衛門の顔が見切れる（全部が見えない）という噂が立った。一階席も総体に（特に後方席の）勾配がきつくなり、むろん舞台は見やすくなったが、筆者のごとき旧世代には、やや居心地が悪くなった。数寄屋普請の権威だった吉田五十八の設計では維持されていた、歌舞伎劇場特有の和風の平土間の水平性が後退し、いささか立体感が生じた。〝饗宴《きょうえん》の芸術〟と言われる歌舞伎にとって、この平たい水平感覚は大切な要素で、ちょうど旧日本人たちが百畳敷のタタミの大広間で、無礼講に共食・共飲する風景を考えてもらえばよい。筆者は先頃、新・歌舞伎座の一階9列26番という席で見物したが、左側に花道は見えるが、傾斜する観客たちの頭部に隠されて、登場する役者の足が見えない。中村七之助の娘お染の裾《すそ》の流れが見えないのだ。
三、まだある。筆者の見方では、劇場には大別して二つのタイプがあり、その一つは〝壁がない劇場〟で、もう一つが〝壁がある劇場〟だろう。地中海周辺の古代円形劇場、シェイクスピア時代の宿屋劇場、近世ヨーロッパのオペラ劇場、そして江戸歌舞伎劇場もそうだが、それらにはすべて〝壁がない〟。客席が三方から舞台を包囲し、場内を人間たちの熱気で充満させる状況を理想とする。近代以降、舞台と客席とが客観的に対立し、互いに正面から一対一で向き合うスタイルになった時、場内に〝壁〟が生まれた。今日のホールや会館や映画館の、そのほとんどは〝壁劇場〟である。

明治以後も、第一次から第三次までの歌舞伎座は、その場内は麗しく装飾された客席で包まれ、まったく〝壁〟が見当たらない。場内写真で検証しても、岡田の設計は見事で、超満員の観客がふり零《こぼ》れんばかりだ。歌舞伎劇場とは実に、こうしたものだろう。歌舞伎座の三階席に〝壁〟が出来たのは、戦後の吉田の設計からだ。

今次の歌舞伎座では、天井の高さが二・五メートルも上がったとかで、三階席の東西の壁面が拡大し、場内に無機質な分子が急増した。しかも、どうしたわけか三階の東西の袖の席が各一列のみになり、ちょび髭《ひげ》を残したような侘《わび》しい景色と化した。吉田でさえ辛うじて保持した、江戸期から伝来の〝鶉桟敷の三層形式〟（須田敦夫の表現）の美しさも、これで完全に崩壊したと言える。果たして今後、あの〝鈴なりの三階〟というシーンが生まれるのか。〝祝祭空間〟という言葉がお好きな隈先生、何か知恵はなかったのですか？

百二十有余年に及ぶ歌舞伎座文化史は、その過半の時間が「日本的な近現代化」に費やされたが、それも黄昏の郷愁時代に入り、今や新たな「欧化」が窃《ひそ》かに始まったようである。

（二〇一三年九月執筆）

戦後歌舞伎の円朝物と円朝劇

わたしが歌舞伎の円朝物を初めて見たのは、たしか一九五七（昭和三十二）年の八月、まだ中学生の時分だった。ちなみに歌舞伎の円朝物とは、三遊亭円朝が創作して口演した怪談噺や人情噺などを、歌舞伎の作者や俳優たちが舞台化した歌舞伎狂言を指す――。

その夏、列車で上京して歌舞伎座や新橋演舞場の盆興行を見物したが、さすがに十代の少年のサイフでは、未知の土地の大阪まで脚を伸ばせなかった。道頓堀の中座では、實川延二郎（後の三代目延若）が亡父ゆずりの円朝物の『怪談乳房榎』を初役で演じ、演劇ファンの話題を呼んでいた。ところが某日、その舞台がＮＨＫのテレビで中継され、関東の地方都市の家々の茶の間にも放映された。

当時のテレビはカラー化する以前の段階で、時たま電磁波が乱れるモノクロームの画面だった。晩夏の蒸し暑い昼下がり、わたしは独りで画面に見入った。そして五十五年後の今日、自分の脳裏に直ぐにも蘇るのは、早替わりの三役でもなければ、本水を使っての立ち回りでもなく、往時の関西の老優、二代目林又一郎が扮した磯貝浪江の浪人姿である。歌舞伎芝居の色《いろ》敵《がたき》という古風な役柄が持っている、いささか異様で不気味な暗い味感を、この現代から取り残された老優は十全に表現した。わたしは円朝物と言うと、なぜか又一郎の浪江の異様な不気味さを思い出す。それは色情というものに対する戦慄と恐怖を、逸早く少年に教えるものでもあった。ことごとく凡常の普通の敵役でしかなかった。そこには又一郎のごとき、色情に惚《ほう》けた果ての狂気が欠如していた。その後、幾人かの俳優の磯貝浪江を実際の舞台で見てきたが、

東京での学生時代、後年まで印象が消えない円朝物を二つ見ている。ひとつは一九六二（昭和三十七）年七月、歌舞伎座で上演された『怪談 累《かさね》ヶ淵《がふち》』である。これは昭和期の有数の劇場作家であった川口松太郎が、陰惨で執拗な原作の灰汁を抜き、一抹の明るさを添えて当世向きに改作した多幕物だったが、いわゆるウェルメイド・プレーとしては文字通り一級品で、若いわたしも観劇の悦びを大いに享受した。十七代目中村勘三郎の水木歌女吉、七代目尾上梅幸の新吉という好配役を、三宅周太郎が新聞劇評で「二人とも戦前の名優に劣らない」と推称したのを覚えている。

円朝の『真景累ヶ淵』は、戦前から多くの場合「豊志賀の死」として劇化され、その部分のみが上演される。テーマが〝年上の女〟だから、女方の演目として定着した。戦後、長大な原作の輪郭を珍しく提示したのが、六四年八月の中座における中川彰の脚本で、以後も数回の通

し上演があり、若き日の坂東玉三郎もお園と豊志賀を演じている。

もう一つは六五年七月に歌舞伎座上演の、二代目尾上松緑が主演した『怪異談牡丹燈籠』である。が、わたしの網膜に鮮烈な残像を刻んでいるのは、三代目尾上多賀之丞の下女お米の亡霊役だ。さながらミイラが闇の中で笑うような怖さがあり、場内寂《せき》として声なく、明治の劇評家の三木竹二が五代目尾上菊五郎のお米について記した、「凄いことであつたり」という評言さえも頷けた。

わたしは今にして考える。辛うじて実見できた明治前半期に生まれた俳優たち、たとえば七代目坂東三津五郎・八代目市川團蔵・三代日市川寿海・初代市川猿翁、それに多賀之丞もそうだが、皆揃って鍛え抜かれた、一種イン・ヒューマンな冷徹な芸の持ち主で、後続の俳優たちの人間的な、余りにも人間臭い演技とは、截然たる差異があった事実を。そして、歌舞伎の怪談劇の幽霊役を真に全うな姿で勤められたのは、おそらく多賀之丞の世代を最後とするのではなかろうか、と。

『牡丹燈籠』は、明治中期の五代目尾上菊五郎の歌舞伎座初演から昭和後期の松緑まで、大歌舞伎では三代目河竹新七の脚本が用いられてきた。しかし、現在の歌舞伎俳優の多くは、かつて文学座が初演した大西信行の脚本を使っている。これには識者間にも是非があり、新七の脚色に難点も認められるが、歌舞伎の世話狂言としての様式性、長い上演史から醸された風格や奥行きは、やはり前者のほうにある。十年ほど前、中村吉右衛門が新七本で上演したのは、彼らしい見識だった。

右の三つの怪談劇は、戦後も適当な間隔で上演され、今日でも世間周知の〝円朝歌舞伎〟である。実は、この三作の上演回数の総計を上回る数字を示すのが『人情噺《にんじょうばなし》文七元結《ぶんしちもっとい》』で、これこそ戦後歌舞伎の今や代表的な円朝物と看做してもいい。現代の観客にとって、これほど後味が良く、口当たりも悪くなく、戦後日本人のヒューマニズムとも調和し、何がしかの幸福感をも与えてくれるような演目は、きわめて数少ない。明治末期の狂言作者・榎戸賢治の脚本が採用されてきたが、近頃では映画監督の山田洋次が、新たにテキストに手を入れたりする人気狂言になっている。

遡って戦前、この『文七元結』すら凌駕する位置に立ったのが、伝記物の『塩原多助一代記』である。初演以降の戦前五十七年間に、歌舞伎・新派・地方巡演その他を加えると、計二三九回という驚異的な上演回数を記録している（「国立劇場上演資料集」による）。

逆に世相が激変した戦後六十七年間には、上演回数わずか七回に転落するが、最近の国立劇場で久びさに復活通し上演が実現した。この作は今後、立志伝や経済論よりも、孤独な男の愛馬物語に主軸を据えたほうが、長い生命力を得るのではないか。リチャード・ギアの忠犬ハチの映画化、スピルバーグ監督の『戦火の馬』の例を見ても、人間と動物との心的交流は普遍的なテーマである。

戦前に上演された『業平文治』『英国孝子伝』『荻江一節』『安中草三』『栗田口』『名人長

次』などの円朝物は、すっかり戦後歌舞伎からは姿を消した。『粟田口』はスペクタクルもあり、老母の息子殺しという皮肉な局面もあり、わたしは故人の利倉幸一・加賀山直三の両氏から、「あれには久保田（万太郎）さんの脚本《ほん》がある」と聴いたので、何時か復活上演が試みられても良いかもしれない。

さて円朝物から話柄を転じ、円朝劇について書く。三遊亭円朝という実在の人物が舞台の人物として登場するのは、五代目菊五郎が円朝その人に扮した新作浄瑠璃『風船乗評判高楼《ふうせんのりうわさのたかどの》』（河竹黙阿弥作、明治二十四年一月、歌舞伎座）を嚆矢とする。藤浦富太郎によれば、「是迄円朝に扮した俳優は、十名位はある」という（昭和四十年一月、歌舞伎座筋書）。円朝は、演劇や映画の世界の関心を惹いた、文化史上のポピュラーな存在だった。

戦後歌舞伎の一九五〇・六〇年代、二つの新作の円朝劇が誕生している。五七（昭和三十二）年十月、大阪の歌舞伎座で上演された小島政二郎作『円朝』は、作者が「週刊朝日」に連載した長編小説を、みずから劇化・演出した三幕四場である。幕末における若き日の円朝の生き様、高座と女たちとの狭間で苦悩する青春譜が綴られ、三代目寿海が円朝を演じたが、その誠実で若々しい芸風が主人公に適し、また七代目大谷友右衛門（四代目中村雀右衛門）の理想の恋人おやいも好評だった。だが、わたしは先日、大谷図書館所蔵の脚本を一読したが、円朝の人物像や時代の状況、作者の個性も力量も、さっぱり浮かび上がって来なかった。結局、評判小説の副産物だったのだろう。

六五年一月、東京・歌舞伎座上演の安藤鶴夫作『雪の日の円朝』一幕は、それより三年前の新国劇での初演に続く歌舞伎での再演である。明治十年代、円朝が山岡鉄舟と出会い、禅に触れて無舌《むぜつ》の芸境を得る、その切っ掛けとなった日を描く。わたしは十七代目勘三郎の円朝、八代目三津五郎の山岡という舞台を見ているが、未熟な学生時代の記憶なので、作者の五十歳台での処女戯曲である本作に初めて目を通してみた。

ここには安藤鶴夫その人の、ほとんど総てが凝縮されている。凝った趣向と潔癖な美意識、デリケートな神経と難しい気分、うるさい言葉への拘泥《こだわり》と厳しいリアリズム。そして、草田男の〝明治の雪〟によって一切は浄化され、花やかなりし芸道の過去が輝く——。

一九五〇・六〇年代という前世紀の中頃、まだ日本人は舞台の芸を、文章の芸を、政治の芸を、つまり人間の芸というものを信じていた。小島政二郎も安藤鶴夫も、一口に言えば、芸と芸道の追求者だった。二人にとって、まさしく芸の〝聖者〟が三遊亭円朝であった。

（二〇一二年十一月執筆）

『切られお富』の記憶——三代目時蔵・四代目時蔵の所演

〝『切られお富』の記憶〟とは、近代劇評の開祖たる三宅周太郎が、雑誌「演芸画報」大正十五（一九二六）年三月号に発表した評論のタイトルで、それは主として、彼が十一年以前に見た、四代目沢村源之助の名物芸と呼ばれたお富について回想し、その演技を詳しく記述した一文である。

この標題を借用したのは、わたし自身にも又、それなりの〝『切られお富』の記憶〟が残っているからだ。昭和三十一（一九五六）年五月の明治座で、わたしは中学二年の時、三代目中村時蔵の当たり芸と言われたお富を見た。三宅周太郎の場合は、青春期に刻まれた鮮烈な残像だが、わたしの少年期の思い出は、我ながら微笑ましくもあり愉快でもある。

三代目時蔵のお富の、積極的で突っ込みが深い、活気に充ちた動きや、張りのある弾むようなせりふ回しは、わくわくするほど面白く、たちまち十代の金ボタンの胸を鷲摑《わしづか》みにした。わたしは帰郷後も生家の廊下で、お富の「赤間屋奥座敷」での花道の引っ込みの仕草《しぐさ》をなぞったり、「おびえらアね」とか「ご存じだアね」とかいう莫連《ばくれん》ことばが、ともすると口を衝《つ》いて出た。明治育ちの祖母に「お富の真似は、いけない」と叱られたが、しばらくは〝お富病〟の感染状態が続いた。

三代目時蔵は、このとき六十歳。すでに顔に皺もあり、大年増に見えても、決して若くもなければ美しくもなかった。にも拘わらず、子供の五感をも虜《とりこ》にしたのは、彼の芸の感染力、活き活きとした芸の生命力そのものであったろう。とりわけ前記の、「赤間屋奥」における強いタッチの引っ込みには、時蔵の芸の力が結晶しており、わたしは魅了された。

三宅周太郎は、この引っ込みに関して、四代目源之助のケースでは、『切られお富』の精髄」「一番すぐれたもの」と断言した。時蔵は三宅との『芸能対談』（創元社、昭和二十五年）で、お富役は故・源之助に教わったと言い、しかし実際に手掛ける段になると、「何だか気がさして」すこし内輪に控えて演じた、と述べている。おそらく昭和二十、三十年代の客席の、いささか合理主義的な雰囲気に配慮する点もあったのだろう。

三代目時蔵は、他には『女団七』に手を染めたが、源之助のごとく多くの悪婆《あくば》・毒婦を勤めなかった。彼は先輩たちの死後、戦後の十数年間にわたって立女方の座にあったので、それに相応しい様々な役々を演じた。

その中では特に丸本系列の女房役、たとえば『吃又《どもまた》』のお徳、『弁慶上使』のおわさ、『酒屋』のお園などで、追随を許さない本領を発揮した。新歌舞伎では、わたしは彼の『桐一葉』の淀君、岡本綺堂の珍しい『出雲崎の遊女』の袖を見ているが、戦後の新作である宇野信夫の『ぢいさんばあさん』の妻るん、中野実の『褌医者』の妻いくなどは、時蔵初演の佳品だった。

三島由紀夫の『帯取池《むすめごのみ》』の野分《のわき》の方《かた》の古色も、今なお忘れ難い。

古格・古風という評語が、時蔵には常に用いられた。初代松本白鸚の芸話として、「男っぽい捌きのいい女方は、時蔵さんが最後でしたね」という一言を覚えているが、時蔵の『先代萩』の政岡の口跡とリズム、それに三代目左團次の「山の段」の定高の骨格とスケールは、その後の女方たちに求められない性質のものだった、と今思う。両者以降、一般の女方に対する概念も変化し、女方芸の臭味や灰汁や強みが薄れ、しだいに何か歯触りのよい精製された規格品になっていく。前者の『桜餅《さくらもち》（都鳥廓白浪《みやこどりながれのしらなみ》）』の花子、後者の『木間星箱根鹿笛《このまのほしはこねのしかぶえ》』の山猫おきつの所謂〝男をんな〟の異妖味などは、最近の歌舞伎ファンにも説明するのが難しい。

わたしが高校二年の夏、三代目時蔵は亡くなり、翌昭和三十五年の春、三代目の次男によって四代目中村時蔵が誕生する。

新しい時蔵は、襲名披露に篝火・八重桐・お三輪の三役を勤め、最右翼の若女方として活躍、最初の訪米歌舞伎公演にも加わったが、襲名後一年九箇月の昭和三十七年正月、三十四歳で急逝、当時の社会に衝撃を与えた。

四代目は、爽やかな美貌の青年で人気盛ん、白い大理石のごとき純潔で透明な芸質を持っていた。若女方の主要な役々を多く演じたが、早世したため、三代目のような立女方の役には、まだ手が届かなかった。新派劇『俠艶録《きょうえんろく》』の劇中劇に「重の井子別れ」を見せたくらいで、わたしが彼と亡父の同じ役に接したのは、その他に二つある。一つは「鮨屋」の維盛で、もう一つが『切られお富』である。

昭和三十六年七月の東横ホールで、四代目は〝三代目時蔵追憶上演〟と銘打って、初役のお富を勤めた。世評は悪くなく、「父の名を辱かしめない出来」（「幕間」）という批評もあった。

勉強家の四代目は、このとき源之助の型を調べ、亡き父の演出を幾らか修整したらしい。「薩埵《さった》峠一つ家の場」で、お富が与三郎に提灯の火を渡す際、二人が軽く手を取り合って情愛を示したり、平舞台に下りて与三郎を見送ったりするのは、源之助の型だった。

この年の夏は暑く、わたしは東京での学生生活が始まっていたが、帰省もせずに渋谷の劇場へ通った。四代目のお富は、若く美しかった。その頃若者たちに評判の、フランス映画の某女優のように可愛くもあった。

が、わたしは失望した。何故なら、わたしには五年前に見た三代目のお富の記憶が、まだ強く濃く残っていたからだ。「赤間屋奥」の花道の引っ込みも、ほとんど同じことをやっているのに、まるで味がなく面白くなかった。先代とは、こうも違うのかと思った。わたしが歌舞伎を見始めてから、初めて訪れた〝幻滅〟だった。そこには芸の熟成や発酵という、厄介な時間の難題が横たわっていた。

いま考えるに、初演の三代目田之助に魔性の光が射した原作の序幕を出せば、若い四代目の肉体も生きたかもしれない。この序幕を一九七〇年代末に復活したのが、前進座の五代目河原崎國太郎である。戦後における『切られお富』の上演回数では、三代目時蔵・五代目國太郎・

九代目澤村宗十郎の三優が抜きんでる。

このたび当代の五代目時蔵が、お富役に初挑戦するのは好企画で、この役は最早、中村時蔵家の三代にわたる〝家の芸〟と言ってもいい。歌舞伎の女方芸の将来を見つめる時、当代の双肩にかかるところは大きい。成果を期待したい。


（二〇一四年二月執筆）

『髪結新三』の記憶——昭和後期の所演

髪結新三《かみゆいしんざ》は小悪党だが、演ずる俳優によって異なるニュアンスを帯びる。

書き下ろしの五代目尾上菊五郎は、気障《きざ》で嫌味にも見える、スッキリと粋な細身の姿態で、お熊が却って惚れそうな愛敬もある新三像が、明治期の観客に喜ばれた。それに対して、七代目市川團蔵の悪と苦みの利いた、厳《いか》ついところもある新三が、一部の支持を得たと言われる。

大正以降では十五代目市村羽左衛門の、黙阿弥の世話物の表現様式に充足した、男振りと役者で見せる新三に対して、六代目菊五郎は素顔は好男子ながら、実父の五代目に似ない新三離れした体軀《たいく》の持ち主だった。そこでリアルな心理描写を加え、写実芸の妙技を揮《ふる》って、ふてぶてしいが稚気もあり小気味の好《い》い、起伏に富んだ新たな人物像を築き、近代の客席の共感を集めた。

六代目の没後、高弟の二代目尾上松緑と女婿の十七代目中村勘三郎によって、その演技と演出は継承された。さらに前者の嗣子の初代尾上辰之助（没後に三代目松緑）と、後者の嗣子の五代目中村勘九郎（後の十八代目勘三郎）が、それぞれの舞台を引き継いだ。

六代目以後の昭和後期の約四十年間において、大劇場で新三役を勤めたのは、右の四優のみである。わたしは四人の新三を見たが、四者に共通するのは、いずれも創始者の五代目菊五郎の枠でスッキリした、江戸の美学にも沿うような身体ではなかったことだ。そのため六代目と同様、従来の型に即しつつも、四者おのおの別途の新三像が描かれた。

二代目松緑は生涯に七回、新三を演じている。東京での終わりの二回、昭和四十三（一九六八）年二月の歌舞伎座と、四十六年六月の国立劇場での所演を見たが、彼は五十歳代後半だった。

乾いた川風に、逞しい二の腕を晒しているような、男らしい健やかな新三であった。的確な言葉のリズム、無駄のない簡潔な動き、狂いのない舞台運びは、伝承のお手本と呼んでもいい堅実さと律儀さに充ちていた。

六代目演出の正嫡と考えて間違いなく、必ずしも陽性の芸質ではなかったが、心理の照り曇りが明快であり、総てにこざっぱりとして、新三の悪がじめつかなかった。

六代目の躍動感とリアリティーを、ひと洗いしてスタティックに醇化《じゅんか》し、或いは透明化した、と評すことも出来たかもしれない。周囲の脇役陣も、六代目の息のかかった俳優たちで固められ、殊に三代目市川左團次が忠七と長兵衛を兼ねた四十三年の所演には、混じりのないアンサンブルがあった。純度と調和性では、モスクワ芸術座すら思い浮かんだ。

昭和五十八年四月の歌舞伎座で、初代辰之助が新三を初役で勤めた。このとき彼は三十六歳、周りの役々も新世代にリレーされた。

松緑のそれを見慣れた人びとに、辰之助の新三が新鮮だったのは、小生意気な与太者としての実感が蘇ったからだ。裏町を肩で風を切って歩く兄貴、当時の流行語を使えば〝イカス奴〟の無法な日々が、親譲りの乾いたタッチと、歯切れの良い口跡で浮き彫りにされた。お熊への粗暴なまでの若い渇きを、これほど生々しく感じさせた新三はない。四年後の夭折《ようせつ》が惜しまれる、一回だけの所演だった。

十七代目勘三郎は一生に九回、新三を演じた。初役は名古屋の御園座で、四十四歳のとき。わたしは四回目の三十六年六月の歌舞伎座から、最後の七十六歳での所演、六十一年五月の同座まで、六回にわたって見続けた。

昭和後期に上演された歌舞伎の世話物の中で、俳優の芸というものを堪能させた最右翼として、十七代目の新三の舞台がある。松緑が楷書の世話物とすれば、勘三郎は日によって波はあったが、行書ないしは草書の世話物の生きた面白さを、奔放自在に発揮した。

東京初演の際の新三の好評を祝して、久保田万太郎が贈った、「梅雨小袖　昔八丈　梅雨なれや」という一句がある。彼の新三には、たしかに湿潤感があった。が、急所になると陽気で明るく派手に、観客を存分に楽しませた。近代劇や心理主義の影響もある、六代目直系の松緑は、内面的に陰に籠もる場合があり、わたしは両者の『筆屋幸兵衛《ふでやこうべえ》』の初役が目に残るが、今もって明暗の対照が消えない。

十七代目も当初、六代目という借り着で新三を演じたので、気の張ったキリッとした好い男を、芸の力で誇示した。けれども彼の新三像は、しだいに変化する。チョビた安手のならず者、係ると五月蠅《うるさ》い鼻つまみだが、可愛げもあるケチな野郎になっていく。ヒーローではなく、人間に生まれ変わる。

そして晩年には、不気味な前科者のどす黒いまでの暗さ、人物としての謎が添加されるのだ。偉大な演技者であったと思う。

昭和六十三（一九八八）年四月の国立劇場小劇場で、五代目勘九郎（十八代目勘三郎）が念願の新三を初演する。時に三十二歳、奇しくも父・十七代目は死の床にあった。

彼の青い果実のような新三は、一見爽やかな若者だが、お熊と忠七の恋仲への嫉妬を秘めた、小やくざの不意の企みと悪事を、降り頻る驟《しきしゅう》雨のごとく鮮烈に表現した。と同時に、この青年俳優は世話狂言の様式性を意識して、その規矩《きく》を重んじた。一つには時代の動向が、写実性よりも〝歌舞伎らしさ〟を求めている事実を、聡くも察知していたからだろう。

十八代目勘三郎として、生涯に新三の所演は八回に及ぶが、回を重ねるたびに味を増した。平成二十四年五月の平成中村座での最終演では、男臭い陰影が一際深くなっていたが、このとき注目に値する演出上の改変があった。

序幕の新三の舞台下手からの登場を、花道から出ることにしたのだ。もちろん原作は花道からで、五代目菊五郎・十五代目羽左衛門・四代目澤村源之助、すべて花道から出た。六代目も大正初めには花道から出、昭和初めには下手から出た記述が残るが、何時から下手になったかは詳《つまび》らかでない。わたしが下手になった理由を十八代目に訊ねると、「間《ま》が持たなかったからでしょう」と答えてくれた。

社会や劇場や演者の、時間に対する感覚や神経に変化が起こり、いわゆる近代化が生じたのである。十八代目は、これを六代目以前に復帰させ、改めて花道から出た。人物であると共に、千両役者として登場した。平成中村座という空間の中で、彼には、客席との連帯を求める悲願があった。新たな何かを加えんと欲して、常に〝温故知新〟の道を歩んだ十八代目は、まことに畏敬すべき俳優だった。

傑作『髪結新三』は、周囲の役々も実に面白い。三代目左團次の手代忠七の錆《さび》を含んだせりふ回し、二代目尾上九朗右衛門の車力善八《しゃりきぜんぱち》の不器用な愚直さ、六代目市川團之助の家主女房お角《かく》のくさやの味、五代目尾上新七の合長屋《あいながや》権兵衛《ごんべえ》の実在感など、脳裏を去らない。

それは扨置《さてお》き、幼少時より昭和後期の名優たちの薫育を受け、勝奴《かつやっこ》・忠七・家主《いえぬし》・源七《げんしち》と脇の役々を勤めてきた中村橋之助（現・中村芝翫）が、このたび満を持して新三役に初挑戦する。風姿すぐれた舞台が期待できるので、当月は楽しみである。

（二〇一五年二月執筆）

『遊女夕霧』の記憶——新派三代の芸

川口松太郎・作『遊女夕霧』は、原作の小説（『人情馬鹿物語』）にも増して脚本がすぐれ、初演の花柳章太郎の名技によって、その好脚本にも増す、戦後新派の指折りの当たり狂言になった。

花柳没後、初代水谷八重子が手がけ、続いて水谷の晩年、当代の八重子（その頃は水谷良重）が演じ、初代八重子の死後、波乃久里子が所演を重ねた。さらに二代目英《はなぶさ》太郎、中村京蔵のような女方俳優も試演している。

女方から女優へ、そこには新派の三世代にわたる、言わば憧憬と反発とが入り交じる、役と芸との複雑な継承の経路が存在する。

花柳は夕霧役を、昭和二十九（一九五四）年四月の明治座を皮切りに、東京では合わせて四回勤めた。わたしが見たのは、最後の同三十七年十一月の新橋演舞場公演で、創演者は亡くなる二年二箇月前の六十八歳だった。この月は初代八重子が病気全快して『鹿鳴館』を上演、大盛況のため学生のわたしは、早稲田の演劇博物館の特売でチケットを入手、やっと夜の部だけを見物した。

わたしが触れた花柳の舞台は、いずれも派手で明るくヴィヴィッドな、闊達で早口で歯切れのいい、愛敬と情味に富むものだった。が、夕霧役には加えて、無類の〝可愛さ〟や〝哀れさ〟があった。悟道軒円玉《ごどうけんえんぎょく》の家の二階座敷で、円玉にからかわれ、「まあ、いやな先生」と、手を挙げるしぐさには可愛い色気が匂い、幕切れの「夫婦にゃなれなくったって、屹度《きっと》力にはなれますよ」と、むせび泣くあたりには、人間の世界の哀れが溢れていた。

こうした面では、歌舞伎の娘役や芸者役のエッセンスを活用する何かが認められたが、同時に、花柳の遊女夕霧は古典性ばかりでなく、近代文芸の影響をも受けた、リアルな真実感に充ちていた。新潟女の肌の白さを思わせ、よく東北訛りの言葉つきを写した。

李賀の詩に言う「垂翅《すいし》の客を憐れむ」原作のヒューマニズム、自分のために身を落とした若い男に尽くす無償の愛は、東西共通の普遍的テーマだが、花柳の夕霧が表現する〝まごころ〟が、戦後の苦難期を乗り越えた観客の胸を、温かく癒した。この一幕二場は年末にテレビ放映され、郷里の実家の茶の間は親和感に包まれ、女性たちは両眼を赤くした。

夕霧も着物の袂から、ピンク・ジョーゼットのハンカチを取り出して、涙を拭う。吉原の花魁《おいらん》でも、いかにも大正頃の女らしい。花柳までの新派の女方は、誰しも今日の世態を模した。花柳出演の昭和三十年代の現代劇『わてらの年輪』の面白さが、いまも蘇る。

花柳は印象派の作品に惹かれ、六十歳台半ばに渡仏。俳句・エッセイ・ガラス絵を嗜み、ジェームズ・ディーンの映画『エデンの東』に惚れ込むなど、絶えず自己を磨いた。その日常が彼の舞台に、豊かな潤いを与えていた。

この時も、悟道軒円玉は大矢市次郎、女房お峯が先代英太郎という初演通りの配役だったが、この二名人に花柳を並べたトリオが、関東大震災以前の日本人の生活感情を、当時の新派座中では最も色濃く描出した、と言っていい。役々も良く書けているせいか、後年、円玉は大矢から柳永二郎・安井昌二へ、お峯は英から市川翠扇・一條久枝へ、また講釈師如燕《じょえん》は伊井友三郎から中田三一朗・春本泰男へ、内儀お国は瀬戸英一から上田茂太郎《もたろう》・竹内京子へと、それぞれリレーされた。ここにある新派の役と芸との重層性、戦後に限っても、舞台の歴史には侮れないものがあろう。

花柳は、喜多村緑郎子飼いの弟子で、師匠は、自然さや抑制を尊ぶ渋い演技者だった。喜多村のライバルの河合武雄の華やかな芸風にも、花柳は敬慕の念を懐いた。己を築くには、もう一人の師が必要になる場合もある。

花柳の死から三年後、昭和四十三年四月の明治座で、初代八重子がはじめて夕霧役に手を染め、東京所演は四回に及んだ。花柳と多年コンビを組んだ八重子だったが、花柳の跡は追わず、彼とは趣も味わいも別な夕霧像を浮かび上がらせた。彼女が一つには女優であり、資質も異なったからだ。

日本の演劇は近代の或る時期、女方と女優とが同じ板の上で共演し、もしくは競演する歳月が続いた。花柳・八重子の一対は代表例で、女方は女優を意識して苦心し、女優は女方に圧迫されて苦悩した。初代は言う、「女形さんは、悲しいときに泣いて見せるのよ。女優はね、泣きたいときに怺《こら》えて見せるの」（水谷良重『あしあと』）と。ここには女方の造型、女優の生理の違いが、端的に要約されている。

花柳は発散型だが、八重子はスタティックな芸質だった。知的で内省的で緻密であり、わが身を制御して崩れなかった。わたしは彼女にインタビューした経験を持つが、はっきりと〝喜多村緑郎先生〟への傾倒を口にした。

その冬のバラのような香気は、遊女夕霧の越後育ちの土の臭いには遠く、花柳のごとく舞台を涙の海にすることもなかった。しかし終末に至って、夕霧が与之助との未来を断ち、彼女の悲哀が諦めへと転ずる一瞬の、侘しい陰影を漂わせたところに八重子の真価があり、染み入るような余韻を残したのである。

二代目八重子が初役で夕霧を勤めたのは、昭和五十三年十一月の新橋演舞場で、没する前年の初代がお峯を付き合った。二代目は当時、母に反発して花柳を敬愛、女優ながら彼にまる写しの夕霧は〝花柳変奏曲〟となり、初代は「嘘ばっかり演っている」「キーキー泣くなっていってちょうだい‼」（前掲書）と、娘の出来を批判したという。

二代目は、たとえば『佃の渡し』のお咲のような、破滅する奔放な女には傑作を残したが、夕霧の献身と自己犠牲は、役と折り合った母に比べると、やや勝手が悪かったようだ。

波乃久里子が初めて夕霧役を手がけたのは、昭和六十二年二月の新橋演舞場だった。久里子は、師の初代八重子を憧憬する。だが、彼女の夕霧は、原作小説と原寸大のリアリティーがあり、スタアが扮したヒロインというよりも、性格俳優が彫ったひとりの女である。

久里子の演技には、癖がなく無駄がなく、的確で澄んだ客観性がある。夕霧が自身を語る「私ゃ面白くも何ともない女で、浮いた話が一つもなく、新潟女は理につむといわれた」その理性が、与之助との恋を断念させ、明日への達観を生むのだ。

いつか久里子さんと楽屋で話した折り、幕切れに近所の寄席から聴こえて来る野崎のおくりについて、彼女が「意味の深い演出です」と、言っていたのを思い出す。芸境とみに円熟する、今月の遊女夕霧が楽しみである。

（二〇一六年二月執筆）

道行と五・六段目の記憶——半世紀の舞台群像

上演年表のページをめくる時間が、わたしには近年、こよなく楽しい。年表で確かめると、初めて『仮名手本忠臣蔵』通し上演を見たのは、昭和三十（一九五五）年十二月の明治座、当時人気盛んな尾上菊五郎劇団の花形たちの所演で、中学一年の時だった。

その後、見落としたものも少なくないが、今年の秋まで数多くの『仮名手本』を見続けて六十一年、超高齢化の昨今、まだ自慢できる年数でもない。わたしの場合、近々十年くらいは記憶力に劣化があり、厳密に言えば、国立劇場の年齢と同じく観劇半世紀だろう。

もっとも、客席には世代や層があって、それぞれの記憶の軌道が異なる。同じ月に同じ演目を見ても、そこに現われる印象や評価は、必ずしも一致しない。自分の記憶の軌道を辿って考えるほかないが、夥しい上演回数を誇る『仮名手本』だけに、あまたの舞台の星雲、俳優たちの星座が、びっしりと軌道を巡っており、それを照射して選別するのは難しい。

取りわけ、道行と五・六段目は通しに限らず、単独でも上演される。七・八・九段目も単独のケースはあるが、江戸時代このかた、観客にとって身近な片田舎の境界や色恋のテーマを持つ、道行と五・六段目の上演頻度が優位だろう。

さらに、十八世紀末から十九世紀にかけて、江戸の成熟した文化の力が原作を改造、新しい道行としてバージョン・アップされ、舞踊・音楽劇では無類の人気演目に化した変容。

初演後の五・六段目の原演出を、時代と風土に適応させ、リアル・タイムな新演出によって写実化し、或いは美的に様式化しつつ、明治以降の合理性や心理主義をも加え、近代的に一般化した普及力。――これらの現象によって、この三幕の上演頻度と、演技者や客席の注目度は飛躍したと言っていい。

「道行旅路の花聟」の勘平とおかるは、かつて丸谷才一が古典評論『忠臣蔵とは何か』（一九八四年）で、これを近世庶民の春の祝祭、カーニヴァルの〝男神女神《おがみめがみ》〟にまで譬えた。とすれば、明治の五代目尾上菊五郎・四代目中村福助（五代目歌右衛門）、大正から昭和前期の十五代目市村羽左衛門・六代目尾上梅幸という二組の一対は、それに相応しいゴールデン・キャストであったろう。

戦後の昭和二十・三十年代、道行に限定すると、十一代目市川團十郎の勘平が、文字通り絶後の名品だった。若い頃これを三度見たが、美貌はもとより、風格と風情、哀愁と優しさなど、いつも歌舞伎の夢幻境へ誘われた。

同じ勘平役者でも、五代目や羽左衛門は男振りに自信があり、江戸前で粋な、気障っぽさもあったようだが、十一代目には己惚れがなく、勘平の迷いや弱気の影が仄見《ほのみ》え、それが丸谷の説く勘平の〝多面性〟であり、時代の不安な影とも重なった。

彼の勘平は海老蔵時代のみで、じつは團十郎襲名後には演じていない。おかるは色盛りの両立女方、七代目梅幸か六代目歌右衛門で、この二人しか道行の相方を勤めなかったのは、十一代目の芸容に釣り合う貫目を、どちらも持っていたからだ。双方が並び立っていた。

梅幸の、はんなりと温和で初々しく、いとおしげに勘平に寄り添うおかる。歌右衛門の気嵩《きがさ》な、勘平を引っ張っていく恋の潜熱を秘めた、華麗なおかる。まさに甲乙付けがたく、賛否は好き好きだった。梅幸の着付けは決まって矢絣《やがすり》で、それがよく似合った。歌右衛門は三代目中村時蔵の勘平などには矢絣を着たが、十一代目の時は、小豆色の御殿模様だった。

踊りの技能という点になると、戦前では六代目菊五郎のおかるの巧みさが語られる。七代目中村芝翫が、十四代目守田勘弥の勘平でおかるを踊った折りは、〽機《はた》も織り候賃仕事」の、ありありとした所作が鮮やかで、客席がざわめいた（昭和四十七年一月・歌舞伎座）。

昭和五十年代の初め、わたしは珍しい道行を見ている。国立劇場を会場とする某舞踊会に客演した、二代目中村鴈治郎の勘平で、すでに同優は七十歳を越していた。この名人の由良之助や若狭之助、本蔵やお石等いろいろ見る機会があったが、肝心の上方演出による勘平腹切りを見ていない。変転の芸人生を歩んだ人だけに、この時「わてが勘平か」と、自嘲の言を漏らしたよしを伝え聞いた。

だが、清元の三味線の撥捌《ばちさば》きにぴったりの勘平ではなく、どこかで「新口村《にのくちむら》」の太棹の音が聴こえるような舞台だった。四代目中村雀右衛門のおかるの衣裳が、久しぶりに藍系統の朝顔色の御所染めで、振りの一部に六代目梅幸型を復活したため、雀右衛門らしいエロチシズムが仄かに漂った。

道行の鷺坂伴内は、カーニヴァルには欠かせない道化敵だが、十七代目中村勘三郎のずば抜けた面白さは、今や伝説的な別刷りの特版。脇役者が車輪にやると下種《げす》っぽくなりがちだが、九代目坂東三津五郎が八十助時代から数回勤めた伴内は、程よく軽く、動きや形が確かで、オブラートに包んだ可笑し味が上等だった。

昭和末年それ以後における、代表的な道行を一つだけ挙げると、結局のところ片岡孝夫（十五代目仁左衛門）と五代目坂東玉三郎の一対だろう。初回と二回目の顔合わせの際の、歌舞伎座場内の沸き方は類が無く、まさしくニュー・ウェーブの〝男神女神〟の出現だった。その頃はまだ、清元志寿太夫が妙音を聞かせた（昭和六十一年二月・同六十三年三月）。

さて、五段目の現行演出の定九郎役は、あっさりと短い黙劇仕立てだ。そこで六代目菊五郎の、定九郎は「役者の技で観せよ」という芸談が導き出される（十三代目仁左衛門『菅原と忠臣蔵』）。わたしが記憶する山崎街道へ、多数の斧定九郎が登場しては消えて行ったが、吟味の末、次の三優を列記したい。

十四代目勘弥の、六代目芸談に応えるような技の冴えと、細みの身体に宿る官能性や悪の快感。十二代目團十郎の、図太い悪の肉感性。初代尾上辰之助（三代目松緑）の、陰険で佞悪《ねいあく》な暗い眼光。

平成になってから〃市川右近の会〃で、戦前に二代目實川延若が試みた原作通りの関西風の定九郎を、二代目市川猿弥が演じた（平成十年八月・国立劇場）。定九郎に殺害される与市兵衛役は、昭和四十・五十年代、〃紫屋〃という風変わりな屋号を名乗る九代目團十郎門下の生き残り、初代利根川金十郎が毎度のように勤め、嗄《しゃが》れ声が近年まで耳にあった。

山崎街道の千崎弥五郎は、風立ち騒ぐような凜々しさと緊張感が必要で、十八代目勘三郎の勘九郎時代、十代目三津五郎の八十助時代、共に申し分が無かった。

五・六段目の音羽屋型の勘平は、柔《やわ》な腕では為果《しおお》せない、かつ修業や天分をも問われる、至難な大役である。

勘平は芸として、大きく二つの方向がある。ひとつは風姿すぐれ、仁《にん》がよく、口跡も通る、いわゆる二枚目系の優男《やさおとこ》の勘平である。わたしの観劇史では、十一代目團十郎の勘平の美しさは抜群だった。今月、当劇場上演の、七代目菊五郎の円熟して深みと酷《こく》を増す佳品の勘平をはじめ、同世代の十五代目仁左衛門・四代目中村梅玉も勘平役者として定評があり、いずれも支持率は高い。

もう一つは、人物や状況を掘り下げ、演技の間合いや呼吸を重視する、言わば技巧派の勘平である。歌舞伎自分史の中で、この方向から一人だけ選ぶとすれば、間違いなく十七代目勘三郎の勘平を措いて他には無い。細緻で綿密な厳しい型と、演者の生理との不即不離の至妙な一致。和事系の柔らかな芸味に加え、気迫の鋭さと突っ込みの深さ。錯乱の悲しみや、生への執念。五十歳台末までの絶頂期の十七代目の勘平こそ、記憶の軌道に輝く、〝凄い〟歌舞伎芸の巨星である。

勘九郎時代の十八代目が、五・六段目の勘平に初挑戦した時、父の十七代目は電話で、「これはみっちりと仕込みます」と、わたしに言った。この一言には、十七代目の役に対する、自負と責任感と決意が漲《みなぎ》っていた。十八代目も期待に背かず、若々しいブリリアントな、純度の高い芸を見せた（昭和五十七年九月・新橋演舞場）。

同じ六代目菊五郎の後継者でも、二・三代目尾上松緑父子の勘平は、苦み走って男臭く、武士の踏み外した末路を、乾いたタッチで内向的に陰鬱に表現した。やや〝花〟は薄いが、将来この線上の勘平があってもいいだろう。

音羽屋型に則しても、俳優の個性によっては、勘平は違うニュアンスを帯びる。誠実で温順でナイーブな、優しい寂しさのような受動性が仇となり、悲運に翻弄される勘平像を三代目市川寿海、それに近い趣の三代目市川左團次が生み出した。が、残念にも二つを見ていない。歌舞伎座再開場後の近年、七代目市川染五郎（現・松本幸四郎）が好演した勘平は、多分この流れにあると考えてよく、特筆すべき佳作だった。

その他に、九代目澤村宗十郎の珍しい所演もあり、江戸時代には女方や若衆方が演じた時期もある、この役らしい温柔な艶色が、目に残っている（平成五年六月・国立劇場）。

六段目のおかるは、女方の試金石のような役だ。道行や七段目で派手なところを見せても、この場が良くないと、女方としての値打ちを損ねるという、古人共通の見解は正しい。

ところが、〝花実兼備〟の女方というものが、有るようで少ない。この場のおかるで名を挙げるとすれば、六代目菊五郎と初代中村吉右衛門という近代の両巨匠に鞭打《むちう》たれた二人、やはり七代目梅幸と六代目歌右衛門ということになる。

梅幸のおかるが、夫の身を案じて別れを告げる言葉の、息の詰んだ切々たる名調子と真実感。歌右衛門のおかるの、門口で手拭を銜《くわ》えて泣き上げるあたりの、身売りの痛苦と哀しみ。実際こう書いていても、声音が耳に戻り、舞台姿が目先にちらつくから、芸の力は恐い。

他優については遠慮するが、僅かに九代目中村福助が児太郎時代、二十一歳で勤めた初役のおかるの、ひたむきな真剣さが目に浮かぶ。

狂言回しの難役おかやは、三代目尾上多賀之丞の名物芸を、幾度も見た。百姓の女房としては野暮ったさが薄かったが、家族への心配り、客人への応対、抜かりなく一家を支え、巧い上に手強く面白く、どれほど一幕を引っ張っていたことか。多賀之丞は、役者というよりも、芸そのものに惚れさせた人だ。

五代目片岡愛之助・三代目市川福之助等のおかやも覚えはあるが、多賀之丞以後、誰のおかやも皆、気の毒にも食い足りなかった。二代目中村又五郎・六代目澤村田之助のような幹部級のおかやも、巧くはあっても、それなりの〝格〟が邪魔して何やら堅く、改めて千崎やお才の人であることを思わせた。近年持ち役の六代目中村東蔵のおかやは、巧味と厚みにおいて、多賀之丞以降では出色。

　関西では、二代目中村霞仙のおかやが皮切りで、その卑俗味も悪くなかったが、平成には、初代中村桜彩や五代目坂東竹三郎のおかやの達者な舞台が、東京の見物まで楽しませた。

　お才は色街の女だが、仲居《なかい》ではない。三代目左團次の東京育ちに似合わぬ、京言葉の自在さ。十三代目片岡我童（十四代目仁左衛門）の冷たい色気と、なんどりした鷹揚さ。多くの女方が花車方《かしゃがた》のお才を勤めたが、年表で調べると、六代目歌右衛門・四代目雀右衛門・五代目玉三郎の三人は、おかるで通している。

　源六は、六代目菊五郎や十八代目勘三郎のような頭株も手がけたが、むろん脇役の領分だ。この役を戦前から手塩にかけた、三代目尾上鯉三郎のさらっと砕けた、渋い枯れた風味は貴重だった。二代目市川子團次や二代目坂東弥五郎の、瓢逸な軽みも好かった。それにしても、昔の役者たちは〝解釈〟ではなく、誰もが皆、豊かな味わいを持っていたと思う。

　原郷右衛門と千崎弥五郎の二人侍は、壮・青のバランスが問われる。大一座での通し上演の場合、八代目三津五郎と六代目市村竹之丞（五代目中村富十郎）、十七代目羽左衛門と三代目河原崎権十郎といった組み合わせなら、見た目も為《す》る事《こと》にも注文はなかった。

　ところで、上方演出による五・六段目の勘平について、後回しになったのは、わたしが地方出身で東京在住が長く、関西方面の劇場を覗く機会も少なく、歴史や土壌が違い、評価への確信が持てない要素を自認するからだ。

わたしが知る上方の勘平の代表的なものは、ひとつは三代目延若の、きわめて律義で生真面目で物堅い勘平の、すこし闇《くら》い古風な舞台である（昭和四十四年二月・大阪新歌舞伎座ほか）。もう一つは、三代目鴈治郎（四代目坂田藤十郎）が見せた、リアルな巧さと哀艶の情趣に富んだ、実《じつ》の深い傑《すぐ》れた舞台である（平成四年二月・国立文楽劇場、同十四年十一月・国立劇場ほか）。

上方の演出や、それと部分的に重なる團蔵型などに関しては、識者の詳述に委ねるが、東京の音羽屋型との相違を検討すると、両者の内容・表現に優劣はない。

音羽屋型の主眼は、若侍の悲恋と悲劇を美化した、ロマンチックな自裁である。浅葱の紋服《もんぷく》は、そのシンボルであり、勘平は来世まで武士の意識を棄てない。ある見方をすれば、江戸や東京は、建て前と綺麗事の世界だろう。

上方演出の狙いは、挫折した若者が、武士の社会から疎外され、足掻《あが》いた末に自滅する、原作に沿った人間ドラマである。大阪を中心とする上方は、合理と本音の世界だろう。

東西への評価は、好みと価値観によるが、ただし次の一点は指摘できる。わたしは多様な製法を競う上方の鮨を好んで求めるが、ロンドンやニューヨークの日本料理店で出されるのは、決まって活魚の握り寿司である。つまり国際化された日本のスシ、そのシンボルは江戸前の活魚の握りだ。

〝浅葱の紋服〟という発想には、かのロラン・バルトの『表徴の帝国』の効力が潜む。この表徴化によって、音羽屋型の勘平はオール日本を制覇し、悲劇美のアイドルとなり、五・六段目の伝承が始まった。

二代目吉右衛門が、初役で勘平を勤めた際、初代による團蔵型での上演事例もあり、わたしは「團蔵型でなさるのですか？」と訊ねてみた。すると若い播磨屋さんは、「いやァ音羽屋型が、やはり良いのですよ」と答え、照れ臭そうに笑ったのを覚えている（昭和五十五年三月・歌舞伎座）。

（二〇一六年九月執筆）

『坂崎出羽守』の記憶――尾上松緑家の継承

六代目尾上菊五郎は、三十・四十歳台の上昇期には、近代の「戯曲」にも挑戦する歌舞伎俳優だった。代表例が、山本有三との邂逅《かいこう》である。

大正中期から昭和初頭まで、菊池寛をはじめとする〝大正戯曲時代〟の作品に、彼は、同世代の気鋭の俳優たちと競って、逞しく積極的に取り組んだ。

脚本研究の権威で、歌舞伎の万般に精通した渥美清太郎の好書『六代目菊五郎評伝』（一九五〇年）は、その中でも「山本有三氏は菊五郎にとって唯一の作家だ」と断じ、最初の提携の作『坂崎出羽守』を、「菊五郎生涯のうち、新作第一の當り役」と評した。

渥美は続いて、坂崎の菊五郎が「汗ダクで努力し」「よくあそこまで脚本と取ッ組んだなアという、看客の胸をゆする感激」「涙がにじみ出ざるを得なかつた」と、初演を回想している。同書はまた、菊五郎と作家たちとの関係についても触れ、「作家として六代目菊五郎と互角の力量にある山本氏や眞山氏（真山青果）」と位置付け、両者の作では菊五郎も、「與《あた》えられた脚本の範囲で活躍していた」と指摘する。

同時期の小山内薫や鈴木泉三郎の新世話物に関しては、六代目の芸質に合致する作柄とし、その後の長谷川伸の『暗闇の丑松《うしまつ》』の高評を認めつつも、脚本を読み返すと「所々にギャップを発見する」ため、やはり「菊五郎の藝力のほうが勝つている」と、誰もが口にしない評価を残した。

さらに、菊五郎の円熟後に用意された、ことに晩年の新作の多くは「サラリと軽い味がするばかり」で、「イージーすぎる」と直言し、「俳優が、自分の好きな、演じやすい範囲内の脚本にのみ便《たよ》つて、いゝ気持ちになつているというのは卑怯千万」と、歯に衣を着せない痛言を吐いている。

渥美の見解は、六代目菊五郎にとって畢竟《ひっきょう》、山本有三の『坂崎出羽守』『同志の人々』『盲目の弟』の三傑作、真山青果の『血笑記』の一異色作こそが、近代の戯曲に値する力を持っていたということだろう。

　欧米圏には劇詩・劇文学の伝統が鞏固《きょうこ》で、作家を主体とし、その文学的、または劇的な衝動によって創造される劇世界を「戯曲」とする一方、俳優の技芸や演出家の才能を発揮させるためのシナリオ、すなわちプロフェッショナルなプレイ・ライトを「脚本」として、かつては峻別《しゅんべつ》した。森鷗外以降の日本の劇文学者にも、そうした見方に立つ人びとがいる（『山田肇演劇論集』一九九五年）。

　山本有三は、現実と遊離しない半歩前進の、穏健な理想主義者だったと言われる。

　幼少より地方の劇場に親しみ、東京での学業終了前後、新派劇の座付き作者としての日々があった。しかし、「深く感ずるところあり、幕内の生活から手を切って」（『現代戯曲全集』小伝）のち、ひたむきに翻訳の仕事と文学に精進する。

　菊五郎への劇作の執筆は、市村座のブレーンの長田秀雄《ながたひでお》の勧めがあり、「俳優に塡《は》めて書くといふことは一度もやつたことがないだけに」（『山本有三全集』）苦慮したが、六代目の魚屋宗五郎を見て感動し、快諾した。

　菊五郎を想定したが、題材やテーマの選択は山本であり、演者や制作陣の指示とリードによって書かれたものではない。「働いた人が酬《むく》はれない」（同前）社会正義への想いが、坂崎という史的人物の性格や心理や状況への自己投影に転じ、作家の内部の発火点になったので、文字通りの近代戯曲であった。

六代目菊五郎の芸に傾倒する後進は多くいたが、若き日の菊五郎が戯曲に取り組んだ意欲を継承したのは、一門の直系の高弟、二代目尾上松緑ひとりだった、と考えられる。

松緑の芸質が正攻法で、小技に走らず、やや器用でない点があったことも、六代目以上に、戯曲への知的な志向を培ったのではないだろうか。

むろん熟年後、彼のための商業脚本も数多く書かれたが、それよりも今なお脳裏に浮かぶのは、彼の戯曲との力強い格闘である。

早くから大佛次郎の史劇、木下順二の民話劇を手掛けるが、四・五十歳台からロスタンの『シラノ・ド・ベルジュラック』を二回、シェイクスピアの『オセロー』を二回、それぞれ重演し、サルトルの状況劇『悪魔と神』に立ち向かい、六十歳台の老年には、ソ連の作家アルブーゾフの現代劇を二作演じている。

ほとんどを見たが、とりわけ学生時代に珍しく舞台化された、長与善郎のレーゼ・ドラマ『項羽と劉邦』が不思議に面白く、彼の項羽のスケールと、明快な演技を忘れない。

松緑は、西欧の古典劇や翻訳劇を演じても、いわゆる〝歌舞伎役者の赤毛物〟の臭味が薄かった。彼の理性に富んだ気質には、在るべき形の正確さに対する、潔癖なまでのこだわりがあったと思う。

『坂崎出羽守』は、昭和三十・四十年代に、三度上演した。戸板康二は、「六代目の型に忠実で、しかしそういう芝居だと、別な松緑流のテクニックがあった」とし、「駿府で崇伝とわかれて退出する時の足どりが、太鼓とリズムを合わさない、ごく自然な動きになっていた。つまり、近代劇ができる人だった」（「演劇界」一九八九年八月号）と記している。

一方、菊五郎の「出羽守の外見の人間感が、都会的で、洗練されすぎて」いて、「粗野な豪毅な武士の一面」が見える松緑は、「菊五郎より、役柄に合っている」と、三宅三郎は書き残した（「幕間」一九五五年二月号）。

批評家たちの目の付け所は確かだが、しかし幸いにも、坂崎という人間を演ずる場合に最も不可欠な条件を、菊五郎・松緑という師弟は共有していた。

それは心身の受苦に堪えに堪えた末、鬱屈し、内攻させたものが一気に爆発する役の生理、言わば〝我慢〟の被虐性に堪える、強健な男性的な肉体を、両者が揃って持っていたことを指す。名著『松緑芸話』（一九八九年）は、「六代目はジーッとしていて頭の筋肉を上へ上げることができましたね」「感情の昂《たか》まりに連れて目が釣り上がっていく。それが何とも言えない凄みになって」――と、坂崎の肉体と生理について語っている。

三代目松緑（初代尾上辰之助）も、右の条件に適した、同じ系統の肉体の所有者だったと思う。

昭和五十六（一九八一）年二月の歌舞伎座で、彼が三十四歳のとき勤めた一生に一度の坂崎出羽守は、生涯でも代表的な佳演になった。

磊落《らいらく》な面もある父以上に適任の、彼の坂崎は自身この役が好きだったらしく、女人への屈折した思慕、武士の面目を賭けた一本気の暗鬱な激情、家臣に向けた肉親に近い愛情など、近代の史劇らしい乾いたタッチでの表現がすぐれ、その生け殺《いごろ》しの利いた鋭いセリフの響きに、場内に一瞬の静寂が訪れたことを思い出す。

結局、個人としての彼には、戦後のビート・ジェネレーション的な〝怒れる息子たち〟の側面があり、その坂崎成正にも現代の感触があった。

もちろん三代目は、若き菊五郎の戯曲と対決する精神も継承していて、つとに演じた『オセロー』のイヤーゴー、『リチャード三世』の主人公、三島由紀夫の『わが友ヒットラー』のレームは、筆者の記憶が今もって消えない。

さて、今月の当劇場では、四代目松緑が待望の坂崎に初挑戦する。当代が尾上左近として初舞台を踏んだ同月に、奇しくも父の三代目が坂崎を初演した。先頃、御本人に訊ねると、「舞台を覚えています」という答えが返ってきた。

早くに父と祖父に別れた当代として、これほど頼もしい答えはない。

（二〇一七年九月執筆）

国立劇場の『伊賀越道中双六』の再演を見る

眼目の第八「岡崎の段」は、情景にすぐれ、緊密なドラマがあっても、誰もが共感できる後味のよさは無い。

万人に好まれる芝居ではなく、難作と言ってもよく、名作の第六「沼津の段」に比べると、上演頻度が低く、ことに戦後は上演回数が激減している。

我が手で乳呑み子を刺し殺す、目を覆う主人公の残虐行為が、語り物の人形劇である文楽の場合はともかく、生きた俳優が主体の歌舞伎での上演を妨げてきた。

中村吉右衛門の主役にして難役の唐木政右衛門は、二年前の復活上演の初役の際は、この戦慄する幼児殺人を、不気味な狂気と異様な屈折感をもって、歌舞伎の矩《のり》を踰《こ》えるばかりの冷血の名演技を見せた。

そこには当代の古典役者・吉右衛門の、現代への欲求と解答が、ストレートに明示されている感もあった。

果たして、最近のドラマ力低下と名優不在をかこつ現代劇方面が、こうした特異な作柄や、異なる分野の名演技を、新発見したかのように歓迎し、若い世代の知性派たちも拍手をおくった。

さて、今回の再演を見ると、前回の舞台に漂った〝義太夫新劇〟のような、殺気立つ生々しさが薄れ、各優各役にも気負いが取れ、露わだった演者の地金にもオブラートが掛けられ、明らかに落ち着きとゆとりが生じたのは、再演の功とすべきだろう。

吉右衛門の政右衛門にしても、歌舞伎の最大公約数たる役柄演技の、いわゆる辛抱立役の風味が増し、幅が出た。

全体として、歌舞伎の歴史的に堆積した地層と違和作用を起こさない、伝来の土壌が掘り返された趣きがある。

つまり左旋回の機軸が、ここで中道に戻り、定着への一歩が始まったと見ていい。

歌舞伎という演劇は、状況よりもパタンを選び、真実よりも慰安を求める、生理と宿命を持っている。

初回の公演にみなぎっていた、現代化への〝革命〟の先が、見えたのかも知れない。

米吉のお袖愛しや尼姿夜更けまで降る岡崎の雪

（二〇一七年三月執筆）

演劇と禁忌《タブー》

演劇は、公共の場で公開される社会的な共有物ですから、劇場が社会から離反しては生存できません。

文学や美術の場合、作家や画家が個人として社会から離反しても、彼らの作品は書けます。演出家や俳優は、劇場という社会的な濾過器《ろかき》に掛けられ、観客の集団参加を得て、はじめて彼らの作品が生まれるのです。

けれども、劇作家の才能や俳優の個我が、舞台や劇場を征服しても、千に一つ、社会や公共と対立するケースもあります。

その時、演劇は社会や公共を蹴飛ばすまでの、貫徹力と独立性を持っていない、というのが僕の見解です。

事例は多くありますが、ヴェルディのオペラ『エルナニ』初演の際、イタリア当局は治安をみだす恐れありとして、部分的な改訂を命じました。また、幕末の名優・四代目市川小團次は、その真に迫る名人芸が公安対策から危険視され、戒告処分を受けました。

演劇は社会との協調、その支えなくしては成り立ちません。

名作であり、名人芸であり、そのアクションが現実に存在する然るべき理由あるものだとしても、そのアクションそれ自体への、観客の反応や好悪は、それとは異なる場合があります。真に迫れば迫るほど、絶妙であればあるほど、嫌悪感や拒否反応が増すこともあるのです。歌舞伎は歴史的に見て、すべてではありませんが、過度の残虐性や色情性を持つ場面では、リアルな生な表現を避け、それをデフォルメして超越する、拡大的な手法を選択してきました。それによって人間世界の生臭さを抜き、形而上的な様式化により、嫌悪感や拒否反応を薄めてきた、と言えるでしょう。

先頃、ロンドンの下町のアルメイダ・シアター上演の『リチャード三世』収録映画を見ましたが、おそらく刺激を好む新演出でしょうが、障碍者である三世のリアルな性交渉場面が挿入され、ほとんどの観客に正視するに耐えない不快さが残ったようです。

これが現代だ！と説かれるなら、何をか言わんやです。

およそ、どんな社会にも、つねに〝禁忌〟が存在します。そのタブーと称されるものは、過去にも現在にも共通する普遍的なものと、時代によって変化するものとに別れます。過去にはタブー視されたものでも、今日ではそうでないもの、それとは真逆に、現代ではタブーになってしまったものがあります。

戦前の日本では概して、政治・思想・風俗の面でのタブーが多く、かつ強く存在しました。不敬罪があり、赤化思想や治安攪乱《かくらん》の恐れある演説、扇情的な場面、またはその種の出版等は、取り締まりの対象になりました。

目に見えないタブーもありました。たとえば、明治から昭和前期まで、井伊直弼と〝桜田門外の変〟についての劇化は、いわゆる御法度でした。井伊を主人公として英雄化することには、水戸浪士の遺族や薩長閥の無言の圧力が働いたのです。

大正九（一九二〇）年七月、歌舞伎座上演の中村吉蔵・作『井伊大老の死』は、上演前に世上に不穏な空気が流れ、一旦は上演が中止されましたが、文学者団体やジャーナリズムが擁護にまわり、上演が決行されました。

舞台の成果と作の評価は、賛否が二つに割れ、観客動員には成功しませんでした。

この時、大老を演じたのは二代目市川左團次ですが、彼の生涯は、近代歌舞伎の開拓者にして新劇の先駆者でしたから、幾つかの演劇史的な〝事件〟に遭遇しています。

昭和初頭、最初のソ連公演から帰国した左團次の、親ソ・容共を疑った右翼陣営が、彼の歌舞伎座出演中、場内にシマ蛇を撒くという、笑えない〝演劇テロ〟などもありました。

戦後は逆に、左翼陣営からもチェックが強くなり、反戦・民主の見地から問題化された舞台もあります。

中野実の戦前の旧作『盃』は、満洲開拓に加わるヤクザたちの更生がテーマですが、戦後の昭和三十年代前半、これを新派が不用意にも再演するや、新聞各紙の一斉射撃を食らいました。

三島由紀夫の戯曲『喜びの琴』は、同じく三十年代後半に書かれた現代劇ですが、作中の一部に反中国、当時の中共批判のセリフがあり、左翼方面の忌避が激しく働き、文学座が決まっていた上演を中止しました。

その後暫くして、別の制作・俳優陣によって、日生劇場での初演に漕ぎ着け、僕も当時これを見ましたが、なかなか面白い作品で、無闇に神経質になるほどのことはない、と思ったことを記憶しています。

日本では戦後、ことに高度成長期以後の社会現象かと思いますが、先進欧米諸国と足並みを揃え、人権擁護と生命第一の見地からのタブーが、実に多くなりました。

障碍者蔑視を始め、人種・階級・性の差別、暴力・暴言・セクハラ・いじめ・児童および高齢者への虐待など、さまざまな社会的な禁域が急増しました。

これによって演劇の場合、戦前には上演が難しかった作品も可能になり、反対に上演が困難になった作品もあるようです。

こうした結果、今日の日本は整備され、秩序良好の、温和でキレイな社会になりました。現在、僕個人は生活者としてはドライな、むしろアンチ・ノスタルジックな人間だと考えていますが、それでも昭和二十・三十年代の日本、それは僕の青少年期に当たっていて、その頃を回顧すると、もっと社会は揺れ動き、人間臭さが強く、男たちにも素朴な荒々しさがあったと思います。

このような人権尊重、生命優先、人間中心の世界観を突き放し、ひとつ離れた、捕らわれない自由な考え方も、時には必要かと思いますが、現実の生活局面においては、それは至って難しい作業です。

そして、こうした方面に対する感覚や考え方にも、いわゆる専門家や愛好者たちと一般世間との間には、少なからず懸隔があるのではないでしょうか。

人権と生命を至上とする、現代人の視点から、そこにタブーが一点でも明確に存在すれば、仮に批評家や研究者が千万言の賛辞を捧げた、名作や名演技であったとしても、今日の観客や一般を、完全に納得させるには至らないのではありますまいか？

坪内逍遥の『東西の煽情的悲劇』（春秋社、一九三三年）は、血みどろの殺戮場面や過度の色情表現についての、研究的な著述ですが、そうした激越で極端な描写や、いわゆる近親相姦などの社会的な禁忌に触れた作品は、一時代の嗜好や傾向に迎えられても、永続的な評価を得ていませんし、どうしても定着性を持ちません。

そして、逍遥の著述を読んでも分かりますが、このような演劇の〝ブラッディ・シーン〟や〝エロチック・シーン〟の実態においては、じつは欧米よりも過去において日本が上回り、度を超していたようです！

極東の孤島という地政学的な条件が、戦乱を少なくして治安を保たせ、宗教的な拘束力を弱めた結果、言わば唯我独尊風な享楽性や、安逸に堕した偏奇傾向を、或る時期まで助長してきた面があるのかもしれません。

何にせよ、孤島という本質的で運命的な条件は、自身の姿に気づくことを敏感にもさせ、鈍感にもさせて来たのではないでしょうか。

僕も若い時分には、建て前として原作尊重の作品第一主義、表現の自由を肯定する、芸術至上主義の徒であったのかもしれません。また、研究心や好学心から、あえて禁断の秘園を覗き見したい欲求も強かったでしょう。

ところが老境に達した現在、自分の内部には以前と同様のものと、そうではない異質なものとが、矛盾なく共存していることを感じるようになりました。

何故なら、演劇は社会と協同して生まれ、演劇人は社会と協調して生きる、連帯的な複合物だからです。この見方を受け入れると、過去には馬鹿馬鹿しいと笑い飛ばした〝愚劇〟にも、それなりに敬すべき要素さえあるのを知るのです。

そして、新しい方たちから「フルイ、フルイ」といわれるのを承知で、少なくとも大劇場の演劇上演に際しては、作品第一の見方のみならず、社会との実際的かつ自主的な調整が大切だと思うのです。

それによって、或いは上演できない作品も生まれるかもしれませんが、それは時代と社会の選択であり、タブーには一面で推移があるので、将来の展開に待つほかはないと考えます。

優れた作品でも、そこに社会的アレルギーが一点でもあり、もしも社会がノンを発すれば、それに対抗する拒否権を、演劇は本質として持ち合わせていません。

それとは逆に、社会的なアレルギーが認められても、多数の観客が上演を切望し、そこにドラマとしての今日的な効力を求め、俳優たちのリアルな名演技を期待する時も、これを演劇が無視することは難しいでしょう。

後者のケースでは、歌舞伎のような伝統演劇には、演出・演技における古典性や歴史性が存在しますので、それとの調節作業が不可欠になります。

僕が今、最低限言えることは、社会の或る層や領域に、その作品のモチーフやシチュエーションに不快感を持つ人びとがある場合、その上演には少なくとも、慎重な対応が望ましい、ということです。

その人びとの反感を超越し、難点を押し切って上演するに相応しいまでの、社会的かつ文化的意義をもつ作品は、無いとは言えないが、やはり数少ないでしょう。もしも上演に踏み切る場合は、作品の価値判断や正当化を急がず、一般に対して謙虚な姿勢が求められるのは、もちろん言うまでもありません。そのような難しい作品に対しては、社会の一部にしても、反感を拭い去ることは容易ではないのです。

近頃では『伊賀越道中双六・岡崎の段』の再演が評判を呼び、前回を挽回する観客動員であったようです。

この勢いでは今後、この〝人間ドラマの最高峰〟は、欧米での海外公演すら、考えられないことでもないでしょう。各地の暴発テロでざわめく今世紀、新たな肯定的評価が下されるかもしれません。

（かつて一九八〇年代の渡米歌舞伎公演の際、亡きフォービアン・バワーズ氏から、「熊谷陣屋は反戦劇として、まずまずアメリカでの上演が可能ですが、子供の問題には敏感なので、寺子屋は無理ですよ」というコメントを伺った。僕も老残古木で、最近のかの地の社会事情には疎くなり、どなたか新たな状況をご教示くだされば幸いです。）

（二〇一七年四月執筆）

涙の歌舞伎座——中村福助夫人の手紙

金閣寺の大道具がセリ下がり、上層の瓦灯口《かとうぐち》の幕が上がると、福助の慶寿院の色香が残る尼姿。

満場の喝采、暫し鳴りも止まず。初日（九月二日）満員の歌舞伎座。

やはり美しい。数言だが、明瞭な発声にも驚く。梅玉の久吉とのやり取りが済み、瓦灯口の幕が下りると、再び雷鳴のような拍手が起こった。泣いている観客がいる。

休憩で場外に出ると、ロビーの片隅には、ハンケチを目に当てる小柄な福助夫人の、幾年ぶりかの姿があった。取り囲むファンたち。——

四年前の春、福助の退院の際、祝意を兼ねたお見舞い状を出すと、夫人から直接、まことに懇篤なお礼状を戴いた。

それ以来なので、前に進み出て、慶賀の言葉を述べるうちに、夫人は目を拭う、僕も頬が濡れてきた。

六十数年間の観劇史の中でも、これほど嬉しく有り難い日は無かった。

福助当人の難病との闘いと、再起を諦めなかった役者魂。夫人や母堂をはじめ、一家の献身的な看護。関係者多数の協力に対して、いま惜しみなく拍手を送りたい。

その嬉しさと目出度さに免じて、四年前の福助夫人からのお手紙の全文の公開を、ここで許して戴きたい。

病身の夫への一途な思い、わが子への濃《こま》やかな心配り、再起に賭ける並々ならぬ覚悟が、読む人の胸に惻々と迫ってくる。でありながら、夫人はユーモアも忘れない。


（原文のまま）ひと時の桜を楽しむ春となりました。先生にはお忙しくご活躍の事と存じます。いつもお世話になっております。

先日はお手紙を頂戴致しまして、ありがとうございました。主人の事、お優しいお心をお寄せいただき嬉しく存じております。

ご心配をおかけしておりますが、二十日に退院することができました。今しばらくはリハビリ通いですが、五月頃から筋力トレーニングのジムに通う予定でおります。一日も早い復帰をめざして、毎日頑張っております。

又、児太郎の事、いつもお心にお留めいただいて、本当に感謝の気持ちでいっぱいでございます。このタイミングでの主人の病は、思いもよらない事でしたが、息子にとりましては、この試練も良い経験になり、皆様のお支えに改めて気づかされている日々かと思います。

私も意外とすんなりとこの状況を受け入れ、一日一日自分のできる事をしております。必ず舞台の上からご挨拶できるのを確信しております。今後共、ご指導の程どうか宜しくお願い申しあげます。

主人からも心からの感謝の思いをお伝えするようにとの事でございます。母にも嬉しいお便りのこと伝えまして、とても喜んでおりました。

お身体くれぐれもおいとい下さいませ。おしゃれな先生にお会いできます事を楽しみに致しております。ありがとうございました。かしこ

平成二十六年三月二十九日

中村福助内

福助さんは、これからは無理をせず、年に僅かでも舞台に立つのが特効薬だから、出来るだけ長命して、歌舞伎を支えていって貰いたい。切に、そう願う。

（二〇一八年九月執筆）

新派の当たり狂言『犬神家の一族』

お芝居は少し泥臭くても、血沸き肉躍るダイナモがないと、やはり劇場は栄えない。今もユーゴーやデュマに人気があるのは、お芝居の血と肉が豊かなためだ。

横溝正史の小説『犬神家の一族』は、敗戦の混乱と富豪一族の連続殺人、人びとの愛憎と悪の恐怖を物語化した推理名作だが、新派が久びさに底力を発揮してダイナミックに劇化、日本の旧家族の崩壊と新生をテーマに、昭和郷愁劇の哀しみや甘みを加え、怪奇な面白い新派ロマン劇に仕立て直した。

水谷八重子の宮川香琴の存在感、波乃久里子の犬神松子の演技力、いずれも白眉の出来で、まだまだ棄てたものではない。

喜多村や河合を初め、周囲や脇役陣すべてが良く、これほど新派は役者が揃っていたのかと、目を見張るような思いがした。

僕は、閉幕後の場内に沸き起こった手拍子に、文句なく参加した。

今月は新宿サザンシアター上演の、三島由紀夫の大河小説『豊饒の海』全編劇化への初挑戦もあった。

器用に纏められているが、まず舞台としてのスケールと量感が、笈田ヨシ扮する狂言廻しの本多では、何としても小さくて弱い。

三島文学の輪廻転生の畢生《ひっせい》の大ロマンが、お芝居の血や肉となって客席に旋風を呼ばず、骨だけの小粒な頭脳プレイに止まっている。

今月の現代劇としては、新派のプロ根性に軍配が上がる。

（新橋演舞場十一月公演、二〇一八年十一月執筆）

解禁された『阿古屋三曲』

ボッティチェリの「春」を想わせるような児太郎の阿古屋が下手に立ち、舞台中央の二重の上で、彦三郎の重忠と玉三郎の岩永が絵面に決まって、上手の愛太夫ほかの竹本連中が声を張り上げ、三味線が響き渡るうちに幕が切れると、十二月五日夜の客席は、一種明るい解放感に包まれた。

それは劇的時間からの解放だけではない。六代目歌右衛門の歌舞伎観や美学、芸道に対する倫理感からの解放であり、同時にまた、坂東玉三郎自身のハイ・テンションの芸術志向、女方という観念や意識からの解放でもあったろう。

この破天荒な、真女方《まおんながた》による敵役の岩永ばかりではない。これからの世界各地には何が起こるか分からない、不気味な乱気流の時代が到来したのである。

原作『壇浦兜軍記』は、さまでの時代浄瑠璃ではない。

僅かに一場、堀河御所・訊問の場が、今日まで残った。そこに琴・三味線・胡弓の三曲を奏でるという、ビッグな趣向があったからだ。

ために文楽では人形に技術が要求され、三味線弾きの腕によっては、ヒロインの心情が見物を泣かせる、ひとかどの演目になった。

歌舞伎は、この一場に「遊戯」を見て取った。劇やドラマを見たのではなく、ヒロインの恋に関心があったわけでもない。いかに役者が三曲を見事に奏でるか、いかに巧みに唱うか、その一点にこそ興味が集中した。

かと言って、筋立ても決め手を欠くような内容なので、江戸時代この方、名だたる俳優のすべてが三曲を演じたわけではない。

上演年表によれば、岩井家歴代の女方たち、明治の團菊、いずれもヒロインの阿古屋を手掛けていない。女方芸という視点から考えても、政岡や八重垣姫や揚巻、さては『娘道成寺』の花子といった、立女方としての試金石になるような一役では、戦前までは必ずしもなかったと言えるだろう。

むしろ、二代目富十郎のような胡弓の名人、三代目秀調のごとき美音の持ち主、十二代目仁左衛門のような琴の上手、これら特殊技能者の、興行としても〝二の替わり〟的な演目であり、立役でも音曲に堪能な俳優が、いわゆる加役で演じた例も少なくない。代表例は、明治の四代目芝翫である。

しかも、江戸時代には岩永ばかりでなく、重忠も、さらに阿古屋までも人形振りで演じられたケースもある。この一場は、音楽と人形によって追求される、徹底した〝遊戯的世界〟だった。

そこには見世物としての、若干の卑賤感すらあったかもしれない。

昭和後期の戦後の約三十年間、六代目歌右衛門のほかに『阿古屋三曲』を演ずる俳優が、当時は全く無かった。

戦前までは見られなかった現象で、この長期にわたる独占は、歌右衛門の阿古屋が先人未踏の、かつ余人の手が届かない、独自な芸境を築いたゆえに生じた。

彼は、三曲を奏でる技術に破綻は無かったが、唱歌の点では難声であり、そのため細やかな目遣いや手の動き、わけても巧みな思い入れによって、心情の深い襞《ひだ》を表現し、音曲劇であると同時に、憂いと情念のドラマが共存した。

そのため『阿古屋三曲』には、遊戯としての卑賤な味わいや軽薄感が消えて、一種の精神性が発酵した。配役や竹本・長唄も厳選され、純度の高い芸術境が生まれ、歌舞伎と女方芸を象徴するような、第一級の量感を持つ絢爛たる演目になった。

長年月、余人の手が届かなかったのは、三曲を奏する技術的な厄介さではなく、その高い純度と、それを支える厳しい芸の精神に、多くが怯《ひる》むものがあったからである。

歌右衛門が築いた『阿古屋三曲』の世界は、禁断の聖域と化した。

歌右衛門が病床に臥してから、ようやく玉三郎が初役で阿古屋を勤めた。歌右衛門も玉三郎の継承を認めたわけだが、そうなるまでには、玉三郎にも重圧と労苦があった筈だ。

その後の平成の約二十年間、玉三郎の『阿古屋三曲』の独占が続く。

やることは同じでも、役者が代われば舞台も変わるのが、古典演劇の不朽の姿である。歌右衛門を継承しつつ、玉三郎は二十年間の独占に耐える、新たな舞台を造った。

彼の美貌と美声、嬋娟《せんけん》たる容姿、加えるに極めてセレブな美意識によって、いつしか歌右衛門の情念やドラマの陰影は消えて、晴朗として甘美な歌劇的な空間、西欧絵画を想起させるクラシックな境界が醸成された。

こうして歌右衛門と玉三郎、二代にわたる『阿古屋三曲』が半世紀間、日本の老若男女を陶酔させたことは間違いがない。それは何時の日にか正しく、かの梅蘭芳の『貴妃酔酒』に匹敵する伝説になるだろう。

そして僕は考えるのだが、未だに『阿古屋三曲』の海外上演の例を聴かない。玉三郎こそは一世一代の阿古屋を、ヨーロッパか中国の芸術都市で上演すべきである。

けれども今、不老不敗の玉三郎も、すぐにも古稀に手が届く歳になったのである。

明敏な彼は、晩年の歌右衛門のような頑冥な城塞づくりへの道を、敢えて選ばなかったと言っていい。

すなわち『阿古屋三曲』の聖域化を拒み、己が手で独占を解禁して開放し、物差しの目盛りを下げても多くに演じさせ、その継承を促して、更なる歌舞伎の活性化を図りたい。時代も変わり、世並みも違う。存命中の神格化を嫌い、進んで階段を降りて若輩たちと同じ役を演じて競い、わが身をも更新させようと願う、彼、玉三郎の意気は軒昂たるものがある。

当月の歌舞伎座の師走興行によって、半世紀禁断の『阿古屋三曲』は、一種の自由化が断行されたと見ていい。二人の有望な若手女方によって、幸運にも阿古屋役が演じられたが、このことは彼らの専売・独占を意味しない。先陣を承った較べ馬であり、向後は幾人かの若手の参陣があっても不思議ではないだろう。

ならば今回、同時に玉三郎が敵役の岩永を演じたことは、果たして何を意味するのか？　多くのファンや識者には、驚きと共に抵抗もあった筈だ。

江戸時代以来、花のごとき女方たちの心中に潜む、荒事や大敵を演じたい願望、言わば自己破壊的な男性化への欲求には、幾つかのエピソードが残されている。実行されて不評を浴びた例もある。戦後においても、中年以後、立役をも手掛けた女方は少なくない。

玉三郎の場合、専売の『阿古屋三曲』の自由化を決断した時に、長く真女方で通して来た我が身の自由化、夢の自己解放への衝動が兆したのではないだろうか。

僕は奇しくも先日、ナショナル・シアター・ライヴの背広スタイルの史劇『ジュリアス・シーザー』を見たが、ブルータスの友人キャシアスが女性として登場、女優が演ずることに驚倒した！

男性間の政争悲劇とばかり考えていたが、この書き替えによって、リベラルな男女共同参画の共和主義と、分断された社会の統一を進める国家主義という、新たな対立の図式が鮮明化した。

今回、女方の玉三郎が敵役の岩永を演じたことによって、浮かび上がったものは何か。それは『阿古屋三曲』の歌舞伎としての本質が、やはり趣向と遊戯にあるという一点である。女方の岩永こそ、遊びの極致に非ずして何であろう。

とすれば将来、阿古屋も重忠も、江戸の昔に立ち返り、人形振りによって演じられる日があるかも知れない。何が起こるか分からない時代がやって来たのだから。──


（歌舞伎座師走興行、二〇一八年十二月執筆）

中村京蔵の『道成寺二題』を見る

『現在道成寺』の幕が上がり、傾城清瀧の姿が現れた瞬間、久しぶりに女方というものを見た気がした。

女方が、正体不明の曖昧な何かになっている今日、女方は男である、という感覚が、僕に戻ってきた。女方は男だからこそ、可愛い。そうした可愛さが、中村京蔵にはある。

『娘道成寺』の幕が降りた時、女方の踊りというものを、久しぶりに見た気持ちになった。女方の踊りは、ポーズでもなく、ムードでもない。男が身を責め、身を刻み、身体を酷使して、踊りに踊り込む、痛苦の作業である。その感覚が、京蔵の花子を見ていて、僕に戻ってきた。

――

僕は、昭和三十一（一九五六）年五月の明治座、四代目雀右衛門（当時、七代目大谷友右衛門）の『娘道成寺』東京初演を見ている。中学二年だった。その美しさ、可愛さには、とても京蔵は及ばない。しかし今夜、四代目は良い弟子に恵まれたと思ったのは、初演の四代目には無かった、江戸時代の女方たちの『娘道成寺』の俤《おもかげ》が、京蔵の花子の踊り込む姿に、はっきりと感じられたことである。

『道成寺二題』推奨を惜しまない。これだけの目利きが集まる会も珍しい。観客も褒めたい。


（国立劇場小劇場・二〇一九年十月二十八日公演、同夜執筆）

Ⅳ　書架散見

信州・中央本線富士見駅近くの車内で　井伏鱒二（当時75歳）と著者。1973（昭和48）年７月

篠山紀信写真集『KABUKI by KISHIN』

玄関の呼び鈴が鋭く鳴って、夏の土用の昼寝の仮死状態から覚めた。畳半畳ほどの面積の、分厚な紙製の大箱が到着。重量に腕が痺れる。篠山紀信写真集『KABUKI by KISHIN』の荷を解くと、贈呈の趣旨を印刷した挨拶状が同封されている。

一九七〇（昭和四十五）年以来、四十七年間にわたって撮影した、歌舞伎の俳優や舞台の中から精選、全一巻として総合集成を試みた大冊である、ということが分かった。

一九七〇年と言えば、僕も、処女評論集『歌舞伎の幻』を出版。篠山さんは、劇場風景の数葉を白黒で撮影して協力、わずかな謝礼で提供してくださった。

その折り、歌舞伎座の鳥屋《とや》の揚幕を引いていた〝コウさん〟という老人が、篠山さんの被写体になったのを、大変に喜んでいたことが記憶に残っている。

そうだ、もう一つ思い出した。今は亡き評論家の草森紳一は、若い写真家たちと親しかったが、彼に当時「たいへんに気前がいいが、同時に、たいへんに吝嗇《ケチ》なところが、シノと中村君は似ているね」と、言われてしまったことを！（呵々）

おもえば往事渺々、まさに五十年である。

昭和後期から平成末年まで、ほぼ半世紀間に撮影した歌舞伎写真の中から、選択されたのは三百二十六葉、登場する俳優群像は六十三名。

大正から昭和初頭生まれの、すでに物故した十七代目羽左衛門・五代目富十郎・四代目雀右衛門、続いて亡くなった戦後生まれの十八代目勘三郎・十二代目團十郎・十代目三津五郎を別にすれば、現存者では坂田藤十郎を筆頭に、若手の平成生まれの坂東巳之助・中村児太郎、脇役の市川斎入や中村歌女之丞《かめのじょう》まで、隙なく五十七名が網羅されている。

つまり年代的に考えると、第二次の戦後歌舞伎のパノラマが、ここには展開するのだ。

戦前の歌舞伎をカメラで造形した、代表的な写真家は木村伊兵衛だった。

木村が取り組んだ六代目菊五郎、土門拳が挑んだ文楽の名人たちは、まだ社会が〝読む〟時代の、陰影や屈折や内面が重かった頃の、モノクロームの深みが刻印された〝作品〟だった。

第一次・戦後歌舞伎には、戦前からの影響が濃厚に残っていた。俳優も観客も、なお〝読む〟時代の影響下にあって、写真やテレビがカラー化しても、依然として白黒の意識を引き摺った。

女方俳優の頬や咽の皺が、これほど客席から目立ったことは、それまでに無かった。俳優たちのカメラへの対応が難しい、微妙な時期だった。

舞台撮影のイニシアチブは従来通り、劇場プロパーの写真家たちが握っていたのである。

昭和末年、第二次・戦後歌舞伎が始まる。

すでに社会は〝見る〟時代と化して、人びとは瞬間的に反応し、客席の多くが〝内面〟を信じなかった。俳優の写真は、江戸時代の役者絵にも増して、完璧な〝絵〟となり、それも〝新しい絵〟が求められた。これに俳優たちが対応して、舞台は景色に、演技は見た目本位に、踊りは連続するポーズになって行く。

あまたの一般の写真家たちが、こぞって歌舞伎の世界へカメラを向けたが、なぜか持続性を持たなかった。

そのなかで、篠山さんだけが長期にわたり、さながら江戸の浮世絵師たちの全盛を再現したのは、歌舞伎の舞台への驚愕や愛情や執念が、篠山さんの肉体に盤踞《ばんきょ》したからだろう。

僕は、必ずしも彼に写楽や北斎を感じないが、歌麿の美人画や豊国の大首を、現代的にアップして拡大し、大輪の艶花を咲かせた偉業を讃えたい。

篠山さんの舞台写真は、人びとを悦ばせ、俳優たちを納得させ、劇場側から求められる、じつに三位一体の〝夢幻境〟だった。千両役者という褒め言葉があるが、観客動員を夥しく助けた点でも、篠山さんこそは、千両カメラマンであった。

江戸の年代記や評判記を読むと、その時代の芝居町の暗い実像が浮かぶ時があるが、豊国や国貞の三枚続きは、それを瞬時に忘れさせる。

篠山さんのカメラは、同時代の演劇や社会のマイナーな側面を忘れさせ、無数の人びとの目や心を癒す、奇蹟の秘薬になった。

さて、篠山紀信写真集が達成した歌舞伎の〝夢幻境〟は、これからも永続するのだろうか。これほど豊かで贅沢な、面白い不思議な世界が、或る歴史的な濃度を湛え、生きて回転する球体として、すなわち大いなる現代の〝梨園〟として、今後も果たして、観衆の心情を摑んで行くのだろうか。

過去十数世紀の間、いわゆる単一民族国家とされていた日本は今、しずかに溶解するときが来ている。やがて極東の〝日本孤列島〟は、いつしか世界の〝日本合衆島〟に生まれ変わるだろう。僕たち〝日本家族〟も、すでに精神的な漂流が始まっている。内部の分解が進んでいる。スメラミコトが女系に、歌舞伎のオンナガタが女優になっても、驚きもなく〝日本合衆島〟は生きて行くだろう。

ロンドンのグローブ座では近年、黒人の青年がロミオを演じた。Blue Eyes の若者の早野勘平が、登場する日が来ないとは断言できない。

日欧混血の事実を生涯隠したタチバナヤ時代は遠い昔と化して、僕たちの可愛いマホロ時代が近づいた。これまでの〝日本孤列島〟は、じつは危機に瀕しているのだ。しかし、もはや誰も、危機だとは思っていない。

篠山紀信写真集は、或いは〝日本歌舞伎〟の、最後の純粋な、夢の大写真集になるかもしれない。この一冊の絢爛たる美しさには、おのずと文化的危機が内包されている。僕は、これを

〝危機美の姿華集〟と呼びたい。危機美とは、三島由紀夫の造語であった。そして三島氏こそは、篠山さんの発見者のひとりだった。

この大冊を、亡き三島さんの霊前に献じたい。

（光村推古書院、二〇一七年七月執筆）

関容子の新連載「銀座で逢ったひと」

学生時代から東京に住んで、ほぼ五十年たった頃、やっと東京の人になったと思ったが、それから更に齢を重ねてみると、やはり自分は地方人だな、と考えてしまう昨今である。

そんな僕にとって、月刊「銀座百点」という小冊子には距離がある。いま暮らしている中央沿線の、阿佐ヶ谷あたりで見かけるのは少ないし、郷里の甲府では殆んど姿を見ない。銀座の名店に立ち寄って、レジに置かれているのを手に取るくらいが、この小冊子と僕との距離だろう。

銀座は東京の真ん真ん中（僕が昔、ど真ん中と言ったら、三島由紀夫氏に真ん真ん中だよ、と直されたことがある）であり、日本の中心地帯だから、この小冊子には当然、現代の日本文化のエッセンスのような何かがある。

執筆陣の顔触れを眺めると、学力と智力があっても、才や芸がなければ、とても勤まらない舞台である。田舎臭いところは微塵も無いが、さりとて、かつての熊本育ちの〝美少年〟岩下尚文が、現在では新橋の花柳界について蘊蓄を傾けるような、不思議な面白さは持っている。もっとも、銀座という限定された空間が立脚地なので、ひとつの生っ粋のローカル色をも帯びている。今日では、その感性と純度が貴重なので、やはり東京生まれの東京育ちの〝役者〟が揃ったほうがいい。

関容子の新連載「銀座で逢ったひと」を読んだが、このタイトルが現在、これほどピタリと収まる書き手は少ないだろう。

関容子は東京の下町の生まれだから、銀座は目と鼻の先の、すぐ隣り合わせの町なのである。恐らく若かりし雑誌記者の時代には、金魚が金魚鉢を泳ぐように、銀座の街角を軽やかに遊歩していたに違いない。

例えば僕などは、このタイトルでは物は書けない。少年の時分から六十年以上も芝居だけは見てきたので、注文があれば「歌舞伎座で逢ったひと」の二・三回くらいはこなせるだろう。が、銀座となるとお手上げである。今もって銀座の、西と東の区別さえつかない時が多いから、生まれや育ちは、じつに怖いものである。

それで思い出したが、かつて長谷川時雨に『旧聞日本橋』なる名著があり、日本橋に生まれ育った時雨こそ、実は彼女それ自身が、戦前の旧東京の文化だった。

関容子の銀座にも、それに等しい感覚があって、今や彼女それ自身が、戦後の東京の文化だと言えないこともない。

そう言ってしまうと、関さんにタンカを切られて睨まれるのがオチだが、関容子は戦後の芸能聞き書きの名手として、すでに人間国宝クラスの存在だろう。

しかも齢八十路にして、なお娘方が勤められる、色も匂いもふくよかな女人である。振り袖を着られる可愛さが残っていて、この可愛さがネックで、名だたる芸能・文化人たちが、彼女に〝真実〟を語ってきたのだ。

彼女の振り袖の袂には、人間という無数の〝三角の雪〟が、ぎっしりと詰まっている。三角の雪とは、舞台に舞い散る雪の表徴である小さな紙切れのことだが、それが舞い散る景色には、常に人間世界の哀れがある。あまたの文人墨客、名人名優、主役脇役、美男美女、異才奇才天才たちの、人生の三角の雪の哀れが、彼女の袂の中に、振りこぼれるばかりに蔵されているのだ。

その中から今回は、ふるさと銀座に舞い散る三角の雪を、取り出そうというわけである。

第一回は吉行淳之介だが、まことに当を得た人選だ。何といっても、洗い上げた文章には澱《よど》みがない。そして人気作家の、人気ある同性への男としての嫉妬を、言わず語らずの内に描き、見逃さないところが、関容子のキツイキツイところかもしれない。

（二〇一七年十二月執筆）

犬丸治『平成の藝談』

旧冬、犬丸治氏から新著『平成の藝談』を頂戴した。

通読したが、このようなタイトルで一冊を書くために、まず著者は資料・文献の博捜ほか、じつに手数を要する作業を労したに違いないと思った。

というのは、平成以前の芸談に比べると、それ以後の芸談には性質に相当の変化が見られ、言わば芸談ならざる数多い諸記録の中から、あえて〝平成の藝談〟を構築したところに、著者の歌舞伎を支える愛情が感じられる。

僕の場合、犬丸氏の母校の大先達、戸板康二の著書『日本の俳優』（昭和三十年刊）を高校時分に読み、歌舞伎俳優に芸談というものがあることを認識した。

それが切っ掛けとなって折りに触れ、江戸時代の『役者論語』『あやめ草』『耳塵集《にじんしゅう》』をはじめ、明治の『團洲百話』や近代の『歌舞伎の型』『梅の下風』『藝』『舞踊芸話』など、歴史的な著名芸談集に一通り目をとめて来た。

平成の初頭に亡くなった二代目松緑の『松緑芸話』と、同じく十三代目仁左衛門の『菅原と忠臣蔵』『夏祭と伊勢音頭』の三冊は、こうした長い芸談史の掉尾《ちょうび》を飾るかのような名著で、演技の一挙手一投足、下座や道具のひとつひとつに豊かな深い蘊蓄が披瀝され、今日の識者や愛好者たちの座右の書になった。ここには「芸」というものに正面から対峙する、結晶度の高い純粋な世界がある。

平成前半に活躍した四代目雀右衛門、七代目芝翫、五代目富十郎、九代目三津五郎など、著者の言う、戦争体験を有する世代の言葉や著述には、昭和期までの芸談の名残があり、芸や芸談の境界に生きながら、同時に社会への窓が半分開いている感じがある。要するに、過渡期の芸談と言ってもいい。

平成の後半に上昇期や成熟期を迎えた歌舞伎俳優たち、彼らの出版物や発言記録は、それまでに比較すると夥しい数量になるだろう。

何故なら、彼らが、自分史や回想、日記や身辺雑事、紀行や探訪、趣味や食生活、家族や師弟や交友、理想や信条等について語り、または書き記した無数の言葉は、活字のみならず、電波・映像・ハイテクという媒体、インタビュー・座談会・シンポジウムなどの場を通して、まことに広範囲に宣伝され拡散したからである。寡黙だった芸人が、喋りに喋る時代になったのだ。

犬丸氏の『平成の藝談』は、そうした現代の情報の渦巻きの中から、歌舞伎という海の鮑《あわび》や阿古屋貝を採取した点に妙味があり、同じ芸や舞台を語った言葉でも、過ぎし〝昭和の芸談〟から考えると、その変貌には驚くべきものがある。

このたびの犬丸氏の新著によって、まず僕は、その事実に戦慄した。

犬丸氏の『平成の藝談』には、言葉として、美味しい鮑、手に取りたい阿古屋貝が、たくさん生け捕られている。こんな言葉もあったのかと、新鮮な気持ちになり、感心もする。

と同時に、この一冊自体が、わたし達は果たして今、芸と芸談の時代に生きているのかを、やや反語的に問うてもいる。

現代は、迅速な情報万能の均一化社会であり、その管理社会でもある。

たとえば現代小説の、あまりにもストレートな臆面もない題名などを見たりすると、老耄《ろうもう》の僕などは、「芸が無いな」と思ってしまう。が、今日の読者は、次々と新しいテーマにトライする作家行為に関心があるようで、まァ表現は二の次らしい。文章という〝芸〟で読ませる時代ではなく、谷崎や三島のような『文章讀本』を書く作家も、これからは現れないのかも知れない。

歌舞伎という演劇においても、何よりも俳優の芸を求め、その芸の在り方について問う人は激減している。宇野信夫や北條秀司を最後に、もはや歌舞伎には名作者というものも存在しない。観客たちは、人物の感情や心理よりも、舞台にアクションとスリルと笑い、さァと言えば空中飛行の見世物を欲するから、集団謀議の合作制のエンターテイメントばかり繰り返され、演技よりも誇大なプランが横行する。

小説においても、歌舞伎においても、いずれも〝芸の時代〟は全く終わっている。観衆は歌舞伎に対して、すでに〝芸〟を求めていない。

平成後半の歌舞伎俳優たちは、実は、このような本質的に〝無芸飽食〟にも等しい時代と社会に生きている。必然、その芸談や芸話も変貌する。

本書には旧式な芸談、それは脇役の人たちに多いが、先人の具体例を引いて己れを控えた、古風な床しい言葉も、幾つか収録されている。

が、時代をリードする看板役者になると、たとえば三代目猿之助の「春秋会で『水天宮利生《すいてんぐうめぐみの》深川《ふかがわ》』をしたけれど、これはまったく当時のスーパー歌舞伎ですよ」は、芸談ではなくて作品論だろう。

この時期になると、幹部クラスの俳優たちの舞台や芸に関する発言は、教壇で講義を聴くような演劇論や演技論、もしくは芸術観や人生観になりがちで、観客に対してだけでなく、広く強く「社会」が意識されているように思う。

二代目白鸚の「運命」、十二代目團十郎の「外部世界」、十代目三津五郎の「非日常」などは哲学的な用語で、以前の芸談には見いだせなかったボキャブラリーである。白鸚氏などは、立派に俳句評釈の書ける文人であり、誰も彼も皆な、現代社会の一流の文化人なのである。

十八代目勘三郎は日頃、「役者は、役者であれば良いんだ」と言っていたが、本書に引用された「感性の触覚に絶縁体を被せたようじゃ、瑞々しい芝居はできないよ」とは、また何という難しい表現か。尤も、流行の言語感覚に敏感な人ではあった。「御家取り潰しは、江戸時代のビッグ・バンだよ」という言葉を聴いている。

二代目吉右衛門の「まだ歌舞伎は、未完成の芸術だと思う」は、初代の「役者は一生、修業でございます」という有名な述懐に置き換えられる現代語訳だが、古典歌舞伎の更新性を示唆している点で、一種の歌舞伎論なのである。

こうした当代の歌舞伎俳優たちの言葉、言葉、言葉には、さすがに耳を貸すべきものがあろう。そして僕は、このような或る意味では啓蒙的な〝論〟や〝観〟の中から、やがて『松緑芸話』や『菅原と忠臣蔵』の豊熟さえ凌駕する、その生涯を結晶した、真の新たな芸談集が生まれる日を願うのだ。

それは扨置き、十五代目仁左衛門の「目新しい服を着て目を引くことに頼るより、今着ている古い服をいかに新鮮に見えるように着こなすかなんですよね」という和んだ言葉は、珍しく柔らかな優しい流れに触れるようで、古い芝居好きとしては嬉しかった。

そして、何十年も前の昔、二代目鴈治郎や十七代目勘三郎に遇った時の、彼らの日常の砕けた物腰や、軽い飄々とした言葉遣いが懐かしくなった。

歌右衛門が最後の定高を勤めた折り、花道で裏向きになった時、桟敷やドブの客席でしか見えない演技を一つした。それを幕溜まりで見詰めていた後見の三代目歌女之丞から、そのことを告げられた際の、五代目玉三郎の対応はさすがである。芝居の世界というものが分かるのだ。けれども、こうした楽屋名人風な〝発見〟よりも、僕は、著者みずからの発見に心搏《う》たれるものがあった。

ひとつは、仁左衛門の死に瀕する勘平が「御疑いは晴れましたか」と、二人侍に向かって疑念の氷解を請うた時、新・彦三郎の千崎弥五郎が思わず落涙したというエピソードである。

ここで落涙した千崎を見たことが無いので、これは、その日の著者の素晴らしい発見である。今日における芸の有効性を、なお信じたくなる発見であり、仁左衛門の勘平も勘平だが、感動して涙で顔が歪んだ若い彦三郎も偉い。その一瞬を見逃さなかった、犬丸治という批評家にも脱帽である。

もうひとつは、現・海老蔵が謹慎明けに演舞場の舞台に復帰し、大佛次郎・作『江戸の夕映』の本田小六を演じた折り、十二代目團十郎の堂前大吉が「小六が帰って来たよ」と盃を差し出す、その場面に実際の父子の情がダブってきたという、これも胸の熱くなるようなエピソードである。

著者によって切り取られた、この二つの美しい情景は、そのまま著者ならではの深く心に残る〝芸談〟になっていると思う。

末筆になったが、犬丸氏は少年の頃から舞台を愛し、青春時代から演劇評論と劇評の一本筋を歩んできた、貴重な存在である。とりわけ歌舞伎に対しては、ロマンティックな熱情のようなものが感じられる。

打ち明けた話になるが、亡き勘三郎さんは酒席で、批評家の品定めや棚卸しをすることがあった。「犬丸治の批評が、いちばん好きだ」と言ったのを忘れない。勘三郎さんも歌舞伎に対して、ロマンティックな熱情を持っていたから、生きていたら犬丸氏とは、肝胆相照らす同世代の交わりになっていたかもしれない。

（岩波新書、二〇一九年一月執筆）

石橋健一郎『昭和の歌舞伎　名優列伝』

篤学の人が、歌舞伎への愛情と、多年の観劇体験を土台に、昭和歌舞伎の名優三十一名の肖像を綴った、信頼の置ける良書にして、かつ好著である。

読みやすいコンパクトな一冊だが、初歩的な入門書ではなく、〝歌舞伎一年生〟には、レベルが高い。

著者は、さながら舌頭で黒酢の飴をなぶるように、名優たちの人柄や生涯、芸風や舞台を翫《がん》味《み》しつつ、時代や社会との関わりをも、注意深く考察する。

客観的で端正な文章には、確かな手応えと実がある。しかも、曇り日に背いて一瞬、青い晴れ間が覗くように、極めて巧みな冴えた妙文も散見される。

一口にまとめると、山の手風な歌舞伎観で、エリートの近代史観でもあり、人間洞察も知悉していながら踏み込まない、紳士のクールさがあるだろう。

その中で、俳優の芸に対する関心と愛着が、著者自身を救うかのように、一際光っている。二代目鴈治郎と十七代目勘三郎の資質の違いを的確に指摘し、また勘三郎と二代目松緑の壮年期までの、技芸の不足面に触れているのは流石で、誰もが納得しよう。

それだけに、歌舞伎愛好家に共通する弱点だが、女方俳優への評価の鉾先が、やや鈍る感じがある！

二代目松蔦の飲酒後の乱暴、三代目梅玉の投機への熱、七代目梅幸の低調な一面、六代目歌右衛門の演技の異常な長さなど、数行でも触れてほしかったが、やはり著者は行儀が良いのだ。

とは言え、歌舞伎を理解し、学ぼうとする人びとには、もろ手を挙げて薦めたい一冊である。

（淡交新書、二〇一六年十月執筆）

大島幸久『名優の食卓』

著者は現在、すでに長老クラスのベテランの演劇ジャーナリストだが、かつて目にした舞台評には、時折り核心を射た痛言が光っていて、新聞の紙面らしからぬ鋭さを感じた。そうした切れ味を隠す著者によつて、これまでに類のない視角を持った、興味深いユニークな一書が生まれた。

芝居と食に関する本はあり、俳優と食べ物についての特集記事も多いが、食べ物が俳優の芸や人間を語り、さらに人生にまで繋がっていく跡を尋ねた書は、過去に読んだ覚えがない。

その食生活が吟味され、考察されたのは、明治以後の近代の歌舞伎の名優三十五人。

著者は、新旧の資料を博捜した上、新聞人のキャリアを生かして、彼らの食卓を支えた遺族や周辺の関係者たちと、じつに丹念で細やかな、亡き名優の〝食についての対話〟を試みている。

それらは、極めて楽しく面白い〝食問答〟の時間だが、著者の鋭利な視線が、読者を刺すような一瞬がある。

名人・四代目尾上松助の大食について、著者は次のように言う。「松助の食欲は、波瀾万丈の生涯と無関係ではなく、生き抜く、という覚悟に似た哲学さえ思わせる」と。

そして、五代目中村富十郎の未亡人からは、晩年の夫の「食べるものがあったらほかには何もいらない」「ご飯を食べるのも仕事だ」という日常の呟きを、また、「明日食べるパンがあれば、こんな幸せはないいね」という、名優末期の言葉を聴き出している。

『美味礼讃』の著者サヴァランの、「どんなものを食べているか言ってみたまえ。君がどんな人であるかを言いあててみせよう」という至言を、まさに裏書きするような、この『名優の食卓』は好著である。広く一読を勧めたい。

僕は読書後、〝俳優とは肉体労働者なり〟のリアルな現実、その苛烈な舞台生活の厳しさを痛感した。

（演劇出版社、二〇一七年十月執筆）

葛西聖司『僕らの歌舞伎』

現代歌舞伎界の、式典・披露宴・ファンの集い・座談会などの司会やトークには不可欠の存在、筆も立ち弁も爽やかな才人にしてアイドル、博識の芸能通でもある葛西聖司。彼が主宰するパーティーに招かれた、歌舞伎の若者は十五名。昭和末年から平成初頭に生まれた、殆んどが二十歳代の青年たち。

歌舞伎の名門や名跡というものが、明らかに減少傾向にある今日、この新たな幹部候補生たちの登場は、何といっても心強い。三十年後の歌舞伎について、想像を痛く刺激するのだ。

社会と客席の拍手に奢らず、厳しい芸道を克服し、大成する日を祈りたい。聞き手の配慮と好リードにより、気持ち良く読める上に、いろいろと考えさせる一冊である。


（淡交新書、二〇一六年十一月執筆）

中川右介『歌舞伎一年生』

ベスト・セラーだという。今日の歌舞伎について考える時、中川氏は、最もポピュラーな語り手であり、最も効果的な書き手であって、その筆力には、敬意を表してきた。

この新著は、これほど現代的かつ現実的な、合理的で分かりやすい、しかも親切な〝歌舞伎への招待〟もない。平均層を摑む点で、劇場側は表面はともかく、むしろ歓迎すべき一冊だ。いろいろと、本当のことが書いてある。木戸銭を払い続ける歌舞伎六十年生？には、かえって共感できる真実があり、中川氏のソフトな問題意識が、歌舞伎社会の深層に触れる一瞬があるのが、この本をただのガイド・ブックにしていない。一年生と六十年生は、実は同義語だ。

しかし、まだ玉三郎は美しい、海老蔵は超いい男だ、今の歌舞伎の半分以上は、それで生きている、と著者は言う。それは間違いないのだろうが、歌舞伎には、醜悪美の凄さもある！それを知るには中川さん、やはり一年生では駄目なんだなァー。妄評多謝。

（ちくまプリマー新書、二〇一六年八月執筆）

雪月花・郡上八幡——水野隆『花なる雪　聖なる川』

毎年十一月の末、東京の劇場街の夜気が冷たくなると、郡上はもう雪だろうかと思う。去年の冬はボストンにいたが、身を切られるようなチャールズ河の激浪を前にして、ふと山峡の小さな町にしんしんと降る細雪が、視界をよぎったりした。

けれども、人をその土地に引きつけるものは、風景や食べ物にも増して、やはり人そのものなのであろう。

私が、岐阜県の郡上八幡という古い町を初めて知ったのは、たしか八年ほど前になる。盆踊りで名高いことは聞いていたが、詩人の高橋睦郎氏の紹介で、七月の暑い盛りに水野隆氏をお尋ねしたのが、その後の御縁となった。以後、短い年月のあいだに、三度も郡上行きの回を重ねてしまったのは、風土がもつ魅力もさることながら、一に水野氏とその御一家の変わらぬ御親切のたまものである。

とりわけ印象に新しいのは一昨年の夏、草森紳一氏を先頭に、チェコ生まれの日本文学研究家アンソニー・リーマン氏を誘い、それに私と国立劇場の野間靖一氏とが加わっての郡上行きで、いまも盆踊りの太鼓のリズムが耳の裏に響き残っている感じがするが、このときのことは、後にリーマン氏が「キノコの話」として、『文藝春秋』の随筆欄に書いておられるはずである。この小旅行は野間氏が若々しい人なつっこさを遺憾なく発揮し、それが軸心ともなって、すべてが楽しいことであった。

それ以前に、堂本正樹氏とも弥次喜多で一晩、浅春の郡上を訪れたことがあり、氏が着くなり、「引窓《ひきまど》の芝居のバックになるような所だね」といわれたのを覚えている。そういえば草森氏も、宿の手摺の下の川の流れを見て、「大和絵だな」と呟いておられた。

私は水野氏から、忘れ難い、二つの貴重な品を頂戴している。一つは私が処女評論集を出した折りに下さったもので、亡き父君・柳人翁の筆になる鮎の小額だが、現在、甲府の母の家の床の間に置かれてある。もう一つは、私が最初に海外へ出たとき、水野氏がはなむけに贈って下さった句で、

君往くや　風蒼き森　朝の森

というのであるが、この句が私は何となく好きで、額にして書斎に飾っている。

さて、その書斎で、私は水野氏の近業『花なる雪 聖なる川』を、一夜愛読した。まことに、後味のよい本である。もとより出来上がった人が、出来上がった境界を、出来上がった文章で綴ったものであるから、当然そうなるわけだが、この後味のよいということは、近来なかなか得難い。

水野氏は、河竹黙阿弥を語って冒頭「酒の燗の名人だった」という例を引いているが、氏自身も、またこの一冊の郡上がたりも、じつに酒の燗がうまい。うまいというよりは、うますぎるのだが、それが瑕《きず》にもなっていないのは、それこそ氏の人柄のよさでもあろうし、氏を生んだ土壌の醇粋感《じゅんすいかん》の深さでもあろう。つまり、どう転んでも、臭くはならない、そして臭くはなれない芸なのだ。

私は実際、この一冊を評論とかエッセイとかいう以上に、当代一級の芸談だと思った。これは、名にし負う郡上八幡の雪月花を、近代の鮮度で巧みに甦らせた、今日有数の芸話であり、芸談である。こう言ったからとて、氏に対して、必ずしも失礼だとは思わない。

昭和十一年、川尻清譚が『名優芸談』を中央公論社から上梓した際、吉井勇が序として寄せた歌のなかに、つぎの二首がある。

しみじみとうま酒に酔ふここちして
　歌舞伎の国の夜がたりを聴く

うつくしき歌舞伎の夢に酔ひたまへ
わが世はさびしものに酔はずば

調べは古めかしいが、この「歌舞伎」という文字を「郡上」という文字に置き換えれば、そのまま、水野氏の書にも捧げ得られる歌であろう。もちろん氏は、『関の扉』を語り、コルトーを論じて、それぞれを立派に独立した章と化さしめているのであるが、『関の扉』の花や雪のむこうには郡上の春や秋が、コルトーのピアノの背後には郡上の水音が、つねに隠れ潜んでいて、それが一種陰翳に富むユニークな効果をなしていることは、疑うべくもない。ここでは、すべてが郡上八幡という懐かしい藍色の皿に載せられており、万象と故郷との、感情のひだが深い、魅惑的なダブル・イメージが生じている。

水野氏とは、時々ともに芝居を見に行く。私が氏といっしょに芝居を見るのが楽しいのは、氏の芝居見物が、芸術上の目的や研究心からではなく、氏自身の一つの「日々の愉しみ」だからである。それは代々の商家の生活習慣から発したものであり、意識的に強制されたものではない。今日でも「歌舞伎を見に行く」ということが、氏にとっては、それほど特別なことでもないのだ。

また私の立場からいえば、文学の世界の人で、これほど安心して並んで幕の開くのを待てる人もない。ものの良し悪しが、さまざまな垣根の以前で、すらりと分かってしまう人なのである。氏は、一階の土間の客だ。こういう表現は、或いは反感を呼ぶむきもあるかもしれないが、氏の汗を見せぬ文章、衣裳を汚さぬ芸が、よくそれを物語っていよう。

とはいえ氏に、時代の前線への志向が乏しいというのではない。大いにある。あるからこそ、このモダンな集が、郡上の人の心で書かれつつ、郡上外の目をも兼ね備えたものとなっているのであろう。ただ、氏のシャイネスと腰の重さとは、詩人というものが持つ奇矯さや時代の危うさを、おのずとコントロールする。そこに、氏の芸の光沢《つや》も生まれる。

郡上という土地に育ち、住むことへの屈託が、これまでの氏に全然なかったとはいえまい。が、この一冊の中で、私に至上の醇酒の味感を覚えさせた文章は、巻の終わりに収められた「ちちははの記」なのである。やはり、そうなのだ。そして、このように己が父を語り、あのように母を綴れることは、当代これはこれで又奇蹟といわずして何であろう。この美しい文字は、日の本の子の一人として、有り難いことだといわねばなるまい。

（一九七九年執筆）

平山優『武田氏滅亡』

マンチェスター在住の日本文学研究家　ダミアン・フラナガン様

貴方が昨年の秋、甲州を訪れ、武田信玄の遺跡を歩かれたお話を、年末にお会いした折り伺いましたね。甲斐源氏の歴史に関心を寄せる外国人など珍しく、イギリスには〝変わった人〟が多いと、改めて感じ入りましたが――。(笑)

そういう貴方に、ぜひお勧めしたい新たな史書が、最近刊行されました。

平山優『武田氏滅亡』は、中堅気鋭の戦国史家が渾身の精力を注いだ、七百五十余ページに及ぶ精細かつダイナミックな雄篇で、学徒が物書きとして、生涯に何度も書ける本ではありません。そして的確で引き締まった、熱のある文章も充実の極みです。

一読後、信玄没後の武田一族の懊悩と惑乱、継承者・勝頼の十年間の末路への道のり、勝者たる織田・徳川のふるまいを甘受した人びとのおもいが、鬼哭啾啾《きこくしゅうしゅう》として胸を搏ち、深更まで感慨尽きるところがありませんでした。

と言うのも、父方の祖父母、母方の祖父が、甲州累代の住人で、母方の祖母もまた、維新の敗者・会津の人であった僕自身が、まさに落城の民の子孫でもあるからです。

田宮虎彦の小説『落城』は、木下惠介が映画化を企図して実現しなかった作品ですが、著者の平山氏も述べるように、〝落城〟ほど悲しく切なく、国破れた痛苦が、子供心にまで迫るものはないでしょう。シェイクスピアの歴史劇を見ても想像できますが、陰影を帯びた落城の地が、イギリスにも幾つか散在するのではありませんか？

フラナガンさん、次にお目にかかる時は、そんなお話も聞かせてください。

（角川選書、二〇一七年五月執筆）

国際三島由紀夫シンポジウム記念論集『混沌と抗戦』

三島生誕九十年・没後四十五年にあたる昨年（二〇一五〔平成二十七〕年）十一月、三島に関する日本初の国際シンポジウムが、東大・駒場キャンパスを主会場に、三日にわたり開催された。

代表的な三島研究家の井上隆史をはじめとする、実行委員会の発案とマネージメント、日本学術振興会・新国立劇場運営財団ほかの協力を得て、国内外の識者三十余名が登壇して講演、参加者との質疑応答があり、聴衆一千人を数え、社会的な反響を呼んだ。

折りしも時代は〝テロの世紀〟に突入、海外における三島文学の読者数が激増、三島の生と死、その芸術と思想への関心は、世紀を超えて、強く更新されたと言っていい。そうした一種の熱気を受け、シンポジウムの会場は、研究発表の成果以上に、三島への好悪・是非を超えた論議によって、まさに百家争鳴、千紫万紅のフォーラムと化した。

本書は、その三日間の状況を伝える、極めて誠実な記録であり、質量共に、ひとつの文化的な意義を持つだろう。

通読すると、かつて「百年後まで読まれる作家は、誰ですか？」という記者の問いに、司馬遼太郎が「それは三島さんでしょう」と即答した、ナイーブで乾いた反応が、真っ先に思い出された。

この分厚い一冊を新たな回転軸に、三島は、俗人にして超人、怪人にして偉人、妖人にして聖人という〝巨きな謎〟となり、転生を重ねて、必ずや何百年後までも永生するだろう！

広く各分野での一読を勧めたい。

（水声社、二〇一六年十二月執筆）

フォービアン・バワーズ　若き日の日本語読本

敗戦後の〝歌舞伎の救世主〟Ｆ・バワーズ氏が亡くなってから、ほぼ二十年近くになる。
その間、新たな見解が公表され、進駐軍による歌舞伎演目禁止への見直しは、衝に当たる担当方面の決定である事実が分明になり、これまでのバワーズ救世主説への修正がなされた。然しながら、当時の歌舞伎復興の気運醸成の米軍側の中心には、明らかにバワーズ少佐の存在があった。

氏の劇場関係者への協力と補導、俳優陣への支援と助言、すなわち一人のアメリカ軍人の歌舞伎への愛情と奉仕の記憶は、たとえば今なお斯界の長老、松本白鸚氏の脳裏にも甦って来るものなのである。

これからも〝バワーズ神話〟は、やはり生きていくだろう。

ここに一冊の本がある。バワーズ氏が若い頃に学んだ、専用の日本語読本である。

これは谷崎文学研究家のアントニー・チェンバーズ教授が所蔵されていたが、一昨年の夏、久しぶりの訪日みやげとして、僕に寄贈して下さった。教授が東部ウェズリアン大学に赴任した折り、前任者の書架に残し置かれた一冊だという。

見返しにはバワーズ氏の署名があり、ページを捲ると書き込みが夥しく見られ、日本語習得の努力の跡が歴然としている。

　バワーズ氏は当初、音楽家志望で、ピアノの腕前もあり、日本への特別の関心は薄かった。ところが外遊の途次、立ち寄った戦前の東京で歌舞伎を観るや虜となり、しばらく東京に留まった。下宿先の人びとや、劇場で顔見知りになった芝居好きたちとの交流を通して、カンの良いバワーズ氏は、彼流に日本語を覚えていったらしい。

　いわゆる日本研究家たちは現在、正規の語学教育の課程で日本語をマスターした後、日本の専門分野へ入っていくのが普通だが、バワーズ氏の場合、日本より何より前に、先ず歌舞伎があったのだ。それは外国人力士が相撲部屋へ入門、稽古や実地の生活の中で、日本語を覚えていくのと似通ったケースであったかも知れない。

　では一体、この日本語読本は何処で、何のために使用されたのか？　という疑問が生まれる。氏の帰国後、ほどなく日米は開戦。氏も徴兵されて配属、米国陸軍が創設したサンフランシスコの日本語学校、続いてミネアポリスの同校へ通った。しかし、これは恐らく、その頃に使われた教科書ではなかったであろう。

　岡本嗣郎氏の評伝『歌舞伎を救ったアメリカ人』（集英社文庫、二〇〇一年）によると、バワーズ氏は一九四〇年三月末から約一年間、港区芝の増上寺のそばで下宿生活を送った。近くには英国宣教師教会が経営するニチゴ文化学校があり、各国の大使館員の家族や宣教師が通って、日本語を学んでいたという。

僕の推測では多分、若きバワーズ氏も、それに加わった一人と見てよく、そこで使用された日本語の教科書が、この一冊ではなかったか。が、この一冊がアメリカ東部の大学の研究室に落ち着くまでの経緯は残念ながら立証できない。

一九七四（昭和四十九）年の秋、当時の歌舞伎の大幹部たちの招聘で、バワーズ氏が久びさに滞日した際、僕は著書『西洋人の歌舞伎発見』を構想中だったので、松竹演劇部の仲介で、氏に初めてお会いした。歌舞伎座の傍の文明堂の二階で、対座して喫茶する時間を持ったが、その愛敬と皮肉が交錯する笑顔が、非常に印象的だった。

それ以後、最後の来日まで、何度かお会いする機会があったが、一九八二年の夏、ニューヨークのメトロポリタン・オペラハウスで最初の歌舞伎公演があった折りは、東九四丁目の酒場シャムロックで対話した。氏のアパートが近くにあり、ちょうどイヤホン・ガイドの案文の作成中で、歌舞伎公演を控えて、氏が「大変です、大変です」と、はしゃいでいたのが忘れられない。

バワーズ氏は、大酒飲みで毒舌家、しかも喧嘩ッ早かったようだが、憎めない無邪気な面があり、肚の底はキレイな人だったと、僕は思う。

経済的に恵まれなかったらしいが、芸術の観照には一流の眼識を有し、ニューヨークの上流社交界が、無欲な氏を〝東洋芸術の鑑定者〟として、厚遇したのは賢明だった。

僕の経験では、こと歌舞伎俳優の舞台と芸の評価にかけては、氏は、天才的な直感を持っていたと思う。忘れ得ぬ言葉が、幾つもある。

耳に残るバワーズ氏の日本語は、研究家たちの端正なそれではなくて、瞬間的に声と言葉が弾んで出る、表情の豊かな〝芝居臭い〟ものだった。

（二〇一八年六月執筆）

井伏鱒二『荻窪風土記』その中の僕

一九九三年（平成五）七月十日、井伏鱒二が九十五歳で長逝した。

荻窪の衛生病院で亡くなり、二日後に近くの教会で葬儀が行われた。式のあと柩の蓋が開けられ、死に顔を拝したが、僕は涕《なみだ》が止めどなく流れた。

あれから四半世紀が経過した。その間、節代未亡人はご家族に見守られて天寿を完うされたが、僕とは同じ歳のご三男をはじめ、ご子息は皆な亡くなられた。

先生の周囲の方々、俳人の飯田龍太、小説家の三浦哲郎、講談社の川島勝といった文壇方面の関係者も、ほとんどが旅立たれた。先生とは多年の親交があった僕の叔父、甲州・湯村温泉の常磐ホテルの館主の笹本吾朗も、すでに世にない。

僕が今、先生の在りし日について共に話せるのは、僅かに二人。新潮社長老の岩波剛、カナダ在住の日本文学研究家アンソニー・リーマンの二氏のみである。いずれも八十歳台の半ばになる（追記。この井伏先生の生誕百二十年の年の五月、リーマン氏も逝かれた）。

戦後の文化大国の恵みによって、各種の賞が濫発され、各地に記念館や記念碑が林立した。

しかし今もって、井伏賞や井伏文学館などの有無を聴かない。

この点について、かつて岩波剛氏に訊ねてみた日がある。すると氏から僅かに一言、「いやァ、ちょっと変わった方でしたね……」という答えだけが返ってきた。

恐らく先生は、「放っておいてくれ……」と仰有ったのであろう。僕は、そのように考えている。

先生は日頃、かの『論語』を愛され、「孔子は、東洋最大の詩人だよ」と、よく言われた。とりわけ、孔子が川のほとりに佇んで呟く、「逝く者は斯くの如きか。昼夜を舎《や》めず」の条を、「大切な件りだ」とされた。

井伏文学には、その根底に〝仁〟の思想があったと、僕は思う。

先生は東洋的な諦観、いや虚無感を持って居られたのではないだろうか。

晩年の名作『荻窪風土記』（昭和五十七年、新潮社）は、先生の八十歳台前半に書かれた。導入部には、若き日に体験した、関東大震災直後の状況が精細に記述され、当時人気の沢田正二郎一座の〝炊出し〟についても言及されている。

東京の業火が三日夜半に鎮まった翌日、九月四日に沢田正二郎が新国劇の一座を引率し、四谷見附に出張して炊出しを行ない、逃げて行く〝震災避難民〟たちに握飯を提供したというエピソードである。

先生は震災の年の二月、友人と浅草の公園劇場で沢正（沢田正二郎）の『大菩薩峠』を見て、観客の熱狂ぶりに触れていたので、このエピソードに関心があった。

しかし執筆時、往事の記憶も薄れていたので、これが事実か風説かを調べる必要を感じた。「そこで日本演劇に精しい中村哲朗君（新潮文庫では哲郎）に問ひ合はせたところ、箇条書のやうにして返事をくれた」その結果、これは「震災騒ぎで乱発した流言蜚語の一つであつたと思ひたい」と結論付けられている。

本書の刊行後、この一節を目にした僕は、先生からの問い合わせも、箇条書での返事も、全然覚えが無かったことなので、編集に携わった岩波剛さんに、率直に尋ねてみた。

岩波さんは、次のように言われた。

「あそこはネ、実は私が調べて報告したんだが、先生と相談して、貴方の名前にしたほうがいアリティーがあるということで、ああなった。先生の哲ちゃんへの配慮ですよ」

この答えを耳にして、僕は全く驚いてしまった。

近年、『井伏鱒二・飯田龍太 往復書簡』（平成二十二年、角川学芸出版）を読んだ時にも、ハッとした件りがあった。

昭和五十七年七月三日消印の、先生から飯田氏に宛てた封書の手紙の冒頭には、次のような挨拶がある。

「拝啓 中村君の出版記念会のときにはとてもお世話になりました。いろいろ御配慮にあづかり恐縮です」と。

僕は、井伏先生には随分、ご心配をお掛けしたのである。首を垂れるばかりである。

（二〇一八年七月執筆）

ティモシー・シャラメという幼神――『Call Me By Your Name』（ＤＶＤ）

美しい映画を見た。

ひと月の間に三回も見たが、僕は自分の馬鹿を嗤っている。珍しく陶酔があったからだ。どの日も満席で、繰り返して通う観客もいた。この映画は、現代人の麻酔薬である。

今日では地を掃《はら》ってしまったが、かつての歌舞伎の黄金期の名優たちの舞台は、その時代の人びとの麻酔薬だった。

フォービアン・バワーズの回顧談では、彼は十五代目羽左衛門の『直侍』を三十回見た、と語っている。恐怖的な呆れた数字だが、そこにはバワーズのような目利きを麻痺させる、官能美の極致と深いエクスタシーがあったのだ。

現在の歌舞伎にも、たまに再見したい舞台はある。が、三回見たい舞台は、今の僕には無い。見る者を痴愚にさせるような〝魔〟は、もはや今世紀の歌舞伎には存在しない。

この映画（『邦題・君の名前で僕を呼んで』）は、北イタリアのガルタ湖周辺の風景、草笛を聴くような郷愁を帯びた音楽、初々しい青春の官能がひとつに溶け合い、潤むように流れるシーンが連続して、爽やかな得難い陶酔へ誘う。

青年と少年との友愛、というよりも性愛を描いて、これほど自然で明るい、透明な澄んだ抒情が生まれることに、ひとつの不思議さがある。そして僕たちが今、重苦しい精神的なキリスト教時代以前の、古代の自由なヘレニズム文明の世界に生きているような、奇妙な錯覚に捕らわれるのだ。

こうした〝異形の愛〟を扱った映画作品は、すでに前世紀の後半にも幾つか登場した。若い頃、テネシー・ウィリアムズの戯曲の映画化『去年の夏、突然に』を見ているが、館内は侘しかった。禁域に触れることを、当時の観客が敬遠した。

前世紀の末には、『アナザー・カントリー』『モーリス』『大陽と月に背いて』などが記憶される。すべて欧州作品だが、いずれも十九世紀末から二十世紀初めにかけてのヨーロッパが舞台で、男たちの愛が、社会や階級と対立し、その抑圧と疎外により、絶望と諦観の結末に至る。そこには共通して、人間が断崖に立たされる戦慄と、生きることへのシリアスな問いかけがあった。

ところが、約三十年を経た今回のアメリカ映画は、一九八〇年代の物語だが、対社会や階級差への意識は薄く、監視する周囲の眼の厳しさも感じられない。男たちの愛は、さながら野道を走る自転車のように軽快で、スムーズであり、かつ自由である。

　ここでは、かつての暗い〝異形の愛〟が、新しいラブ・ストーリーとして、また良質のエンターテイメントとして成り立っている。

　実際、シャボン玉のような軽い見た目のよさ、綿菓子のごとき淡い甘味の口当たりのよさが、この一作の身上だが、木漏れ日の光線、せせらぎや入り江の水音、夕暮れの湖で泳ぐ人声まで、そこに漂っている、或るノーブルな優しい淋しさが、無害の麻酔薬となって、現代観客たちの文明病を癒やすのである。必ずしも酩酊度は深くないが、その限りでは、この映画は稀有の妙作と評しても良いだろう。

　この映画では、十七歳の少年エリオを演ずるティモシー・シャラメという若い俳優が、新しい星として瞬いている。

　ティモシーは、この一役で一躍、現代の幼神《おさながみ》になった。今日では奇蹟にも等しい〝純愛〟の化身、朝明けの星粒のような少年神である。

　異性婚も同性婚も、生活を共にすれば必然、社会や経済や親族がなだれ込み、愛は変質して維持される。純愛が純度を保つのは、昔も今も、生別か死別しか無いのである。

　少年エリオは、すでに娘たちの肌を知っている。が、それは喉が渇けば、朝ミルクを飲むようなものだ。エリオの〝初恋〟の対象は、七歳年上の青年オリヴァーだった！

　互いの反発と模索の末に、二人は結ばれる。それによってオリヴァーの一生は変わらないが、エリオの人生は変わる。彼が初めて苦しんだ、他者への愛だったからだ。

ひと夏が終わり、オリヴァーは本国へと去る。

避暑地の小駅で、初恋の相手を乗せた列車が遠ざかる〝別れ〟のシーンは、哀切で胸が痛む。ティモシー・シャラメの妙演を讃えたい。

ユダヤ人の作家アンドレ・アシマンの原作小説を読むと、実は、ここまでが全編の五分の四で、その後の二十年間に展開する複雑な人間絵図が、末尾の五分の一に描かれる。

間もなく二人は再会し、オリヴァーが自分の婚約を告げる。エリオは祝福するが、オリヴァーはエリオとの夜を拒み、エリオは怒る。

オリヴァーは大学教授、エリオは音楽家の道を歩んだようだが、二人の友人関係は途切れ途切れに持続し、忘れる頃には遇う機会があって食事を共にする。が、オリヴァーが希望する、かれの妻や家族に会うことを、なぜかエリオは頑なに拒み続ける。

エリオにも、新たな相手たちが現れては消えていくが、彼が顎ひげを生やす年齢になっても、オリヴァーに対する初恋の想いのみは強く残る。

八十九歳の名脚本家ジェームズ・アイヴォリーは、この原作の末尾の五分の一をカットした。その処置と、監督ルカ・グァダニーノの才能によって、この映画はラブ・ストーリーとして、エンターテイメントとして、異常な成功を収めた。

そして、僕たちのティモシー・シャラメが、現代の奇蹟的な純愛の少年神として瞬くのだ。

原作の小説は、エリオが一人称で綴った、告白体の〝エリオ物語〟である。だから、ラブ・ストーリーとは言っても、オリヴァーとの関係も、例えばロミオとジュリエットのような相対的な比重を持たない。

映画でも主人公はエリオで、オリヴァーは受け手である。新派狂言『滝の白糸』の卯辰橋の場が、白糸の芝居であり、村越欣弥は受けでしかないのと、ほぼ同様だ。

小説も映画も、エリオの内面の変化は手に取るように分かるが、オリヴァーのそれは霞んでいる。オリヴァーに扮するアーミー・ハマーは、美丈夫だが大味だ。が、それでいいのかも知れない。何しろ、上映約二時間二十分の全編、これはエリオの〝口説き〟だから。

かつての欧州作品のごとく、男たちの愛が対立して傷つけ合い、突き刺すような傷みを観客に与えるシーンは無い。

少年エリオの自我は、まだ青年オリヴァーとは対立しない。彼がオリヴァーに懐くのは、反発と憧憬である。オリヴァーのおおらかな鈍感な気質や、逞しい肉体への。

以前からエリオは、同じ地域に住む若者たちから掛けられる声には、一度として見向きもしなかった。オリヴァーだけに惹かれていくのは、ひと夏のあいだ実家の別荘を訪れた異邦人、生まれも育ちも違う外国人であるというファクターが強い。すなわち、どちらもユダヤ人種だが、エリオはイタリア人、オリヴァーはアメリカ人である。互いに国籍が異なり、初恋の対象が〝エトランゼ〟であった事実が、この映画に微妙な陰影と、ほのかに屈折した味感を与えていると思う。

背景になった一九八〇年代は、冷戦下の国際交流が進行した時代である。六〇年代のヴァレリオ・ズルリーニの名作『家族日誌』が描いたような、イタリアの戦中・戦後の凍えるような貧しさは、もはや遠い日と化している。だが当時、ドイツや日本やイタリアの人びとの〝敗戦国意識〟は、まだまだ根強く残っていた。エリオの両親や家族、友達や別荘の使用人たちは、アメリカからの訪問者オリヴァーを、さながらスタアのごとく扱う。

繊細なエリオだけが、オリヴァーの開放的な気質やぶっきらぼうな態度に、違和感を隠せない。やがて、彼のぞんざいな挨拶に対して、「アメリカーノ！」という痛烈な一言を浴びせる。けれども、二人は反発し、探り合いながら、ついに結合する。オリヴァーの帰国が近づいた日、エリオは「行かないで……」と咽《むせ》び泣き、オリヴァーの肩にすがり付く。

インテリの両親は息子を気遣い、エリオにオリヴァーを見送らせる、数泊の小旅行を用意する。ローマの夜更けの街中を、二人は痛飲して千鳥足で歩き回り、ある広場へ来て酔い潰れる。と、広場の隅でギターを爪弾き、古いナポリ民謡を歌う声が聴こえてくる。「ファネスタ・カ・ルチーブだ！」と、エリオには分かる。

彼が幼い頃、家政婦のマファルダが教えてくれた、南イタリアの昔の子守り歌である。

哀愁に充ちた歌声を聴くうちに、エリオの酔い醒めの脳裏には、マファルダや彼女の夫の運転手、庭師のアンチーゼたちの顔が浮かんで来る。祖父の失意の人生や、イタリアの貧しい時代の人びとの侘しい世界も、彼の意識に入ってくる。そして、歌について訊ねるオリヴァーや、集まって来た観光客たちを相手に、彼は、古いナポリ語の歌詞を英語に訳して、周囲に語って聞かせるのである。

この一節は映画ではカットされたが、原作の青春小説の底を深くしている。このくだりを読んだ時、僕は痛く心を搏たれた。

オリヴァーとの別離を前に、エリオは我に返り、自分を取り戻すのだ。しかも、この歌が、音楽が、彼の孤独な一生を支えるものになるのではないか、という予感さえ、僕たちにあたえる。

原作を読了した後、映画を見直した。そして、この作品が、もうひとつ別の〝読み〟ができることを、改めて確認した。

帰路、僕が子供の頃に記憶した〝原風景〟の一つが、ふと思い浮かんだ。敗戦後の街頭、進駐軍のＧＩたちの笑顔を見上げながら、その軍靴を懸命に磨く少年。――

かつて日本にも多くの、遥かなエリオの雛型が生まれていたのである。

（この映画作品はＤＶＤ化され、いま書架に置かれている。）

（二〇一八年六月執筆）

V 倫敦戯場漫歩

オールド・ヴィック・シアターの前景　2017（平成29）年５月

1　シャフツベリー・アベニュー

演劇都市・ロンドンには現在、いったい幾つ劇場があるのか。

市街区域の人口は約八百万、首都圏としては千二百万を数えるロンドン。

情報誌ほかで推測すると、いわゆる映画館を除き、新旧の大・中・小の諸劇場、オペラ・ハウスやコンサート・ホール、パブ・シアターのような演芸場をも加え、周辺地域を併せれば、専門的な営業劇場は優に百を下らないだろう。

人口比率では、必ずしも高い数字ではない。が、市中に出ると、あそこにも此処にも劇場が、こんな所にも劇場があるという、ロンドンならではの風景が展開する！

他の都市で類似の風景が思い浮かぶのは、たぶんニューヨークのブロードウェイくらいかもしれない。

僕は一九七一年以来、わずか四回しかロンドンを訪れていない。かの地の劇場について、詳しく語れる有資格者ではない。

そこで今回は、かつて訪れた、ナショナル・シアターやバービカン・センターのような戦後に建てられた現代の大劇場、テムズ河の北岸にあるマーメイド・シアターのような同じく中劇場、サザーク地区にあるヤング・ヴィックのような戦後の小劇場、さらに旧時代の歴史的シンボルとも言うべき、あの巨大なロイヤル・アルバート・ホールなどは、思い切って割愛した。

そして、焦点をウェスト・エンドの劇場街とその周囲、及び川向こうのグローブ座とその近辺に絞って、気ままな〝戯場漫歩〟を試みたのである。チケットを購入したのは十二劇場。

ウェスト・エンドの劇場街は、地下鉄の三つの駅、レスター・スクウェア駅を真ん中に、東北にコヴェント・ガーデン、西南にピカデリー・サーカスと、並んでいる一線を中心として、その円周囲数キロの範囲に散在する、約四十の劇場群を指している。

特に、ロイヤル・オペラ・ハウス近くに蝟集する劇場群、シャフツベリー・アベニューに林立する劇場群は、この地域の代表的な〝芝居町〟である。

シャフツベリー・アベニューは、新宿の中村屋前くらいの道路幅だが、リリック・シアター、アポロ・シアター、ギルグード・シアター、クイーンズ・シアター、パレス・シアターと有名劇場が立ち並び、さながら昭和前期までの、大阪・道頓堀五座の賑わいを偲ばせる夜景を現出している。

2　クイーンズ・シアター

シャフツベリー・アベニューの中ほどにある。

一九〇七（明治四十）年開場で、今日までに内部は改装された筈だが、旧時代の雰囲気を濃厚に残す。客席もロビーも、階段も手洗いも、いたって狭い。が、小劇場とは言えない、老舗の著名劇場としての格を持っている。それは階段の壁面を飾る、かつて当劇場で活躍した、近代の名だたる演劇人たちの写真や絵姿を見ても分かる。

先頭に掲げられたのは、ヴィクトリア時代の名優ヘンリー・アーヴィングで、彼は世界漫遊の途次、明治の日本にも立ち寄った。

幕末このかた、無数の日本人が欧米へ渡航、その地の劇場に関する、多くの見聞記録が残された。先頃も戦前の演劇雑誌を捲っていると、ワイルド研究の本間久雄博士が、このクイーンズ・シアターを見ているのを知った。

昭和初頭、十五代目市村羽左衛門もロンドン滞在の際、幾つかの劇場を見物、クイーンズ・シアターでは観劇後、俳優ロバート・アトキンスと会見している。

われわれの先人が訪れた時代の劇場が、今もロンドンには残されて、それが生きているのだ！

現在、この劇場では十数年来、ヒット・ミュージカル『レ・ミゼラブル』を上演中。近くのパレス・シアターでの上演が、二〇〇四年にバトン・タッチされたよし。

僕は、前回訪英の折りも、ここで『レ・ミゼラブル』を見た。ハイ・スクールの若者たちで超満員の大盛況、圧巻の〝民衆の歌〟が、狭い場内を揺るがすばかりだった。

この半世紀間、数多くのミュージカルを見たが、やはりベスト作品は『ウエストサイド・ストーリー』だ。が、間違いなく『レ・ミゼラブル』も五指に入る。演出・作曲・歌唱揃って優れ、ユゴー原作の宗教的な求道精神が、多年にわたる観客の愛顧を支えている

今回の『レ・ミゼラブル』は、マチネーのせいか八分の入りだったが、さすがに最後まで席を立つ者がない。重ねて見ても、見飽きのしない作品である。

ロンドンの劇場文化は、現在の東京と同じく、多様な顔を持っている。が、ひとつだけ截然として違うのは、ロンドンではまだ、一戸建ての劇場が数多く残っているのに対し、すでに東京では、それが殆ど姿を消した事実だ。

東京の主要な劇場は今日、ビルに包含されるか、またはビルと複合するかの〝ビル劇場〟が主流である。

そぞろ漫歩して覗いて行けるような、道路から直接、ロビーに足を踏み入れられるような、町中の一戸建ての〝小屋劇場〟は、もはや少数派である。

戦後の東京の変貌は無常迅速、悲しい敗戦の結果、こぞって東京人は新しもの好きになり、劇場を建てては壊し、壊しては建てて、あまたの劇場を使い捨てて来た。

東京の周辺地帯にも大小ホールが林立、開場から十年くらいは話題を呼ぶが、たちまち存在感を失ない、いま何をやっているか分からない劇場もある。

平成末年の今の時点で考えると、約半世紀前の昭和四十年代以前の演劇状況を感得できるよ

うな、長い生命力を維持している劇場は、ほとんど東京には無い。

戦後の東京の劇場群の、きわめて短いサイクルの有為転変は、主要劇場の演目の傾向を、見た目本位のショー的なものにし、現代劇における確実な戦後的伝統が定着しなかった、と看做していい。

劇場が、時たまの慰安に止まって、知的な生活習慣や精神的な信仰の対象には、ついにならなかった。

舞台芸術を育てる本質的な力のひとつは、人間の記憶や回想のエネルギーだが、戦後の東京の劇場文化は、過去との連続性が希薄だった。

劇場人や観衆の肉体のなかに、過去が濃密に発酵する、時間的余裕が乏しかったのである。

3 ギルグード・シアター

ロンドンのウェスト・エンドの劇場群は、起原は古く、その多くが十九世紀末から二十世紀前半に建てられた、と見ていい。

もちろん、今日までに改築され、または移築され、さらに内部の改装を重ねて来たわけだが、総じて第二次大戦前の劇場の雰囲気を、今もって色濃く伝え残している。その中には、ヴィクトリア時代やエドワード七世時代までは無理だとしても、僕の乏しいイギリス文化史の知識から考えても、少なくともジョージ五世の時代、すなわち日本の大正期まで遡れる、古色を帯びた劇場が、幾つか存在するように思う。

欧州に古い劇場はあるが、ウェスト・エンドのような大規模の旧い劇場街は、今日ほかには残されていないだろう。これはイギリスが過去数世紀、天災や敗戦の禍《わざわい》が無かったことにもよるが、同時に、イギリス人の独特な気質にも起因しているのではないか？

議会で読み上げる女王演説が、今なおインクで羊皮紙に書かれる、旧套墨守の事大主義。英国航空のビジネス・クラス席の設計に見られる、融通が利かない個人主義への評判の悪さ。挙例には事欠かないが、イギリス人は辛抱強く非妥協的でありながら、合理的で現実主義とも言われる。

劇場は社会の縮図であり、観劇のシステムも生活の投影だろう。日本人の食事付きの長時間の観劇が笑われても、日本人は多年の習慣を棄てない。

現在のロンドン市内の交通渋滞を考えると、先行き区画整理によって、ウェスト・エンドの劇場街も変貌し、或いは消えてゆくかもしれない。けれども、場内が狭苦しく、やや椅子の座り心地が悪くても、ロンドンっ児はウェスト・エンドを愛している。

この旧い建物の劇場群は、しかし舞台が新しいのだ。現代劇が年ごとに書かれ、それを月々見ることができるからだ。

ウェスト・エンドの三本柱は、シェイクスピア劇とミュージカル、さらに新鮮な現代劇が欠かせない。

東京のビル劇場は便利で、椅子の感触も悪くないが、その点がロンドンと大きく違う。イギリス人はスマホの時代に、好んで旧式の劇場へ出かけ、シリアスな現代劇を楽しみ、そして考えている。

彼らの過去・現在・未来について、考える時間を持っているのだ。そこにも、イギリス人の余裕と恐さがあるのかな、と僕は思う。


ギルグード・シアターは、クイーンズ・シアターの西隣りにある。

僕は、マチネーで『レ・ミゼラブル』を見たあとハシゴして、この劇場の夜の公演を見た。

一九〇六（明治三十九）年にHicks Theatreとして開場。ミュージカル・プレイを上演した。その後、座名は変わり、シェイクスピア劇を多く上演した時期には、グローブ・シアターと称した。現在では、往年のシェイクスピア劇の名優ジョン・ギルグードを記念して座名とし、彼の肖像画が、場内の廊下に掲げられている。

戦前にはショーやモームの戯曲が話題を呼び、戦後はリチャード・バートン、クレア・ブルームといった著名俳優やスタアたちの、活躍の舞台にもなった。

東隣りのクイーンズ・シアターに比べると、ひと回り場内が広く、その分ゆとりがある。一階客席の後方に、酒場の設備があり、幕間には飲料を提供する。二階客席の後方には立ち見席があって、大正期までの東京市内の中・小劇場のそれを連想させる。

関東大震災以前、東京の和風の諸劇場の、二階の桝席の後方上部には鉄柵があり、それを握りながら立ち見する見物たちを、俗に〝熊〟と呼んだと、何かで読んだ覚えがある。

今なら差別語として顰蹙《ひんしゅく》を買うところだが、むろんロンドンの立ち見に鉄柵などはない。

さて、去る五月末の当劇場では、現代劇『夜中に犬に起こった奇妙な事件』というヒット・プレイを続演中。

青年作家マーク・ハッドンのベストセラー小説は文学賞を、サイモン・ステファンズの劇化、マリアンヌ・エリオットの演出は演劇賞を、それぞれ総なめにした舞台作品で、アメリカでも上演されてトニー賞を獲得。数年前には日本版も、世田谷パブリックシアターで上演されたよし——。

僕は渡英する直前、美術愛好家の石井理氏が、原作の翻訳本（ハヤカワepi文庫）を貸して下さったので、あらかじめ内容を一読。

発達障害をもつ少年が、近所で起きた顔馴染みの犬の変死を疑い、事件を解決するまでに生じた出来事や父親との対立、彼への恐怖などがミステリアスに進行する。

少年の精神的な漂泊、人物たちの動きが、照明音響によって鮮やかに描かれ、少年が障害を克服していく〝こころ〟の問題を、観客が共感・共有して、しだいに客席に反応が増す状態が、くっきりと分かる。

簡素な舞台、無駄のない装置、引き締まった演出。場内には、グループや家族連れの観客が目立った。このような青春の内面を問う、確かな今日のドラマが、ロンドン中心地域の主要な劇場で上演されるところに、イギリスの演劇の矜持があるのかもしれない。

4　パレス・シアター

夕闇の空に、あたかも〝魔鬼城〟のごとく聳える、パレス・シアターの古怪な姿。神秘的な劇世界へと誘う、建物の前景は、最近でも人気の観光スポットのひとつ。場所はシャフツベリー・アベニューの、やや奥まった地点。

一八九一（明治二十四）年開場当時は、ロンドンでも有数のオペラ劇場だった。やがて、ミュージカルをはじめポピュラーな演目を主とする、いわゆるヴァラエティー劇場となり、広く一般大衆に親しまれた。

一九二八（昭和三）年六月には、この客席数千四百の大劇場を、滞英中の十五代目羽左衛門も見物している。

第二次大戦中には、ドイツ空軍の爆撃によって建物が損傷、数年して復活した。

今日この劇場では、ミュージカルの公演が圧倒的に多い。『サウンド・オブ・ミュージック』『レ・ミゼラブル』など、これまで著名作品のほとんどが舞台に掛けられた。最近では、ミュージカル『雨に唄えば』が話題を呼んでいる。

昨年七月から、長時間プレイ『ハリー・ポッターと呪いの子』第一部・第二部を上演、爆発的な大当たりとなった。前売り初日、一年分のチケット二十五万枚を完売、というのだから、お上りさんの僕は、早々に観劇を諦めた。

パレス・シアターから徒歩数分、近くのアールハム街にケンブリッジ・シアターがある。二つの道路が交差する三角地帯に建てられた、逆三角形の三階造りの中劇場だが、一九三〇（昭和五）年開場以来、その建物のユニークさによっても知られる。

僕は一九七一（昭和四十六）年九月、当代の名優イアン・マッケランの若き日のハムレットを、この狭い〝三角形劇場〟で見た。

舞台の全面を、すべて鏡で貼り詰めた装置だったが、その時分からロンドンでは、そんな実験的な演出を、すでに試みていたわけである。

5　ガリック・シアター

パレス・シアターから徒歩十分、地下鉄レスター・スクウェア駅の近くにある。

一八八九（明治二十二）年開場。十八世紀の名優で、劇作家を兼ねたデイヴィッド・ガリックを記念し、劇場名とした。

オペレッタやミュージカルよりも、どちらかと言えば舞台劇を軸に、この劇場は運営されて来たようだ。近年では、イギリス劇壇の重鎮ケネス・ブラナー指揮する、実力派劇団の活動の本拠となっている。

ここで収録された、ブラナー主演の舞台映画『冬物語』を東京で見たときは、それなりの大劇場（四階建て）を想像した。が、実際に入場すると、ややこぢんまりした中劇場である。入り口のロビーは明るいが、場内は古びて暗く、客席には何やら湿気がある。

かつて吉井勇が詠じ、久保田万太郎も語った、大正期の東京の小芝居の平土間に籠もっていた、梅雨時のような湿潤なもの。道頓堀の場合、北條秀司は〝すえた臭い〟と表現したが、ガリック・シアターの客席にも、そんな空気が澱んでいるかに思えた。何にしても古い。

幕間には、アイスクリーム売りが客席を廻るが、ゆるい七分の入り。僕が座ったのは一階後方だが、背後の酒場にも、周囲の客席にも人影がなく、侘しい幕間だった。

上演された演目は、ブラナー派のスタッフとキャストによる、MOLIERE'S CLASSIC COMEDY "THE MISER" で、原作を自由に潤色した舞台作品。

僕が渡英前、東京でカナダの演劇研究家コディ・ポールトン氏に会ったとき、彼に「イギリス人もモリエールをやるのですか？」と訊ねると、コディは微笑し、「彼らも時たま、そういうこともやるんですねェ」と答えた。

数年前、コメディー・フランセーズで見た『人間ぎらい　ル・ミザントロープ』は、内面的に象徴化されたシンプルな現代演出だった。ガリック・シアター版のそれは、羽目をはずしたドタバタ喜劇に近いものだ。

イギリス人は、やはりモリエールやラシーヌは合わないのではないか。

6　ハー・マジェスティーズ・シアター

ロンドンの諸劇場の中でも、人気ランキング上位の著名劇場。外観も優雅で、起原も古く、文化財指定。地下鉄ピカデリー・サーカス駅から徒歩七分、ウェストミンスター地区の有名店が並ぶ、ヘイマーケットの大通りにある。

今日の基準からしても、充分に大劇場と言ってよく、四層客席の収容人員は約千二百名。現在は、一九八六（昭和六十一）年十月以来、大ヒット・ミュージカル『オペラ座の怪人』を長期続演中。

去る五月末、そのマチネーの公演を見たが、よく客席が埋まっていて、今でも九分の入り。終幕近く、プロセニアム上部の天井あたりまで、ご愛敬の宙乗りを見せる。これがあっさりと短く洒落ていて、一瞬のケレンだが〝芸術的〟だ！

この劇場は一七〇五（宝永二）年当初、クイーンズ・シアターとして創建された。

しばらくはオペラやバレエを中心に公演を続け、やがて前世紀に入ってから、舞台劇やミュージカルが多くなったらしい。

二十世紀になるまでに、建物が二回、全焼している。

一八九七（明治三十）年ヴィクトリア女王即位六十年に、チャールズ・J・フィップスの設計で新建築され、アクター・マネージャーのビアボウム・トリーが敏腕を揮って新開場し、当時の上流階級の善美を尽くした豪華劇場として、社会的な耳目を集めた。

それから百二十年間、もちろん内部の改修、椅子の取り替え、設備の刷新はあったようだが、よく建物が維持されて現在に及んだ。近年では、ロイヤル・アルバート・ホールやロイヤル・オペラハウスと並び、ロンドン市民が最も愛着する劇場となっている。

場内には、軽食や茶菓を供する、ホワイエと呼ぶ特設の一室がある。

アールヌーボー様式の瀟洒な内装で、壁面には前代の楽人たちの肖像画、舞姫や歌姫の華麗な舞台姿を描いた絵画が、あまた掲げられている。

この空間に立つと、往時の紳士たちの靴音、淑女たちの衣ずれの音が聴こえて来るようである。浄瑠璃の文句に「栄華の昔偲ばるる」とある、そんな気持ちにさせられる。

ひとつは、劇場建築が幾星霜をへて、建物の生命力が限界に近づき、至るところに、褪色の影が濃いからだろう。

哀残の美、郷愁の詩は、そのとき生まれる。

もしも将来、建物が取り壊され、この劇場が立派に再建されても、そのとき美や歌は消えている。平城京の羅城門が復原され、学識者の努力が称えられるのと、まァ似たような出来事になるだろう。

飛躍するが、僕は昭和末年、京劇研究家のダグラス・ウィルカーソン氏と一緒に、中国・承徳市にある熱河離宮の、背後の山腹に連なる外八廟を旅した。そのときのラマ教寺院群の崩落の美、さながら無数の花びらがくずれ散るような、衰亡美の夢幻郷に身を置いた陶酔は、今もって忘れられない。

近年、中国政府が歴史遺産の保存に力を入れ、外八廟も見事に復興されたよしだが、なぜか僕は、再訪する意欲が起きないのである。

この劇場でも勿論そうだが、ロビーの壁面に飾られる肖像画や舞台写真は、すべて過去のものだ。ロンドンの劇場で、僕は、現存者のそれを見たことがない。

これは記憶というエネルギーを生命源とする、舞台芸術の本義にも適う事柄で、現存者の芸を見たければ、今日唯今の舞台を見ればよいのである。

7　シアター・ロイヤル・ヘイマーケット

この劇場は、ヘイマーケット通りを挟んで、ハー・マジェスティーズ・シアターの向かい側、やや北寄りの地点に建っている。

立派な通りの東側と西側に、二つの劇場が対峙する光景は、あたかも明治の中頃まで、京都の四条通りの両側に、南座と北座の櫓《やぐら》が差し向かい、競い合っていた状況を思い起こさせる。外国の風景だが、そうした連想作用によって、二つの〝夫婦劇場〟には、懐かしさのようなものが感じられる。

この劇場の起原も古く、創建は一七二〇年。

約百年後の一八二一年、南隣りの敷地に新改築され、有名な建築家ジョン・ナッシュによって、現在の洗練された白亜の建物に生まれ変わった。

外観も内部も、堅牢で風格に富み、客席には落ち着きがある。とりわけ舞台の額縁、いわゆるプロセニアム・アーチがみごとで、壮麗な印象さえ与える。

十九世紀には、名女優エレン・テリーが出演し、オスカー・ワイルドの戯曲が多く初演されたり、豊かな歴史を持っている。

このようにロンドン有数の格のある立派な劇場だが、今日どちらかと言えば、人気劇場としてラインナップされないのは、親しまれるポピュラーな演目よりも、選ばれた高度な作品を上演するケースが多いからだろう。

この劇場で、この夏まで上演されていた作品は二つ。

エドワード・オールビー作『犠牲者、シルヴィアは誰？』と、ヘレン・エドムンドソン作『アン女王』である。

前者を見たが、不条理劇の作家オールビー特有の、家族や友人間の人間不信を描く。奥の深い舞台一杯に、家の内部が、徹底的なリアリズムの装置によって、緊密に再現された。

8　シアター・ロイヤル・ドゥルリー・レーン

地下鉄コヴェント・ガーデン駅から徒歩数分、ロイヤル・オペラ・ハウスとも目と鼻の先の、キャサリン・ストリートにある。

収容人員約二千名、かつては三千を数えた、文字どおりの大劇場。外観よりも、内部が広大らしい。

というのも実は、上演中のミュージカル『42ND STREET』は、以前にブロードウェイで見ており、日程にも余裕がなく、この劇場は残念ながら通りすがりに、白亜の外観を写真に収めただけだった。

劇場史を読むと、ロンドンの永続した現存の諸劇場の中で、最も起原が古い。ほぼ歌舞伎全史に匹敵する、約三世紀半にわたる歴史を持っているのには驚く。

一六六三年（四代将軍家綱の時代）、チャールズ二世の勅許を得た寵臣トマス・キリグルーが、この地に劇場を建設。以後、火災その他の理由で、建物が何度か更生し、現存の第四次建築は一八一二年（十一代将軍家斉の時代）に新開場。それから増築と改造を繰り返し、ガス照明や電気照明への転換も経て、今日まで二百余年の星霜を重ねた大劇場など、日本には一つもない！

その連続性の重みが凄いのである。それだけに、〝イギリス演劇の歴史を物語る劇場〟だと言われる。

この劇場が中心軸となって、シェイクスピア劇やオペラやストレートプレイ、パントマイムやミュージカルなどの、いろいろな劇形式が成熟したという。

ドゥルリー・レーンの場内のロビーには、多くの作家や俳優たちの影像が、競うように並んでいるそうだ（そうした風景の代表例は、パリのコメディー・フランセーズの廊下で、歴代の作家像が林のごとく立ち並ぶ）。

この劇場は十八世紀末、劇作家シェリダンを生み、各時期の名優ギャリック、ケンブル、シドンズ夫人、キーンなど、ことごとく舞台に立った。

十九世紀には名優アーヴィングの最終公演、名女優テリーの舞台生活五十周年公演、シェイクスピア没後三百年祭など、重要かつ名誉ある記念公演のほとんどを担った。

もちろん場内建築は、各時代の実力者が万金を投資したために、豪奢にして美麗な〝夢の劇場〟と言われた。

王室との関係も深く、第三次時代には場内で、ジョージ三世刺殺未遂事件が起きたほど、宮廷と密接だった（現在は王室から補助はなく、独立した商業劇場）。

二十世紀の初め、滞英した夏目漱石は手紙の中で、ドゥルリー・レーンについて「倫敦の歌舞伎座のような処」と言い、「立派で魂消《たまげ》るばかり」と書き残した。

しかし二十世紀になると、この劇場は、見た目本位の華やかなショー的演目が多くなり、生きている動物たちの曲芸を見せるような、スペクタクル的な方向が顕著になっていく。

そうした舞台を見た漱石は、「実に驚いた」「真正の芝居ではない」と言いながらも、大仕掛けの道具替わりや、極彩色の電気照明、華麗な衣装のパントマイムには、眩惑されたらしい。

やがて二十世紀中頃から、ミュージカルの大作の上演が多くなり、その路線が今日では定着している。

ドゥルリー・レーンが劇場として、イギリス演劇の首座の位置にあったのは、私見では残念ながら、第二次大戦以前ではなかったか？

場内が華美になり、見物が贅沢になり、経営者が営利を追求して舞台が大がかりになり、派手な見世物になればなるほど、劇場は演劇としての健全な実質を失ない、やがて不思議にも衰退に向かうようだ。

人びとに飽食の果ての、倦怠と空虚があるからだ。わが東京の大劇場も、以て他山の石としたいものである。

9　ロイヤル・オペラ・ハウス

シアター・ロイヤル・ドゥルリー・レーンとは目と鼻の先の、少し北寄りのボウ・ストリートにある。

外観がギリシア神殿風の、白亜の秀麗な建物なので、すぐに分かる。

一八〇九年の第二次劇場の新築時から、すでに神殿風の前景になったらしく、現在のそれは、一八五八年の第三次劇場の新築時のファサードが、そのまま今日まで保存されているようだ。

劇場としての起原は、ドゥルリー・レーンに次いで古い。一七三二（享保十七）年創建の第一次劇場の名称は、シアター・ロイヤル・コヴェント・ガーデンだった。その後の百年間、第二の勅許劇場として、またロンドンの正統演劇の拠点として、先輩格のドゥルリー・レーンと妍を競う。が、ギャリック、マックリン、クック、ケンブル、キーンなど、諸名優ことごとく出演したが、ともすればドゥルリー・レーンの後塵を拝したと言われる。

十九世紀の半ばから、この劇場はオペラを上演するようになり、一八四七年にロイヤル・イタリアン・オペラ・ハウスと改称された。

やがて、訪英した諸国の使臣や要人たちのオペラ鑑賞が定例化するに従い、劇場の社会的な地位が上昇する。

そして、一八九二（明治二十五）年にはロイヤル・オペラ・ハウスと改称。さらに二十世紀になると、加えてバレエをも上演するようになり、専属のロイヤル・バレエ団、ロイヤル・オペラの本拠地として、現在までに確固たる権威を持つに至った。

今日では各種の公的機関からの助成があり、劇場設備・公演内容共に充実。ロンドンではロイヤル・アルバート・ホール、ナショナル・シアターと共に三大劇場として、名声と人気を併せ持っている。近隣のミュージカル専門劇場と化したドゥルリー・レーンとは、今や位置が逆転して久しい。

以上が大まかな、ロイヤル・オペラ・ハウスの沿革である。

三島由紀夫の最初の欧米紀行『アポロの杯』（一九五二年）には、ロンドン滞在の際、この劇場を訪れた記述が残っている。

三島さんらしく古風に〝コヴェント・ガーデン帝室歌劇場〟と表記し、鑑賞したベンジャミン・ブリットンの新作歌劇『ビリー・バッド』について、「大洋の暗い思想に溢れ」ており、「最も私の好みに叶った歌劇である」と、拍手を送っている。そして、「英国の劇場では、開演前、又は終演後に国歌を奏して見物が起立する習慣がある」と記していて、イギリス人は「国歌が好きな国民」だとも言っている。

僕は思い出して、自分の最初の訪英時（一九七一年九月）の旅行日記を、念のため捲ってみた。――と、ウェスト・エンドの劇場街に記述は無かったが、ロイヤル・アルバート・ホールとオールド・ヴィック・シアターを見物した日の条に、あったあった、いずれも「開演前に国歌の演奏あり、全員起立」という一行が書き添えられていた！

その後、九〇年代に一度、今世紀になって二度、訪英する機会があったが、こうした劇場風景は見ていない。

最初の訪英時、ロンドン市内を走るタクシーの運転手や車内には、当時の貧しい日本人の若者が乗車すると、何か気恥ずかしくなるような、上等な雰囲気と格式のようなものがあった。近年では、それも薄れている。この半世紀間、頑固なイギリス社会にも、やはり変化があったのだ――。

変化と言えば、ロイヤル・オペラ・ハウスにも変化があった。

僕が初めて、この劇場の平土間で歌劇『トゥランドッド』を見たのは九一年秋だが、その時の館内には、一種の規律のようなものが感じられた。が、今年の五月、久しぶりに館内に入ると、ずいぶん雰囲気が自由な、リラックスしたものに包まれている。

これは恐らく、九〇年代末の大改築の際、建物の左側に隣接するフローラル・ホールに、新たに広い大食堂を増設したことと、密接な相関関係があるだろう。総じて欧米の劇場には、バーやカフェの用意はあっても、館内に夕餐を提供するレストランは少ない。もっとも、館外に付属のレストランがあるケースは多い。

館内にレストランがあると、えてして享楽の対象が二分され、観劇目的の鮮度が低下する嫌いがあるのではないかと、僕は考える時もあるのだ。

10　ドミニオン・シアター

ウェスト・エンドの主要劇場が林立するソーホー地区の北辺、地下鉄トテナム・コート・ロード駅の、すぐ真ん前にある。そこは大英博物館やロンドン大学のあるブルームズベリー地区の南端にも当たり、いわゆる文教地域に近い。

と言っても、この劇場の周辺は閑静な環境ではなく、車輛や歩行者の往来が激しく、いささか雑然たる雰囲気だ。

戦前の東京にあった本郷座（僕は知らないが）の位置取りに、或いは似通ったポジションを、このドミニオン・シアターは持っているのかも知れない。

一九二九年創建、近年改築した、収容二千人の大劇場。外観も内部も開放的で、客席は広く、場内には大衆的な雰囲気があるが、ロビーは豪華で美麗。

ガーシュイン作曲の著名なミュージカル・ショー『パリのアメリカ人』が上演中だった。

11　ヴィクトリア・パレス・シアターとアポロ・ヴィクトリア・シアター

バッキンガム宮殿の南方、徒歩約十五分の地点にヴィクトリア駅がある。皇居と東京駅が近い距離にあるのは、明治末期の為政者たちの脳裏に、このロンドンの地理があったからかも知れない。

東京駅は近年、改修されて面目一新したが、ヴィクトリア駅の構内は広大で、周辺は今、建築ラッシュ。そうした埃っぽい雑然たる環境の中に、二つの劇場が存在する。

一つは一九一一年創建の、駅近くのヴィクトリア・ストリートにある、ヴィクトリア・パレス・シアター。現在は改装中で、再開場後には大ヒット・ミュージカル『ハミルトン』が上演される予定。

客席数千五百、伝統的で家族同伴向きの場内、ミュージカル専門劇場となっている。

もう一つは、一九三〇年創建で、以前は映画館だったが、一九八〇年代から劇場に転向した、駅に接するウィルトン・ロードにある、アポロ・ヴィクトリア・シアター。

約二千人収容で、やはりミュージカルや軽演劇を主とし、家族同伴に向いた劇場とされる。

こうした駅前旅館ならぬ〝駅前劇場〟は、東京では今日、上野の文化会館や三軒茶屋の世田谷パブリックシアターくらいしか、僕には浮かんで来ないのだが。

12　ロイヤル・コート・シアター

ロンドンには、繁華なウェスト・エンドの主要劇場街から外れた、〝端〟を意味するフリンジ Fringe と呼ばれる、数十の小劇場群が存在する。

その代表格が、ロイヤル・コート・シアターである。この劇場は、バイド・パークから少し離れた南東方向、閑静なチェルシー地区の北東端に位置する、地下鉄スローン・スクウェア駅の向かって左隣りにある。

三階建ての小さな建物、客席数五百に満たない小劇場だが、一八八八年の開場から今日まで、その間には映画館になり、第二次大戦期には爆撃を受けるなどの浮沈はあったが、イギリス演劇の実質的な原動力、文化としての前衛性を、国内のみならず世界に発信して来た、端倪すべからざる劇場である。

僕は滞英中、幾度かスローン・スクウェア駅に降り立ったが、いつも畏敬の念をもって、この小劇場の姿を見つめた。

この劇場は、二十世紀初頭のイギリスの近代劇運動、同じく中頃の前衛的な現代劇運動の本拠地となった。

近代劇運動の指導者ハーリー・グランヴィル・バーカーの理念は、メロドラマやスペクタクルなどエンターテイメント中心の演劇を排し、演劇を通して人間や社会、人生や世界の問題について、真摯に立ち向かい、演劇を芸術の分野として明確化することだった。

その結果、バーナード・ショーを中心に、ゴルズワージーやロビンズやモームのような劇作家と作品が生まれ、イェーツやイプセンやメーテルリンクなどの海外戯曲も上演されて、社会に多大な影響を与えた。

戦後の前衛的な現代劇運動の指導者ジョージ・ディヴァインの理念は、俳優中心の劇場、演出家中心の演劇ではなく、劇作家中心の演劇と劇場を創造することだった。

その結果、ジョン・オズボーン作『怒りをこめて振り返れ』が爆発的反響を呼び、以後、ウェスカーやアーデン、ピンターやジェリコーなどの劇作家を輩出、イギリス演劇の革新性を、世界の諸地域にまで発信した。

この三階建ての劇場は一九六九年以降、内部がアップステアーズとダウンステアーズの二つの小劇場に分けられ、カフェやブックストアが併設されている。

ロイヤル・コート・シアターは近年でも、〝イギリス人の文化的な生活の中心〟とまで言われ、確たる位置と影響力を有している。僕の滞英中も、現代劇『Killology』が札止めの盛況だった。

日本の近代演劇史上、もしもロイヤル・コート・シアターに匹敵する存在を探すとすれば、一九二〇・三〇年代の築地小劇場の活動が挙げられるだろう。戦後から今日まで、幾つかの演劇活動や劇場の存在も考えられるが、いずれも永続したとは言い難い。

どうも私たちには、舞台に〝劇〟を見ず、舞台に〝楽〟を求める、東洋人の宿命的な血が流れているようである。とりわけ、最近の若者たちの〝保守化傾向〟の幾つかの言葉を読むと、その思いを禁じ得ない。

13　シェイクスピアズ・グローブ

ウェスト・エンドからは川向こうの、テムズ河南岸のサザーク地区にある、エリザベス朝時代のグローブ座を復元した野外円形劇場。最寄りの地下鉄はロンドン・ブリッジ駅のほか幾つかあるが、いずれからも徒歩十数分を要す。沿岸を選んで歩くと、初夏の川風が快い。

シカゴ出身の俳優兼演出家のサム・ワナメイカーの企図によって、一九九五（平成七）年に建設され、翌々九七年、シェイクスピアの史劇『ヘンリー五世』によって開場公演が行われた。発起者ワナメイカーは、開場を見ることなく没している。

再現されたグローブ座の建っている場所は、エリザベス朝時代のそれと二百メートルくらいのズレしか無いという。しかし、往時の収容人員三千に対し、現在は千四百人程度。これは安全維持や防火対策、生活習慣の変遷によるものらしい。

旧歌舞伎座の開場後の数十年間、一階東西の桟敷が一区画四人詰めであったのが、確か昭和五十年代半ば、二人詰めに作り直されたことを考えれば、これは頷ける内部変化である。

グローブ座は、広い土間の部分が野天なので、現在でも、冬期や荒天の日の上演には適さない。ひと口に言えば、夏向きの劇場だろう。

二〇一四年に併設されたサム・ワナメイカー・プレイハウスは、発起者を記念した室内劇場で、ジェームズ一世時代のそれを模しており、蠟燭照明等を用いて、おもにシェイクスピア時代の作家たちの作品を上演する。休場中の本城グローブ座に代わり、多くは冬期での開場が通例である。

僕は、これまで三回、遅ればせながらグローブ座を見物した。異色の劇場それ自体への関心が、ようやく落ち着いたところだ。

前世紀末から今世紀にかけて、近代以前の劇場を復元する作業が、世界の幾つかの地域で見られた。グローブ座や金丸座など最たるものだが、反近代志向の文化運動という以上に、これは実は、現代人の大衆社会への共感と、開放への希求を秘めた、演劇における同時代的な衝動であり、今日的表現ではなかったのか？

近・現代劇場の舞台鑑賞は、観客個人の知性と感性を基礎単位とする。室内の限定された椅子のそれぞれに、観客個々が独立して存在する。

ところが、グローブ座のような青天井の土間では、立ち見の観客は〝群衆〟として存在し、金丸座のごとき数人詰めの座布団のマスの中では、〝社会〟はあっても個人が成立しない。

そこで、もしも舞台に〝驚き〟が生まれた場合、観客の集団としての反応は、近・現代劇場の個人意識としての観客よりも当然、幾層倍かは大きく、かつダイレクトな共鳴現象になるだろう。

グローブ座場内の劇場としての機能を、今日の一般的な劇場のそれと比較すれば、はっきりと何点かが異なっている。

ひとつは舞台の主要な部分が、客席の土間のなかへ凸形に張り出していること。このため、舞台面の全体を外側から囲む額縁、いわゆるプロセニアム・アーチが無い。もう一つは、舞台と客席とを遮断する「幕」が無いこと。要約すれば、舞台が客席に嵌入《かんにゅう》して、両者が対立することなく自由に交流し、空間が奔放に開放されているのだ。

この機能の特質と、反響の傾向を計算した演出作品が、この劇場で戦果を挙げるのは勿論だ。エマ・ライス女史・演出の喜劇『十二夜』は、大胆な現代化への〝驚き〟が、観衆を驚喜させ、大波が崩れるような爆笑が続発して、場内が沸き返った。

グローブ座の青天井の土間で立ち見する群衆は今、もはや演技者の一挙手一投足の適否、台詞回しの巧拙、さらにはシェイクスピア時代の舞台の忠実な再現などは、ほとんど求めていない。古典劇の局面・局面の、ドラスティックな現代化へのショックが、彼らを興奮させ〝発情〟させるのである。

これに対して、ダニエル・クラマー氏・演出の悲劇『ロミオとジュリエット』は、テーマの視点が〝青春のエネルギーの暴走〟という、前世紀六〇年代以後の発想から抜け出せず、すでに場内には〝驚き〟が後退している。

14 オールド・ヴィック・シアター

ロンドンの劇場で、ある時期まで、いや現在でも、最も広く海外まで名が通った劇場は、おそらくオールド・ヴィック・シアターだろう。

僕が最初に、外国の劇場の名を覚えたのは、やはりオールド・ヴィックだった。昭和三十年代の前半、中学・高校の頃に見たシェイクスピア映画『ハムレット』『ジュリアス・シーザー』『リチャード三世』など、そこに登場する名優たちが、ほとんどオールド・ヴィック・カンパニーで活躍している事実も、いつの間にか知った。

オールド・ヴィックの歴史は、ひと口に言えば、場末の芝居小屋から準国立劇場へと、転生していく変貌史だった。

一八一八年、最初はロイヤル・コーバーグ劇場として、現在地、すなわちテムズ河南岸のサザーク地区に建てられた。この周辺は当時、ランベスと呼ばれた沼沢地の、荒涼とした蕪雑な環境で、労働者階級や低所得者層が多く居住していた。

コーバーグ劇場は彼らに、それなりの娯楽を提供する〝民衆劇場（ピープルズ・シアター）〟

であり、客席数一千前後の、ウェスト・エンドから見ればマイナー地帯の中劇場だった。十五年後に改装、ヴィクトリア王女（その後の女王）が来臨し、ロイヤル・ヴィクトリア劇場と改称、〝ヴィック〟という通称が定着した。

だが、土地柄は争えず、粗暴で無恥な観客も多く、出演を嫌う俳優たちもいた。低俗なメロドラマや安っぽい音楽劇を主とし、場内はミュージック・ホールのように乱雑を極めた。乱酔した男性客が上演中、女房を殴り飛ばすような光景もあったらしく、依然として、ロンドン市内でも最低ランクに位置付けられる劇場だった。

こうした三流劇場に奇蹟的な変貌が訪れたのは、十九世紀末から二十世紀前半までの約六十年間に、二人の敏腕の女性経営者によって、きわめて革新的な劇場運営が行われた結果だった。社会運動家として著名なエマ・コンスという叔母、音楽運動家でもあったリリアン・ベイリスという姪、この二代にわたってオールド・ヴィックは、劇場の改良と風紀の改善、舞台の向上と演目の刷新という、至難な新生作業を貫徹した。二人共に傑出したイギリス女性であり、生涯独身で劇場改革に捧げた一念は、畏敬に値する。

先ず、場内での禁酒と禁煙を断行、地域観客を啓蒙する演劇教室を定期的に開催、劇場の機関紙を発行して固定ファンを増やし、慈善事業家を対象に支援募金を推進した。

そこには、教育機関としての劇場、社会的に有効な演劇という、近代における二つの課題があったのである。

演目の刷新は、シェイクスピア作品の集中的、かつ徹底的な上演を通して、強力に遂行された。リリアン・ベイリスの指揮により、一九二三年の秋、十年がかりでシェイクスピア全作品の上演を達成、劇界の快挙となった。

ベイリスの意図は、十九世紀的な豪華な装置や贅沢な衣装から、シェイクスピアを解放して、ヴィックの狭い舞台を有効活用し、シェイクスピアの言葉をストレートに、観客たちの耳と胸とに響かせることだった。

彼女は、感動的な言葉を残している。

「六人のシェイクスピア学者たちよりも、一人のシェイクスピアを知らない無学な若者が、シェイクスピアの言葉を聴いてほしいのです」

「劇場はおめかしの場所ではないし、上質の演劇は、名門大学に通う人たちだけのものではありません。それは働く男女にこそ必要で、驚きと恐怖と感動の世界に触れることが、家庭や職域の垣根を超えて、人びとの精神生活を共に豊かにします。芸術に階級は無いし、国境もありません」と。

ヴィックと彼女の周囲には、ベン・グリートやロバート・アトキンズのような腕利きの演出家が参加し、また、多くの若い将来の名優たちが集まった。当時のウェスト・エンドでは難しかった、ギルグードやオリヴィエの二十歳台でのハムレットを、ヴィックは慣例を破って実現させたのである。

やがて彼らは、オールド・ヴィック・カンパニーを作り、シェイクスピアが主要演目となる。場末のミュージック・ホールは、シェイクスピアという〝国劇〟によって、今やロンドン劇壇どころか全英的な存在となり、海外からも注目を浴びる。

オールド・ヴィックはシェイクスピアによって、ここで〝世界劇場〟への道も切り拓くのだ。ベイリスは〝新しい女性〟だった。BBC放送によるラジオの舞台中継を積極的に受け入れ、一般への普及をはかった。「スクール・マチネ」を設け、多くの学校の子供たちにシェイクスピアを知る機会を与えた。

野上弥生子の『欧米の旅』(岩波文庫、二〇〇一年)は昭和十年代だが、この女性作家はオールド・ヴィックのマチネで、子供を連れた家族たちに囲まれながら、シェイクスピアの『夏の夜の夢』と『じゃじゃ馬ならし』を観ている。

ベイリスの死後、第二次大戦の空襲でヴィックの建物は被害を受けるが、戦後五年目に復興して新開場。再び、シェイクスピアの全作品上演に挑戦して、世界的関心を呼んだ。

新たに建設される国立劇場に対応すべく、オールド・ヴィック・カンパニーは、ナショナル・シアター・カンパニーへと移行するが、一九七六年のナショナル・シアターのオープンまで、その活躍の舞台はヴィックであった。

ナショナル・シアター開場以降も、ヴィックの姿勢や方針は変わらず、研究的かつ教育的な〝準国立劇場〟として、貴重な作品の上演も多く、今日なお評価が高い。

さて翻って僕は今、現在の歌舞伎座へ通う人びとに、このようなヴィックの歴史や精神を伝えたいとは、必ずしも思わない。けれども、日本の国立劇場の仕事に携わる関係者、その公演に通う人たちには、ヴィックの歴史や精神に一度は触れて欲しいと思う。

僕が初めてオールド・ヴィックを訪れたのは、一九七一（昭和四十六）年九月の末、曇り日の薄ら寒い晩だった。

地下鉄ウォータールー駅で下車、道を行く人に場所を訊ねながら、気持ちが逸《はや》って喘ぐようにして、当時は黒ずんだ褐色の建物だったオールド・ヴィックに辿り着いた。

そして付近のボックス・オフィスで、なけなしの財布をはたき、一階の最後列の席を買ったのを覚えている。

劇場に入ると、場内は狭いが、比較的豪華で、入り口近くにブック・ストアがあり、プログラムも売っている。三階席だけは、別の入り口になっていた。

七時半に開演。直前に国歌の吹奏があり、客席全員が起立した。

その夜の演目は、戦前ドイツの表現主義の劇作家ゲオルク・カイザーの諷刺喜劇『キャプテン・コプニック』で、構成的な多くの場面の転換を、回り舞台やセリの上げ下げを駆使して、きわめてスムーズに見せた。

内容を理解するのが、やや難しかったが、初めてヴィックの舞台を観ている、という充足感があった。

十時半過ぎ、終演。戯曲集のページを開いて確かめながら、夜更けの場外へ出ていく若者の姿を見かけた。

昨年五月、僕は、実に四十六年ぶりにオールド・ヴィックを訪れた。ウォータールーまでタクシーで来て、駅近くの小さなレストランで昼食を摂ってから、マチネの開演まで時間があり、周辺を散策した後、ヴィックの建物の前に立った。

この日に観るのは、十九世紀の初めに夭折した、やはりドイツの劇作家ゲオルク・ビューナーの『ヴォイツェク』。これは殺人犯の精神錯乱を扱った珍しい作品で、いかにもヴィックらしい企画である。

現在では、正面のファサードが白色に変わったヴィックの建物を、初夏の風が吹きめぐる路上に佇んで眺めながら、僕は暫し往時を回顧した。

あの頃は、懸命に演劇を求め、何よりも劇場を追いかけていた。あの頃のような真剣さや情熱が、さて今の自分にはあるのだろうか？

嚢中乏しくても、ひたむきに坂の上の雲を夢見て、よじ登るようにして生きていた頃。人間の値打ちというものは、あのような時分にこそ在るのだ。若い金の無い内こそが、じつは人生の花なのだと、改めて思う。

けれども、では今日の僕が、日本の劇場の現状に満足しているかと言えば、決してそうではあるまい。だからこそ、こうしてロンドンまで芝居行脚の旅に出るのだ。

そこに優れた良き舞台があれば、たとえ客席が淋しくても、天井桟敷のチケットを買う気持ちが、なお今の僕にはある。その意味では、批評家や研究家であること以上に、僕は、永遠に天井桟敷の自由な若者でしかない。

そして、人間の一生は誰も、貧しい独りの心の旅人だと、深く思った。

これをもって、僕の「倫敦戯場漫歩」の結びとしたい。


（二〇一七年六月〜二〇一八年五月執筆）

付記。この稿には大場建治著『ロンドンの劇場』（研究社、一九七五年）、英米文化学会編『ロンドンの劇場文化―英国近代演劇史』（朝日出版社、二〇一五年）ほかを参照した。

追い書き――勘三郎さんと横尾さんと著者

かねて出版方面から著者に対して、「勘三郎さんについての本が、貴方にも有っていいのではないか」という示唆を受けたことがある。十八代目勘三郎の没後、追悼や追憶の文を幾つか書いていたからだろう。

今回、彼の死の前後より最近までの、およそ八、九年間に公表した、主として演劇・舞台関係の文章を整理すると、思いの外の分量になった。そこで以前、雑誌「中央公論」に拙稿を掲載された中央公論新社の吉田大作氏に、これら一束の写しをお送りした。

幸いにも一箇月後、同氏から「楽しかった。これを出しましょう」という応諾があり、但し、勘三郎の章の加筆・増補を条件とされた。筆硯を新たにして机に向かうと、さまざまな出来事が蘇り、三篇百枚もの増量になったが、好運に恵まれ、版元にも受け入れられた。

すでに前著刊行の折り、年来の持病もあり、次の新著の顔は見られない予断を抱いたが、このたび喜寿の年、併せて若くして戦場に散った亡父の七十七回忌の年に、図らずも再び新著の顔に接し得た歓びは、まことに望外の老いの浄福である。

まず以て、吉田氏はじめ中央公論新社の方々、出版にご協力くださった関係方面、古くから拙文に関心を寄せられた読者各位に、深甚なる謝意を表したい。


後期高齢になると、誰もが多くの「死」と出合わなければならない。自分は〃送りびと〃として生きている、とさえ思うときもある。

先達や同世代を見送り、見送られる筈だった後進をも見送る。著者の高校時代の同級の生き残りは、今や夜明けの星粒にも等しい。

ことしの春浅き頃、新潟在住の学生時代の友人の訃報に接した。青春期には親しく交流し、婚礼にも出席したが、中年以後は再会を願いながら、ほとんど機会が無かった。彼の変貌を見届けず、実感をもって後半生について話せない空白を考えると、寂しいものが胸に拡がった。

翻って逆に、九十余歳の長寿を遂げた人物や存在について、晩年の僅か六、七年の接触と知見によって、その全貌や本質を語ることは、いささか軽薄の誹《そし》りを免れないだろう。

殊に演劇は生きもので、舞台の俳優は晩年の知見のみでは、それまでの生身の変移について語り得ない。知識と勉強では、やはり克服できない境界があるのだ。

本書のタイトル・ロールの十八代目勘三郎の場合、その死による喪失感の大きさと深さが、著者の心身を現在なお疼かせるが、しかし同時に、彼の短命な生涯の三分の二に相当する長年月、その芸や人間を比較的ダイレクトに見つめ続けた、ひとつの充足感が残る。自身の観劇史上、そうした例は少ない。

先年、これからの本づくりに不安が生まれた。優れたグラフィックデザイナーの佐藤晃一と、彼とはコンビの若尾真一郎が、踵《きびす》を接して急逝したからだ。若尾君は、郷里の甲府一高時代のクラスメートで、藝大の優等生。その紹介で昭和五十七年に佐藤氏を知ったが、以後に二人は組んで拙著を二冊、佐藤氏単独で三冊、計五冊の装幀を引き受けてくれた。いずれも新鮮な力作揃いだった。

若尾は草森紳一氏にも可愛がられ、東京工芸大学の学長まで務める人徳があり、若い頃から著者は面倒をかけた。二人の不慮の死は、間違いなく一生の損失だったと思う。海外への旅や体調不良のため、見舞う日もなく、葬儀にも参列できなかったことが、今日まで心に空洞を作っている。

医療と施設の完全管理、葬式の簡略化は、われわれの心情を無機質なものにした。旧時代の日本人の馬鹿丁寧なほどの葬送の段取りの中に、人びとを癒《いや》し慰める何かがあった。世界にコロナ禍の嵐が吹き荒れる今、見届けられず、見送られないまま白木の箱が届く惨状には、心に空洞を抱えた、長蛇の虚無の隊列が見える。――

本書には著者自身の空洞を埋めるべく書かれた、言わば自浄の一文が幾つか収められている。この一冊は、いささか個人的な自分史の要素が濃い、過去への回想評話集になった。

佐藤さんも若尾君も何れも、大先達の横尾忠則さんに傾倒していた。

が、おそらく彼らよりも先に、著者は横尾さんにお会いしている。昭和四十年代の前半、横尾さんの仕事場が平河町にあって、高橋睦郎氏と国立劇場の観劇後、高橋さんに誘われて横尾さんを訪ねた。その日の横尾さんは潑剌《はつらつ》として恐いほどに若々しかったが、初対面の著者への第一声が「若々しいね！」だったのだから、今考えると可笑しくなる。著者は二十歳台の中頃、横尾さんは三十歳台の初め。

それから今日まで、横尾さんには、実は指を繰るくらいしかお会いしていない。三島事件の翌年の一月末、三島先生の御葬儀が築地の本願寺で執り行われた。この時も高橋さんとご一緒に、横尾さん夫妻と歌舞伎座近くの文明堂で落ち合ってから、式場へ向かった覚えがある。最近の「横尾忠則日記」には、この件も「記憶にない」と記されていたが、人間たちの記憶なんて半世紀も経つと、皆な怪しくなるから、著者の勘違いかもしれない。

ところが、昭和四十六（一九七一）年の初秋のパリで、著者は予期せず横尾さんと遭遇した。生涯一度の欧米放浪の途次、在住の仏文学者の竹本忠雄氏のお世話になり、モンマルトルの丘の中腹にあったペンション「パラディエ」（一泊朝食付き、三十フラン）に約二週間滞在。

するとすうじつご、シテ島の「芸術家村」での起居に倦《あ》きた横尾さんが、やはり竹本さんの手配で「パラディエ」に移ってきて同宿。階段を上った二階の直ぐ右側の部屋が著者、左側の一つ奥の部屋が横尾さんで、九月九日から十七日までの九日間、朝九時半頃に起床を促すドア・ノックの役目を果たす仕儀になった。かなり詳しい当時の旅行日記が残っているので、これは横尾美術館の蜃気楼の夢の話ではない。横尾さんの朝寝坊は事実である。

この日記を一読すると、竹本さん夫妻とアシスタントの若槻君夫妻、それに横尾さんと著者とはグループになって、あちこちを見物している。列車でシャルトルまで行き、大聖堂のステンドグラスを仰いだり、市中でミュージカル『オー！カルカッタ』や映画『ベニスに死す』を鑑賞したり。在留邦人の夕食会に招かれ、竹本さんがシャンソンを歌い、著者が下座唄〽露は尾花」を口ずさみ、横尾さんの高倉健サンの流行歌に凄みがあった。

秋空が水のように澄んだ昼下がり、パリの街々を眼下に遠望する、サクレ・クール寺院の階段に腰を下ろし、竹本さんと横尾さんが神秘的な宇宙論や、マリファナの危険性を語り、著者は夏のあいだ旅を続けた、ギリシアやスペインについて話した。あの頃のパリは、テロも無くコロナ禍も無く、のんびりとして好かった。著者は二十八歳、横尾さんは六つ年上の三十四歳の青春後期、一生の内でも良い時代だったと思う。――（現在、『胡児《こじ》の泉 一九七一年・西方旅行記』の執筆を中断、いずれ細かに書く予定なので、このパリ滞留の件は、これで割

愛します。以上、前宣伝）

九月十七日の午後、竹本さんと横尾さん他三名に見送られ、著者はパリ北駅からロンドンへと向かった。ゴールデン・アロー号の窓越しに手を振ると、横尾さんがホームで手を振るのが見えた。

さて、われわれが再会したのは十五年後、昭和六十一（一九八六）年四月十六日の夕刻、上野の東京文化会館においてだった。

モーリス・ベジャールの『ザ・カブキ　忠臣蔵』を観に行き、開演前にレストランの入り口近くで食事をしていると、レジで支払っている横尾さんに気が付いた。こちらを振り返ったので、思わず「覚えていますか？」と呼び掛けると、大声一番「覚えているよッ！」と怒鳴るように言い返し、忽ち風のように場内へと去った。

その時の長身痩軀、素晴らしくカッコが佳かった。辺りを斬るような魅力は、フランス革命の風雲児サン・ジュストを思わせた。横尾さんは五十歳、彼の全盛期だったろう。

その次にお会いしたのは、それから何と二十六年後である。平成二十四（二〇一二）年一月二十七日、朝日賞の受賞パーティーが帝国ホテルであり、毎年これには呼ばれるが、その年の受賞者の一人が横尾さんだったので、当夜を楽しみにして出かけた。

横尾さんの周囲には人垣が出来て、名刺を持参する人たちも多く、やっと恐る恐る進み出て、「お目出度うございます。パリで昔、お世話になった中村です」と名乗ると、横尾さんは「覚えています」と、一言だけ応《こた》えた。

四十数年も以前のことは誰も往事茫々だから、すでに後期高齢の横尾さんは、本当に覚えていたのかな。こんな過去は、年長の先輩よりも、年少の後輩の方が覚えているのだ。

翌月の二月末、勘三郎さんに新橋演舞場の楽屋で会った折り、横尾さんに久しぶりに遇った話をした。勘三郎さんが平成中村座のポスターを、横尾さんに依頼していたからだ。

「何だ、知っていたの。先生が年上だね」

「いや、逆。横尾さんは若形《わかがたち》だから……」

「そうだよね。どうして知ったの?」

「四十年も前、パリで同じペンションに幾日か居て、朝寝坊だから起こしてあげた」

「そりゃアまた、面白いッ!」

「でも、覚えていないと思う」

「いや若い時のことだから、覚えているよ」

と、勘三郎さんは言ってくれた。

最近、横尾さんの語った所によると、勘三郎さん最後の出演になった五月の中村座を、横尾さんが見物した日、勘三郎さんが気付いて、舞台でアドリブで横尾さんについて喋ったという。当意即妙、これは如何にも勘三郎さんらしいエピソードである。

ところで漸《ようや》く、このたびの新著『評話集　勘三郎の死』の装幀の件になった。もはや著者の近くには、顔馴染みの佐藤さんも若尾君も居ない。――と、勘三郎さんとの演舞場の楽屋での対話が思い出された。いっそ思い切って、横尾さんにお願いしてみたら……。

販元から意向を伺うと、果たせる哉、数日後「諾」のお答えを頂いた。著者は、じつに嬉しかった。久びさに晴れやかな気持になった。考えると、これまで横尾さんと著者とは、さまで密接な間柄ではなかった。若き日の縁結びは高橋睦郎氏だが、こたび老いての結びの神は、十八代目勘三郎に他ならなかった。

やがて暫くすると、フレンドリーな勘三郎ワールドとの別離を鮮やかに形象化した、横尾さんの原案が届いた。深謝に堪えなかった。勘三郎さんも喜んでいるだろう。

横尾さんが打ち合わせの日として指定したのは、昨冬の十二月五日だった。奇しくも故人の祥月命日であった。中央公論新社の吉田氏も同行、窓外に黄落の気配が濃い成城のアトリエの一隅で、パリ以来親しく膝を交え、横尾さんの四方山話をお聴きすることが叶《かな》った。

横尾さんが子《ね》、著者が午《うま》という干支についての話になると、彼は言ったのです。「鼠と馬とは、すごく合っちゃう。鼠が馬に乗っかりやすいんだね」と。だが、横尾さんという天下の大鼠を、著者という駄馬の背に乗せるには半世紀を要したのです。

結びの縁の和合神、勘三郎さんが急逝した朝に浮かんだ追悼の一句を記し、本書の追い書きの幕を引きたい。

大いてふ師走五日の夜はに散り

令和二年七月　盂蘭盆

著者

初出一覧

収録にあたって一部改題した

Ⅰ　十八代目勘三郎

勘三郎の死（「歌舞伎　研究と批評49」二〇一三年五月号）
まぼろしの還暦の『助六』（「文藝春秋」二〇一三年四月号）
みずらの髪の似合う人（「演劇界」二〇一四年十二月号）
一期一会に非ず（書き下ろし）
ナミノは二人（書き下ろし）
汝は旅人（書き下ろし）
特別鼎談『天日坊』が誕生する〝奇蹟〟（「渋谷コクーン歌舞伎」二〇一二年六月号）

Ⅱ　劇場群像――追悼・追憶賦

七世中村芝翫　幸福な生涯（「朝日新聞」朝刊、二〇一一年十月十二日）
四世中村雀右衛門　歌舞伎美のバイヨン（『四世中村雀右衛門追悼集 花がたみ』二〇一四年二月）
河竹登志夫　その葬送（「歌舞伎　研究と批評51」二〇一四年三月号）

ジェームズ・ブランドン　ハワイの歌舞伎（「歌舞伎　研究と批評57」二〇一六年九月号）
藤田洋　歌舞伎雑誌の行く方（「歌舞伎　研究と批評62」二〇一九年二月号）
堂本正樹　饒舌と無邪気（「演劇界」二〇一九年十二月号）
草森紳一　草森さんと歌舞伎（『草森紳一が、いた。』二〇一九年十二月号）
異能にして異才、そして異客（「能楽タイムズ」二〇一九年十二月号）
永山武臣　永山武臣・泰子夫妻 対談集を読む（Facebook 投稿、二〇一〇年十二月）
三島由紀夫　衝撃と新生（『混沌と抗戦』二〇一六年十一月）
三島さんの馬面（「文藝春秋」二〇一八年一月号）
六代目歌右衛門　フェードルは誰か（Facebook 投稿、二〇一七年四月）

Ⅲ　舞台回想

〝風、楼に満つ〟時代——戦後歌舞伎の昭和三十年代（「歌舞伎　研究と批評53」二〇一五年三月号）
国立劇場誕生の日——開場式と開場公演（「演劇界」二〇一六年十月号）
対談　乗合船の蜃気楼——第二回こんぴら大芝居を見て（「演劇界」一九八六年六月号）
平成中村座について（「季刊文科57」二〇一二年八月号）
歌舞伎座が意味するもの——欧化と国粋、日本的な近現代化のゆくえ（「中央公論」二〇一三年十一月号）
戦後歌舞伎の円朝物と円朝劇（『円朝全集 第二巻』月報2、二〇一三年一月）
『切られお富』の記憶——三代目時蔵・四代目時蔵の所演（「国立劇場第二八九回歌舞伎公演解説書」二〇一四年三月）

『髪結新三』の記憶――昭和後期の所演（「国立劇場第二九四回歌舞伎公演解説書」二〇一五年三月）
『遊女夕霧』の記憶――新派三代の芸（「国立劇場第二〇回新派公演解説書」二〇一六年三月）
道行と五・六段目の記憶――半世紀の舞台群像（「国立劇場第三〇〇回歌舞伎公演解説書」二〇一六年十一月）
『坂崎出羽守』の記憶――尾上松緑家の継承（「国立劇場第三〇五回歌舞伎公演解説書」二〇一七年十一月）
国立劇場の『伊賀越道中双六』の再演を見る（Facebook 投稿、二〇一七年三月）
演劇と禁忌（Facebook 投稿、二〇一七年四月）
涙の歌舞伎座――中村福助夫人の手紙（Facebook 投稿、二〇一八年九月）
新派の当たり狂言『犬神家の一族』（Facebook 投稿、二〇一八年十一月）
解禁された『阿古屋三曲』（Facebook 投稿、二〇一八年十二月）
中村京蔵の『道成寺二題』を見る（Facebook 投稿、二〇一九年十月）

Ⅳ　書架散見

篠山紀信写真集『KABUKI by KISHIN』（Facebook 投稿、二〇一七年七月）
関容子の新連載「銀座で逢ったひと」（Facebook 投稿、二〇一七年十二月）
犬丸治『平成の藝談』（Facebook 投稿、二〇一九年一月）
石橋健一郎『昭和の歌舞伎 名優列伝』（Facebook 投稿、二〇一六年十月）
大島幸久『名優の食卓』（Facebook 投稿、二〇一七年十月）
葛西聖司『僕らの歌舞伎』（Facebook 投稿、二〇一六年十一月）

中川右介『歌舞伎一年生』（Facebook 投稿、二〇一六年八月）
雪月花・郡上八幡――水野隆『花なる雪　聖なる川』（「郡上」第七冊特別号、一九七九年七月）
平山優『武田氏滅亡』（Facebook 投稿、二〇一七年五月）
国際三島由紀夫シンポジウム記念論集『混沌と抗戦』（Facebook 投稿、二〇一六年十二月）
フォービアン・バワーズ　若き日の日本語読本（Facebook 投稿、二〇一八年六月）
井伏鱒二『荻窪風土記』その中の僕（Facebook 投稿、二〇一八年七月）
ティモシー・シャラメという幼神――『Call Me By Your Name』（DVD）（Facebook 投稿、二〇一八年六月）

V　**倫敦戯場漫歩**（Facebook 投稿、二〇一七年六月〜二〇一八年五月）

装幀　横尾忠則

中村哲郎（なかむら・てつろう）

1942年山梨県生まれ。シアター・ゴーアーの代表的な一人。少年期より今日まで、主として歌舞伎と演劇の周囲を見つめてきた。観劇65年。創立時の国立劇場に勤務。学び舎で郡司正勝に師事、若き日に井伏鱒二と三島由紀夫に出会う。著書に『西洋人の歌舞伎発見』（芸術選奨新人賞）、『歌舞伎の近代』（河竹賞）、『花とフォルムと』（芸術選奨文部科学大臣賞）ほか。

評話集《ひょうわしゅう》 勘三郎《かんざぶろう》の死《し》
——劇場群像《げきじょうぐんぞう》と舞台回想《ぶたいかいそう》

2020年 7 月10日　初版発行
2021年 2 月 5 日　再版発行

著　者　中 村 哲 郎

発行者　松 田 陽 三

発行所　中央公論新社

〒100-8152　東京都千代田区大手町 1-7-1
電話　販売 03-5299-1730　編集 03-5299-1740
URL http://www.chuko.co.jp/

ＤＴＰ　市川真樹子
印　刷　図書印刷
製　本　大口製本印刷

Published by CHUOKORON-SHINSHA, INC.
Printed in Japan　ISBN978-4-12-005321-4 C0074